高等院校生态旅游专业"十三五"创新型系列教材

智 慧 旅 游

欧朝蓉　主　编
邱守明　杨晓云　副主编

中国林业出版社

图书在版编目(CIP)数据

智慧旅游 / 欧朝蓉主编. —北京：中国林业出版社，2021.8（2024.1 重印）
ISBN 978-7-5219-1216-6

Ⅰ.①智… Ⅱ.①欧… Ⅲ.①信息技术-应用-旅游业发展-研究-中国
Ⅳ.①F592.3-39

中国版本图书馆 CIP 数据核字(2021)第 115445 号

出版发行	中国林业出版社（100009　北京市西城区刘海胡同 7 号）	
经　　销	新华书店	
印　　刷	北京中科印刷有限公司	
版　　次	2021 年 8 月第 1 版	
印　　次	2024 年 1 月第 5 次印刷	
开　　本	850mm×1168mm　1/16	
印　　张	12.25	
字　　数	280 千字	
定　　价	55.00 元	

未经许可，不得以任何方式复制或抄袭本书之部分或全部内容。

版权所有　侵权必究

《智慧旅游》编委会

主　编　欧朝蓉

副主编　邱守明　杨晓云

编　委　许　静　王海明　龙腾腾

前　言

智慧旅游是随着信息技术发展而衍生出的全新命题。智慧旅游的本质是包括信息通信技术在内的智能技术在旅游业中的深入应用和创新，是以提升旅游服务、改善旅游体验、创新旅游管理和优化旅游资源利用为目标，增强旅游企业竞争力、提高旅游行业管理水平、扩大行业规模的现代化工程。智慧旅游的建设将顺应旅游业整体发展需要，进一步满足公众日益增长的旅游消费需求，加速旅游管理机构电子化、智能化、信息化的发展，有利于促进旅游行业管理，处理好行业与部门、政府与企业、政府与游客之间的相互关系，整顿和规范旅游市场秩序，提高办公效率和服务水平。智慧旅游可以理解为旅游信息化的高级阶段，而不是旅游电子政务、旅游电子商务、数字化景区等用"智慧化"概念的重新包装。智慧旅游应能解决旅游发展中出现的新问题，满足旅游发展的新需求，实现旅游发展中的新思路及新理念。

随着计算机技术和互联网技术的不断发展，大数据、云计算、物联网、区块链、3S技术、人工智能、移动通信技术和计算机虚拟现实技术被广泛而深入地应用于智慧旅游，形成支撑智慧旅游的技术体系。过去20年，以互联网技术为核心的技术群的产业渗透造就了新的旅行组织方式、产品形态和商业模式，成为旅游经济增长的重要因素之一，使得在线旅游、旅游APP、新媒体等旅游业务平台的形式、内容和功能不断丰富和强化，为旅游业扩大客户群体、增加用户黏性、提高旅游企业服务和管理能力做出了有益的探索，是旅游业提质增效及创新的重要动力。

智慧旅游极大地推动了旅游产业的转型升级，同时也对旅游人才的培养提出了新的要求。智慧旅游要求高校旅游管理专业在人才培养上主动适应时代发展的需求，重视提高学生信息技术素养，培养学生的创新意识和创新能力。智慧旅游课程是旅游管理专业的一门全新课程，它有助于使学生更好地掌握现代旅游业发展趋势，了解现代技术及管理制度在旅游业中的应用。鉴于智慧旅游的内涵与技术仍处于不断创新中，智慧旅游课程的教学也须与时俱进。本书的编撰是在参阅国内外智慧旅游相关教材的基础上，结合旅游管理专业的学科特点和教学特点，尽可能较为全面地反映智慧旅游发展模式、技术和理念的创新内容，旨在深入浅出地剖析智慧旅游的实质，为学生更为透彻理解智慧旅游提供合适的教材，促进创新型和复合型智慧旅游人才的培养。

本书是西南林业大学地理与生态旅游学院智慧旅游团队集体智慧的结晶，特别感谢团队成员的辛勤工作和云南博盈科技有限公司为本书提供了丰富的实践案例。本书的编写和出版得到了西南林业大学对外合作处中俄联合办学项目（5021902）、西南林业大学教师培养项目（000033）及国家林业和草原局西南生态文明中心的大力支持，在此深表谢意！

智慧旅游人才培养方兴未艾，智慧旅游方面的教材编撰也在不断摸索，很多问题值得进一步研究和探讨。由于编者水平局限，书稿中难免有疏漏之处，敬请同仁与读者批评指正。

编　者
2021 年 4 月

目 录

前 言

第一篇　智慧旅游理论

第一章　绪　论
一、智慧地球 …………………………………………………………………… (3)
　(一)智慧地球概述 ………………………………………………………… (3)
　(二)智慧地球在中国 ……………………………………………………… (5)
二、智慧城市 …………………………………………………………………… (5)
　(一)智慧城市概述 ………………………………………………………… (5)
　(二)智慧城市的实践 ……………………………………………………… (7)
三、智慧社会 ………………………………………………………………… (10)
　(一)智慧社会概念 ………………………………………………………… (10)
　(二)智慧社会的时代格局 ………………………………………………… (10)
四、现代旅游业的发展 ……………………………………………………… (11)
　(一)现代旅游业的发展特征 ……………………………………………… (11)
　(二)现代旅游业技术条件和环境 ………………………………………… (12)
　(三)政策条件 ……………………………………………………………… (12)

第二章　智慧旅游概述
一、智慧旅游的概念 ………………………………………………………… (15)
　(一)智慧旅游的定义、本质及目标 ……………………………………… (15)
　(二)智慧旅游的内涵与特征 ……………………………………………… (18)
二、智慧旅游的构成 ………………………………………………………… (19)
　(一)智慧旅游服务 ………………………………………………………… (19)
　(二)智慧旅游管理 ………………………………………………………… (20)
　(三)智慧旅游营销 ………………………………………………………… (20)
　(四)智慧旅游政务 ………………………………………………………… (21)
三、智慧旅游的发展进程 …………………………………………………… (21)
　(一)国外智慧旅游的发展 ………………………………………………… (21)
　(二)中国智慧旅游的发展 ………………………………………………… (23)

第二篇 智慧旅游技术和平台

第三章 智慧旅游技术
- 一、智慧旅游技术体系 …………………………………………………… (27)
- 二、物联网与智慧旅游 …………………………………………………… (28)
  - (一) 物联网概述 ………………………………………………………… (28)
  - (二) 物联网应用于智慧旅游 …………………………………………… (29)
- 三、云计算与智慧旅游 …………………………………………………… (33)
  - (一) 云计算概述 ………………………………………………………… (33)
  - (二) 云计算应用于智慧旅游 …………………………………………… (34)
- 四、人工智能与智慧旅游 ………………………………………………… (36)
  - (一) 人工智能概述 ……………………………………………………… (36)
  - (二) 人工智能应用于智慧旅游 ………………………………………… (37)
- 五、移动通信、计算机虚拟技术与智慧旅游 …………………………… (38)
  - (一) 移动通信技术概述 ………………………………………………… (38)
  - (二) 计算机虚拟现实技术 ……………………………………………… (39)
  - (三) 移动通信技术与计算机虚拟现实技术的融合应用于智慧旅游 …… (40)
- 六、大数据与智慧旅游 …………………………………………………… (43)
  - (一) 大数据概述 ………………………………………………………… (43)
  - (二) 旅游大数据 ………………………………………………………… (44)
  - (三) 大数据应用于智慧旅游 …………………………………………… (46)
  - (四) 大数据在旅游业应用的新方向 …………………………………… (48)
- 七、区块链与智慧旅游 …………………………………………………… (50)
  - (一) 区块链概述 ………………………………………………………… (50)
  - (二) 区块链应用于智慧旅游 …………………………………………… (52)
- 八、3S 技术与智慧旅游 …………………………………………………… (54)
  - (一) 3S 技术概述 ………………………………………………………… (54)
  - (二) 3S 技术应用于智慧旅游 …………………………………………… (55)

第四章 智慧旅游平台
- 一、旅游电子商务 ………………………………………………………… (59)
  - (一) 旅游电子商务概述 ………………………………………………… (59)
  - (二) 旅游电子商务的类型 ……………………………………………… (60)
- 二、在线旅游 ……………………………………………………………… (63)
  - (一) 在线旅游概述 ……………………………………………………… (63)
  - (二) 在线旅游应用状况 ………………………………………………… (65)
  - (三) 在线旅游与智慧旅游 ……………………………………………… (66)

三、旅游APP ··· (67)
　　　(一)旅游APP概述 ·· (67)
　　　(二)旅游APP与智慧旅游 ·· (68)
　　四、新媒体 ··· (69)
　　　(一)新媒体概述 ·· (69)
　　　(二)新媒体与智慧旅游 ·· (72)

第三篇　智慧旅游应用

第五章　智慧旅游目的地
　　一、智慧旅游目的地概述 ·· (77)
　　　(一)智慧旅游目的地 ·· (77)
　　　(二)智慧旅游目的地管理体系 ··· (77)
　　　(三)智慧旅游目的地营销 ·· (78)
　　　(四)智慧旅游目的地服务 ·· (85)
　　二、智慧旅游目的地系统设计 ··· (86)
　　　(一)系统设计原则 ·· (86)
　　　(二)智慧旅游目的地总体设计 ··· (87)
　　　(三)功能目标及内容 ·· (92)
　　　(四)系统软件平台建设规划 ·· (108)

第六章　智慧旅游企业
　　一、智慧景区 ·· (112)
　　　(一)智慧景区概述 ·· (112)
　　　(二)建设总体框架 ·· (114)
　　　(三)智慧景区解决方案 ··· (115)
　　　(四)智慧景区建设规范 ··· (120)
　　二、智慧酒店 ·· (125)
　　　(一)智慧酒店概述 ·· (125)
　　　(二)智慧酒店建设 ·· (128)
　　三、智慧旅行社 ··· (131)
　　　(一)智慧旅行社概述 ·· (131)
　　　(二)智慧旅行社建设规范及要求 ·· (137)

第七章　智慧乡村旅游
　　一、智慧乡村旅游概述 ··· (140)
　　　(一)智慧乡村旅游概述 ··· (140)
　　　(二)智慧乡村旅游发展的意义 ··· (142)

二、智慧乡村旅游发展……………………………………………………………（143）
　（一）智慧乡村旅游建设面临的困境 ………………………………………（143）
　（二）智慧乡村旅游发展策略 ………………………………………………（145）
　（三）智慧乡村旅游建设要求 ………………………………………………（150）

第四篇　智慧旅游实践

第八章　智慧旅游案例

一、智慧特色小镇案例：翁丁葫芦小镇…………………………………………（155）
　（一）项目地介绍 ……………………………………………………………（155）
　（二）项目内容 ………………………………………………………………（155）
二、智慧旅游综合管理平台………………………………………………………（157）
　（一）智慧旅游综合管理平台概述 …………………………………………（157）
　（二）智慧旅游综合管理平台功能 …………………………………………（157）

参考文献……………………………………………………………………………（178）

第一篇

智慧旅游理论

第一章

绪　论

学习目标：
1. 智慧地球的特征和内容
2. 智慧城市的概念和本质
3. 智慧社会的时代格局
4. 现代旅游业的发展特征

核心概念：
智慧地球
智慧城市
智慧社会
现代旅游业

导　读

　　智慧的本意是生命所具有的基于生理和心理器官的一种高级创造思维能力。对人类社会而言，智慧则是指人对事物能迅速、灵活、正确地理解和解决问题的能力。将人的智慧发挥到极致，为自然和人类创造最大的福祉是人类孜孜不倦的追求。IBM公司提出的智慧地球的概念是以第五次技术革命为背景的社会运行思维的一次大变革，是以IT技术和信息通信技术为标志，达成了人、财、物信息化和数字化，为实现价值创造与价值创新提供了技术翅膀，表明智本经济的萌发，为智慧旅游的兴起和发展提供了基本理论。智慧城市作为智慧地球理念在城市建设中的实践，将更多新技术用于构成城市的核心系统中，成为解决城市问题的一条可行道路，也是未来城市发展的趋势。智慧旅游是智慧城市建设与发展过程中的重要内容，是智慧城市应用体系建设的基本组成部分。智慧社会概念是对智慧城市概念的中国化和时代化，将彻底改变人们的生产生活方式，重构个人、企业、政府、社会之间的互动关系，变革社会治理模式和国际竞争格局，给人类社会的发展走向带来持续且深远的影响。

　　智慧旅游是随着信息技术发展而衍生出的全新命题，是智慧城市、智慧地球、智慧社会在产业实践中的应用。智慧旅游的产生除来源于智慧城市的实践与发展外，有其旅游业自身发展、技术和环境的成熟、政策支持等机遇。正是在这样的大背景下，智慧旅游产生和迅速发展起来，成为旅游业转型和产业创新的主要途径。

一、智慧地球

(一)智慧地球概述

1. 智慧地球的定义

两千多年前,阿基米德曾经说过:"给我一个支点,我就能撬起地球。"今天,人类不禁要问,还有什么能够撬动地球? IBM 的答案是"智慧的系统"。

2008 年 11 月,国际商用机器公司(International Business Machines Corporation,IBM)提出了新的全球战略——Smarter Planet,即智慧地球的概念。智慧地球分成三个要素,即"3 I":物联化(instrumentation)、互联化(interconnectedness)、智能化(intelligence),是指把新一代的 IT、互联网技术充分运用到各行各业,把感应器嵌入、装备到全球的医院、电网、铁路、桥梁、隧道、公路、建筑、供水系统、大坝、油气管道,通过互联网形成物联网,而后通过超级计算机和云计算,使得人类以更加精细、动态的方式工作和生活,从而在世界范围内提升"智慧水平",最终就是"互联网+物联网=智慧地球"[1]。

2009 年 1 月,美国总统奥巴马公开肯定了 IBM 智慧地球思路。2009 年 8 月,IBM 又发布了《智慧地球赢在中国》计划书,正式揭开 IBM 智慧地球中国战略的序幕。自 2009 年以来,美国、欧盟、日本和韩国等纷纷推出本国或本地区的物联网和云计算相关发展战略。

2. 智慧地球的内涵

智慧地球的核心是以一种更智慧的方法,通过利用新一代信息技术来改变政府、公司和人们之间交互的方式,以便提高交互的明确性、效率、灵活性和响应速度。智慧地球概念的提出是第五次技术革命带来的社会运行思维的一次大变革,是以 IT 技术和信息通信技术为标志,达成了人、财、物的信息化和数字化,为实现价值创造与价值创新提供了技术翅膀,表明智本经济的萌发[2]。

智慧地球的理论提出后在社会、经济、文化、军事、科学等方面引发了一系列多米诺骨牌效应,表现在以下两个方面:

(1)世界运行方式

智慧地球从一个总体产业或社会生态系统出发,针对产业或社会领域的长远目标,调动该生态系统中的各个角色,以创新的方法做出更大、更有效的贡献,充分发挥先进信息技术的潜力以促进整个生态系统的互动,以此推动整个产业和整个公共服务领域的变革,形成新的世界运行模式。

(2)人的关系

智慧地球重新定义了人的关系。政府、企业和个人的关系将被重新定义,从过去单维度的生产—消费、管理—被管理、计划—执行转变为先进的、多维度的新型协作关系。在这种新型关系中,每个个体和组织都可以自由地、精确地、及时地贡献和获取信息及专业知识,从而对彼此的行为施加正面的影响,达成智慧运行的宏观效果。

3. 智慧地球的特征

(1)更透彻的感知

更透彻的感知是指超越传统传感器、数码相机和射频识别(radio frequency identification，RFID）的更为广泛的一个概念。具体来说，它是指利用任何可以随时随地感知、测量、捕获和传递信息的设备、系统或流程，通过使用这些新设备，从人的血压到公司财务数据或城市交通状况等任何信息都可以被快速获取并进行分析，便于立即采取应对措施和进行长期规划[3]。

（2）更全面的互联互通

互联互通是指通过各种形式的高速、高带宽的通信网络工具，将个人电子设备、组织和政府信息系统中收集和储存的分散的信息及数据链接起来，进行交互和多方共享，从而更好地对环境和业务状况进行实时监控，从全局的角度分析形势并实时解决问题，使得工作和任务可以通过多方协作来得以远程完成，从而彻底改变整个世界的运作方式[4]。

（3）更深入的智能化

智能化是指深入分析收集到的数据，以获取更加新颖、系统且全面的洞察力来解决特定问题，这要求使用先进技术（如数据挖掘和分析工具、科学模型和功能强大的运算系统）来处理复杂的数据分析、汇总和计算，以便整合和分析海量的跨地域、跨行业和职能部门的数据和信息，并将特定的知识应用到特定行业、特定的场景、特定的解决方案中，以更好地支持决策和行动[5]。

4. 智慧地球战略的主要内容

智慧地球战略的主要内容：IT产业下一阶段的任务是将新一代工厂技术充分运用到各行各业中，通过超级计算机和云计算将物联网整合起来，实现人类社会与物理系统的整合。通过超级计算机和云计算将物联网整合起来，实现人类社会与物理系统的整合，而后通过超级计算机和云计算，在世界范围内提升智慧水平，最终就是互联网+物联网＝智慧地球。在此基础上，人类可以通过更加精细和动态的方式管理生产和生活，从而达到"智慧"状态。为了实施这一全新的战略，IBM已经推出了各种"智慧"的解决方案，如智慧的医疗、智慧的电网、智慧的油田、智慧的城市、智慧的企业等[6-7]。

在智慧的企业方面，智慧地球虽然就其概念而言并不成熟，它的提出更多体现的是经济、社会全球化背景下的一种全新商务模式的需求和思考，即"一体化、共享化、开放化、高效化、智慧化"的全新商业模式。这种模式的基本思想在于解决现代社会、经济一体化中的关键问题：①敏锐的洞察能力：面对无数个信息孤岛式的爆炸性数据增长，需要获得新锐的智能和洞察力，充分利用来源众多的、丰富的实时信息，以做出更明智的决策。②智能运作：需要开发和设计新的业务和流程需求，实现在灵活和动态流程支持下的明智的运营和运作，继而实现全新的生活和工作方式。③动态架构：需要建立一种可以降低成本、具有智能化和安全特性，并能够与当前的业务环境同样灵活动态的基础设施。④绿色未来：需要采取行动解决能源、环境和可持续发展问题，提高效率，提升竞争力。

IBM针对智慧企业需要解决的这4个关键问题，开发了8项整合的服务和解决方案，包括信息决策运作解决方案、信息架构解决方案、虚拟统合解决方案等[8]。当这些智慧之道更普遍、更广泛地应用到人、自然系统、社会体系、商业系统和各种组织，甚至是城市和国家中时，智慧地球就将成为现实。这种应用将会带来新的节省和效率，重要的是提供了新的进步机会。IBM智慧地球战略的实施标志着世界基础架构正在向智慧方向演进，各国纷纷推出促进本国"智慧"发展的行动计划[9]。

(二)智慧地球在中国

在IBM《智慧地球赢在中国》计划书中,IBM为中国量身打造了六大智慧方案,即智慧电力、智慧医疗、智慧城市、智慧交通、智慧供应链和智慧银行[10]。

"十二五"期间,中国经济发展围绕产业升级、结构调整、经济发展方式转变等方面进行,而与智慧地球密切相关的物联网、云计算等新的信息技术和理念被普遍认为是经济发展的重要引擎,也是实现中国信息基础设施统一建设的关键应用,是重要的战略性新兴产业[11]。IBM认为,对中国而言,智慧地球这一概念可以推动中国经济向21世纪领先经济的转型,现在正是政府、企业和市民为实现共同目标而合作的时机,他们可以相互协作共同创建一个可以更透彻地感知、拥有更全面的互联互通和实现更深入的智能化的生态系统[12]。

二、智慧城市

(一)智慧城市概述

1. 智慧城市的定义

IBM公司于2008年11月提出了智慧地球理念,旨在将新一代信息通信技术运用到可持续发展中,智慧城市的概念起源于此。IBM将智慧城市定义为:能够充分运用信息和通信技术手段感测、分析、整合城市运行核心系统的各个关键信息,从而对包括民生、环保、公共安全、城市服务、工商行业活动在内的各种需求做出智能的响应,为人类创造更美好的城市生活[13]。智慧城市概念提出至今,国内外不同机构和学者根据不同战略利益和视野从多种角度对智慧城市进行了定义(表1-1)[14]:

表1-1 智慧城市定义

机构和学者	时间	定义
美国弗雷斯特咨询公司(Forrester Research)	2007	智慧城市就是通过智慧计算技术为城市提供更好的基础设施与服务,使教育、医疗、环保、安防、交通及公用事业更加智能化,实现互通与高效运行
欧洲智慧城市组	2007	在《欧盟智慧城市报告》中从智慧的经济、市民、管理、流动、环境和生活六个维度来界定智慧城市
中国工程院院士李德仁	2014	智慧城市等于数字城市、物联网和云计算
国家发展改革委等八部委	2014	智慧城市是运用物联网、云计算、大数据等新兴信息技术促进城市规划、建设、管理和服务更加智能化的新理念和新模式

尽管迄今为止尚未有统一的、任何条件下都适应的智慧城市的定义,但是这些定义都存在一定的共识。其一,智慧城市是信息通信技术在城市、区域社区等不同地域尺度上的应用与影响过程;其二,智慧城市是从信息通信技术与人的综合角度考虑,是应用信息通信技术等科技成果改善人们的生活质量;其三,智慧城市包括人力资源、政府管治、资源环境、公共交通、移动通信等多个主要领域的综合发展,并服务于资源优化、可持续发展与提升人民群众生活质量等特定政策目标[15]。

2. 智慧城市的本质和重点领域

(1) 智慧城市的本质

智慧城市的本质是利用先进的信息技术实现城市智慧式管理和运行,进而为城市中的人创造更美好的生活,促进城市的和谐、可持续成长[16]。智慧城市是信息技术高度集成、信息应用深度整合的网络化、信息化和智能化城市,它是以智慧技术、智慧产业、智慧人文、智慧服务、智慧管理和智慧生活等为重要内容的城市发展新模式。智慧城市是城市信息化向更高阶段发展的表现,具有更强的发现问题和解决问题的能力,因而具有更强的创新发展能力[17]。

IBM智慧城市的理念把城市本身看成一个生态系统,城市中的市民、交通、能源、商业、通信、水资源构成了一个个的子系统[18]。这些子系统形成一个普遍联系、相互促进、彼此影响的整体。在未来,借助新一代的物联网、云计算、决策分析优化等信息技术,通过感知化、物联化、智能化的方式,可以将城市中的各种基础设施连接起来,成为新一代的智慧化基础设施,使城市中各领域、各子系统之间的关系显现出来。

(2) 智慧城市的重点领域

智慧的城市意味着在城市不同部门和系统之间实现信息共享和协同作业,更合理地利用资源、做出最好的城市发展和管理决策、及时预测和应对突发事件和灾害,其重点领域包括智慧的基础设施、智慧政府,以及智慧的公共服务等[19]。

智慧的基础设施:包括智慧的信息通信系统、智慧的交通运输系统、智慧的能源供应和管理系统以及智慧的环保系统等。

智慧政府:架构在电子政务公共服务体系之上,全面覆盖街道、社区和乡村。

智慧的公共服务:涵盖了智慧医疗系统、智慧教育系统、智慧社保系统、智慧生态系统和智慧安防系统等。

智慧旅游:这是智慧城市建设与发展过程中的重要内容,是智慧城市应用体系建设的基本组成部分,它既需要依托智慧城市的基础设施,又要依赖信息资源的开发利用和智慧产业的发展;反过来,智慧旅游的推进必然会带动智慧城市向纵深发展,更好地实现智慧城市的发展目标和功能[20]。

3. 智慧城市的特征

智慧城市表现为灵活、便捷、交易安全、更有吸引力、广泛参与合作、生活质量更高六个特征。

(1) 灵活

能够实时了解城市中发生的突发事件,并能适当、即时地部署资源以做出相应的响应。

(2) 便捷

远程访问"一站式"政府服务,可通过手机实现账单支付、学习、购物、预订等经济活动。

(3) 交易安全

更好地进行监控,更有效地预防犯罪和开展调查。

(4) 更有吸引力

通过收集并分析数据和智能信息(如客流和货运)以更好地规划业务基础架构和公共服

务，从而创造更有竞争力的商业环境吸引投资者。

（5）广泛参与合作

实现政府不同部门之间常规事务的整合以及与其他私营机构的协作，提高政府工作的透明度和效率。

（6）生活质量更高

越少的交通拥堵意味着越少的污染，降低交通拥堵和服务排队所浪费的时间意味着市民可以更好地均衡工作和生活，更少的污染和更完善的社会服务意味着市民可以拥有更健康快乐的生活。

(二)智慧城市的实践

1. 智慧城市在国外的发展

一些发达国家的城市已经步入后工业化时代，对城市的管理和运行提出了新的要求，在智慧城市构建方面也做了积极尝试[21-24]。

（1）美国的智慧城市应用

2009年9月，美国中西部艾奥瓦州的迪比克市与IBM共同宣布，将建设美国第一个智慧城市。迪比克市将完全数字化，并将城市的所有资源都连接起来(水、电、油、气、交通、公共服务等)。因此，可以侦测、分析和整合所有信息资源和设施服务于市民的需求。纽约市通过对数据挖掘有效预防了火灾。据统计，纽约大约有100万栋建筑物，平均每年约有3000栋楼会发生严重的火灾。纽约消防部门将可能导致房屋起火的因素细分为60个，诸如是否是贫穷、低收入家庭的住房，房屋建筑年代是否久远，建筑物是否有电梯等。除去危害性较小的小型独栋别墅或联排别墅，分析人员通过特定算法对城市中33万栋需要检验的建筑物单独进行打分，计算火灾危险指数，划分出重点监测和检查对象。目前数据监测项目扩大到2400余项，涵盖了诸如学校、图书馆等人口密集度高的场所。尽管公众对数据分析和防范措施的有效性之间的关系心存疑虑，但是火灾数量确实下降了。此外，芝加哥市通过"路灯杆装上传感器"可以收集城市路面信息，检测环境数据，如空气质量、光照强度、噪音水平、温度、风速。西雅图与微软和埃森哲(Accenture)公司合作了一个试验项目，以减少该地区的能源使用。该项目收集并分析从市区建筑物管理系统中得来的众多数据集，通过预测分析，找出哪里可以减少能源使用，或者根本不需要使用能源。项目的目标是将该地区的电力消耗减少25%。

（2）欧洲的智慧城市应用

爱尔兰：智能科技在爱尔兰自然环境方面得到了成功应用。在爱尔兰戈尔韦湾的"智慧湾"项目(Smart Bay)中，系统从装在数百个浮标上的感应器获取信息，并从渔民那里获得短信以了解水面漂浮的危险物体。信息被利用到各个渠道，包括避免渔船失事、向管理员发送涨水警告，以及帮助渔民把捕获的鱼直接卖给餐厅，让他们可以获得更高的利润。

英国：伦敦利用数据管理交通。在2012年奥运会期间，负责运行伦敦公共交通网络的公共机构"伦敦运输"(Transport for London)在使用者增加25%的情况下，使用收集自闭路电视摄像机、地铁卡、移动电话和社交网络的实时信息确保了火车和公交路线只是有限地中断，从而保证了交通顺畅。英格兰格洛斯特郡充分利用传感器建立了"智能屋"试点。传感器安装在房子周围，传回的信息使中央电脑能够控制各种家庭设备。智能屋装有以电脑终端为核心的监测、通信网络，使用红外线和感应式坐垫可以自动监测老年人在屋内的走动。屋中配有医疗设备，可以为老年人测心率和血压等，并将测量结果自动传输给相关医生。

荷兰：阿姆斯特丹是世界上最早开始智慧城市建设的城市之一，同时也是欧洲智慧城市建设的典范。作为荷兰最大的城市，阿姆斯特丹共有40多万户家庭，二氧化碳排放量占全国的1/3。为了改善环境问题，该市启动了West Orange和Geuzenveld两个项目，通过节能智慧化技术降低二氧化碳排放量和能量消耗。为了节省能源，启动了智能大厦项目，在未给大厦的办公和住宿功能带来负面影响的前提下，将能源消耗减小到最低程度，同时在大楼能源使用具体数据分析的基础上，使电力系统更有效地运行。为建设可持续公共空间，启动了气候街道（Climate Street）项目，缓解乌特勒支大街的拥堵。

瑞典：瑞典的智慧城市建设在交通系统上得到了最大的体现，在治理交通拥堵方面取得了卓越的成绩。瑞典国家公路管理局和斯德哥尔摩市政厅通过智慧交通的建设，既缓解了城市交通堵塞，又减少了空气污染问题，现在智能交通系统已经成为斯德哥尔摩的标签。瑞典当局在2006年初宣布征收"道路堵塞税"。在IBM公司的助力下，斯德哥尔摩在通往市中心的道路上设置了18个路边控制站征收"道路堵塞税"，通过使用RFID技术以及利用激光、照相机和先进的自由车流路边系统，自动识别进入市中心的车辆，自动向在周一至周五（节假日除外）6:30—18:30进出市中心的注册车辆收税。通过收取"道路堵塞税"减少了车流，交通拥堵降低了25%，交通排队所需的时间下降50%，道路交通废气排放量减少了8%~14%，二氧化碳等温室气体排放量下降了40%。

丹麦：丹麦首都哥本哈根素有"自行车之城"称号，在绿色交通方面成绩斐然。为促使市民使用二氧化碳排放量最少的轨道交通，该市通过统筹规划，力保市民在家门口1千米之内就能使用到轨道交通。对1千米之内的交通，推广使用一种智慧型自行车。这种自行车的车轮装有可以存储能量的电池，并在车把手上安装了射频识别技术（RFIT）或是全球定位系统（GPS），可汇聚成"自行车流"，通过信号系统保障出行畅通。与此同时，市政府大力完善沿途配套设施，如建立服务站点、提供简便修理工具等，为自行车出行提供便利。

法国：里昂市与IBM的研究人员联手建立了一个可以帮助减少道路交通拥堵的系统，使用实时交通路况报告来检测和预测交通拥挤状况。如果运营商看到可能会发生交通堵塞，就可以相应地调整交通信号，以保持平稳的车流。该系统在紧急情况下尤其有用，比如在救护车前往医院的途中。随着时间的推移，系统中的算法将从最成功的建议中"学习"，并将这些知识应用到将来的预测当中。

（3）亚洲的智慧城市应用

亚洲智慧城市的建设大致可分为两种类型：一是以日本为代表，以能源高效管理、使城市具备可持续性发展能力，节能减排、具备抵抗自然灾害是其智慧城市设计的主要出发点；二是以中国、韩国、新加坡三国为代表，以数字技术为依托建设智慧城市。而这三个国家又可以细分为两类。其中，中、韩两国均是以技术手段部署应用程序，用以解决城市发展中的问题。而新加坡因其为城市国家，其产业以信息和通信业、金融业为主，这些产业与数字技术的关系较强，因此整体上其智慧城市计划同时也注意产业、人才等方面的发展。

日本：日本是一个典型的资源匮乏且自然灾害频发的国家，日本政府积极建设资源节约型社会，成千上万的住宅配备了家庭能源管理系统。例如，家庭能源管理系统（HEMS）会在家庭中安放一个"智能阅读器"。它可以显示能源消耗量，所以居民能更清晰地意识到他们为节能做出了多少贡献，从而培养起他们的环境友好型生活方式。他们还可以让家里的不同设备，如电视、冰箱、烤箱、吹风机、照明设备等，彼此互通并提供实时数据。这些信息可以在平板电脑、电脑、智能手机及其他设备上显示，即使不在家，客户也可以控制室内照明和空调等设备。

新加坡：新加坡早在1992年就提出了"智慧岛计划"，2006年启动了"智慧国2015"计划，其核心的理念是"3C"：连接（connect）、收集（collect）和理解（comprehend），强调在通信网络、传感网络建设的基础上，进行数据的分析和共享。该计划提出了创新（innovation）、整合（integration）和国际化（internationalization）三大原则。其规划目标是：创建新型商业模式和解决方案上的创新能力，核心在于提升跨地区和跨行业的资源整合能力。为了确保"智慧国2015计划"的目标能够顺利"通关"，新加坡政府制定了4项战略，涵盖了基础设施建设、资讯通信产业的发展、人才培养、经济的提升。具体来说，包括构建下一代全国资讯通信基础设施，发展具有全球竞争力的资讯通信产业，培养具有全球竞争力的信息化专门人才，利用信息通信技术提升数字媒体与娱乐、教育培训、金融服务、旅游零售和电子政府等方面。同时，新加坡还以城市居民为抓手，通过公共服务平台建设，来调动公民参与城市建设。

2. 智慧城市在中国的发展

以2008年IBM提出智慧地球概念为发端，智慧城市在中国已经进行了10余年发展。目前，中国已初步形成了环渤海、长三角、珠三角、中西部四大智慧城市群，其中长三角和珠三角等城市群已被列为国家试点项目[25-27]。

中国在国家政策层面首次提到智慧城市是2012年1月颁布的《国务院关于印发工业转型升级规划（2011—2015年）的通知》（国发〔2011〕47号），该政策从推进物联网应用角度，明确了智慧城市的应用领域。此后，国家从推进信息化、物联网、信息消费、卫星导航、地理信息和老工业区改造等方面阐述了智慧城市发展的总体思路和实现方式，特别是在2014年3月发布的《国家新型城镇化规划（2014—2020年）》，将智慧城市建设与绿色、人文城市并列作为推进新型城市建设的范式。

2013年7月，中国电子技术标准化研究院发布了《中国智慧城市标准化白皮书》。当时，中国仍处于数字城市和智慧城市发展之交，各城市集中在互联网覆盖和信息数字化建设上发力，运营商成为智慧城市建设的主要参与者，而互联网巨头还没有大动作。大跨越发生在2014年，这一年4G全面普及，移动互联网全面铺开使得智慧城市的建设需求变得迫切，国家发展改革委等8部门联合出台《关于促进智慧城市健康发展的指导意见》，提出智慧城市是运用物联网、云计算、大数据、地理信息集成等新一代信息技术，促进城市规划、建设、管理和服务智慧化的新理念和新模式，建设智慧城市对加快工业化、信息化、城镇化、农业现代化融合，提升城市可持续发展能力具有重要意义。

2014—2015年，"互联网+"概念大热，互联网巨头借势抢滩布局智慧城市，国内智慧城市建设热度空前高涨。2014年2月,阿里巴巴与海南合作建立中国首个基于云计算和大数据的数字互联网城市——智慧互联网港湾。此后,阿里相继与浙江、贵州、广西、宁夏、河南、河北等省、自治区政府达成云计算和大数据领域的合作。

2017年,杭州市印发《"数字杭州"("新型智慧杭州"一期)发展规划》,提出未来将利用人工智能创新城市管理模式,推动人工智能技术在宏观决策、社会治理等领域的应用示范。为提高城市信息惠民力度,提出了智慧教育、智慧医疗等十大任务目标,其中智慧社区主要包括基础服务设施和便民服务终端的建设,打通群众服务"最后一公里",构建社区养老综合服务体系,提供居家养老服务。

2018年,湖南省制定《"智慧住建"发展规划(2018—2020)》,提出到2020年,基本建成全省住建系统大数据平台和政务服务协同共享体系,各部门业务系统可实现互联互通、共享共用,基本完成智慧规划、智慧建设、智慧城管、智慧房产等领域的战略布局,实现规划、建设和管理的全生命周期信息化管理。

2018年,德勤有限公司发布的《未来超级智能城市——中国超级智能城市指数》管理咨询报告显示,全球已启动或在建智慧城市达1000多个,仅中国在建的就有500个,远超排名第二的欧洲(90个)。至今,全国100%的副省级以上城市、76%以上的地级城市和32%的县级市,已经明确提出建设智慧城市。2019年,自然资源部办公厅印发《智慧城市时空大数据平台建设技术大纲(2019版)》,指出中国已成为世界上智慧城市数量最多的国家。

三、智慧社会

(一)智慧社会概念

智慧社会是指充分运用物联网、互联网、云计算、大数据、人工智能等新一代信息技术,以网络化、平台化、远程化等信息化方式提高全社会基本公共服务的覆盖面和均等化水平,构建立体化、全方位、广覆盖的社会信息服务体系,推动经济社会高质量发展,实现人类美好福祉的社会[28]。

(二)智慧社会的时代格局

随着人工智能与其他科技的加速融合创新与聚变发展,人类社会正在日益逼近新一轮变革的临界点。社会形态将全面系统演进,智慧社会作为继农业社会、工业社会、信息社会之后的一种更为高级的社会形态而加速到来。这意味着"智能"成为与土地、劳动、资本具有同等重要地位的新生产要素,生产生活方式出现以智能化为标志的新变革,国际产业链布局和分工体系受智能化引导形成新格局[29],表现在以下方面。

1. 智慧经济体形成国家竞争的新分水岭

人工智能与传统产业的融合发展将构成新的智慧经济,逐步形成一个超级复杂的新兴生态系统,掀起人类历史上迄今为止变革力度最为剧烈的产业革命,带来国家竞争实力的此消彼长。智慧经济和传统经济阵营逐步分化,社会财富和经济形态逐步重新构造,并呈现越来越明显的两极化趋势。

2. 平台间竞争成为企业竞争的主要形态

平台企业日益成为智慧经济中最具活力的部分,各大跨国公司正在由产业链一体化向平台一体化演进。通过资源和信息的聚集，平台经济涉及的产业链也不断延伸，到 2050 年，全球将有超过 90% 的企业依赖各类平台生存。在未来 30 年里，基于供应链一体化的垂直型企业会面临来自平台企业的巨大压力，这将是一场痛苦而漫长的转型之战。

3. 生产模式出现智能化引领的重大变革

对需求精准感知的信息共享平台可提供柔性制造的智能生产线，为生产要素配置方式转变成以消费为中心的逆向整合提供了基础条件，推动生产制造从提供产品向提供服务转变，从一次性产品交易向长期性服务交易转变，从低附加值制造向高附加值服务延伸，在研发设计、效能提升、交易便捷等多个维度探索增值的可能。同时，生产模式日益呈现出开放、共享、协同等特征，促使扁平化、网络化、去中心化加速成为企业组织方式创新的重要方向[30]。

4. 开放创新和协同创新突破了传统边界

创新资源不再以固定的组织为边界，知识传播壁垒开始显著消除，创新成本持续大幅降低，信息不对称的樊篱得到突破，创新的主体、流程和模式随之发生重大变革，众筹、众包、众智等多样化新型创新平台不断涌现，创新资源组织模式和创新成果转化方式更加网络化、开放化和便利化，开启了大众创业、万众创新、迭代创新、微创新的新时代。

5. 社会管理及服务水平将得到显著提升

智慧社会开放、共享、多元互动、协同治理、去中心化的特质使得未来社会更加扁平化、媒体大众化、组织虚拟化、信息透明化、产业网络化和资源社会化，政府的强制管控权力会持续弱化，协调、组织、沟通和服务成为政府的主要工作，持续修改完善与智慧社会发展特征相匹配的法律法规及执行方式成为政府的长期挑战[31]。同时，以人为本成为智慧社会活动的主要特征，公共服务内容及方式加速创新，进一步促进资源共享和优化配置，推动民生服务更趋普惠包容，大幅提升服务均等化水平。近几年来，得益于智慧社会的建设，中国电子政务发展指数排名总体上不断提升，从 2003 年的列居全球第 74 位升至 2018 年列居全球第 65 位[32]。

四、现代旅游业的发展

智慧旅游是因信息技术发展而衍生出的全新命题。智慧旅游是智慧城市或者智慧国家在实践中的产业应用，也是智慧社会的构成部分。智慧旅游的产生除来源于智慧地球、智慧城市与智慧社会的理论与实践外，也是发展高质量全域旅游的必然要求，是顺应旅游时代发展的大势所趋。

（一）现代旅游业的发展特征

1. 旅游业的发展

据世界旅游组织统计，旅游业已经成为当今世界上最大的产业。随着中国居民收入的逐步增加，其消费观念也产生了翻天覆地的变化，人们的闲余时间增加，使得中国旅游人数与旅游行业收入急剧上升。2013 年以来中国的旅游人次约以每年 8% 的速度增长，旅游支出约以每年 10% 的速度增长。2019 年国内游客为 60.1 亿人次，同比增长 8.4%。国内旅游收入 57251 亿元，同比增长 11.7%。

随着移动互联网的发展，人们对随时随地了解可供游玩的娱乐、景点等需求成为刚性需求,中国在线旅游顺势而生。根据智研咨询发布的《2020—2026年中国在线旅游行业市场竞争状况及市场发展前景报告》数据显示:2018年中国在线旅游用户规模达3.6亿人,2019年在线旅游用户规模达3.9亿人。进入2019年,中国在线旅游行业保持快速增长势头,个性化及品质型消费升温,夜间旅游、出境游等成为旅游消费新热点[33]。

2. 旅游者群体的变化

目前,大众化、散客化、个性化和自助化的出游已经成为潮流,自驾游、自由行、背包游也已经成为一种非常普遍的出行方式。欧美各主要旅游接待国及中国散客市场份额占到了70%~80%。游客自身的个性化特征愈发明显,对不同品质和体验的旅游需求愈加强烈,旅游所具有的开放性、异地性特征,让旅游过程充满了不确定性和不可预见性。需求多样化和特征多样化的旅游时代的到来对旅游信息化服务提出了量和质以及服务高效性、便捷性等多方面要求,需要提供越来越快捷而便利的信息化、智能化、个性化的信息服务,智慧旅游正是符合新时代旅游需求的新旅游产业形态[34]。

3. 全域旅游

2016年1月29日,全国旅游工作会议提出了全域旅游发展战略。全域旅游是在一定区域内,以旅游业为优势产业,通过对区域内经济社会资源尤其是旅游资源、相关产业、生态环境、公共服务、体制机制、政策法规、文明素质等进行全方位、系统化的优化提升,实现区域资源有机整合、产业融合发展、社会共建共享,以旅游业带动和促进经济社会协调发展的一种新的区域协调发展理念和模式。

全域旅游不再是之前只关注"吃、住、行、游、购、娱"的传统模式,而是更加注重各类旅游资源和公共基础服务的有效配置,通过积极利用互联网新技术,建立旅游大数据平台,对旅游资源进行分析整合,满足游客智慧旅游的需要。在大数据时代,全域旅游的实现需要旅游整个行业参与进来。因此,必须以智慧旅游所带来的信息科技为技术支撑,才能解决全域旅游发展对旅游目的地服务提出的全新挑战。

(二)现代旅游业技术条件和环境

云计算、物联网/泛在网、移动通信/移动互联网是智慧旅游的必要基础设施,这些条件已经具备,智慧旅游因此进入实质性建设阶段。2009年,温家宝总理在无锡提出"感知中国",拉开了中国物联网建设的新局面。智能手机和平板电脑的发展支撑了移动互联网的发展,也促进了智能移动终端蓬勃发展。2019年,韩国和美国的智能手机普及率分别为94%和77%,中国智能手机的占有率已达到68%。智能手机和平板电脑的超便携性使移动互联网有了使用的载体,为智慧旅游提供了硬件支撑。2019年6月6日,工信部正式向中国电信、中国移动、中国联通、中国广电发放5G商用牌照,中国正式进入5G商用元年。截至2020年年底,中国已经建成60万个5G基站,连接终端数达到了1.5亿。5G高速的网络传输能力,不但可以振兴云计算和物联网,还可以使VR(虚拟现实)/AR(增强现实)兴起,为智慧旅游提供了更为强大的信息展示技术[35]。

(三)政策条件

当今世界各国纷纷出台各种政策,从政策层面扶持信息产业的发展。国家中长期科技发展规划纲要(2006—2020)第三部分(重点领域及其优先主题)中第7点(信息产业及现代服务业)首先提到的优先主题是现代服务业信息支撑技术及大型应用软件。重点研究开发金融、物流、网络教育、传媒、医疗、旅游、电子政务和电子商务等现代服务业领域发展所需的高可信网络软件平台及大型应用支撑软件、中间件、嵌入式软件、网格计算平台与基础设施，软件系统集成等关键技术，提供整体解决方案。2009年，国务院出台了《关于加快发展旅游业的意见》，第五条提出："建立健全旅游信息服务平台，促进旅游信息资源共享。"第十条提出："以信息化为主要途径，提高旅游服务效率。积极开展旅游在线服务、网络营销、网络预订和网上支付，充分利用社会资源构建旅游数据中心、呼叫中心，全面提升旅游企业、景区和重点旅游城市的旅游信息化服务水平。"2015年1月10日，国家旅游局印发《关于促进智慧旅游发展的指导意见》。该意见分总体要求、主要任务、保障措施3部分18条，提出主要任务是夯实智慧旅游发展信息化基础；建立完善旅游信息基础数据平台；建立游客信息服务体系；建立智慧旅游管理体系；构建智慧旅游营销体系；推动智慧旅游产业发展；加强示范标准建设；加快创新融合发展；建立景区门票预约制度；推进数据开放共享。加快改变旅游信息数据逐级上报的传统模式，推动旅游部门和企业间的数据实时共享。

思考与练习题

1. 智慧地球的概念和内涵是什么？
2. 智慧城市对中国城市的建设产生什么影响？
3. 结合中国社会的发展现状，谈谈智慧社会对中国社会发展的影响。
4. 谈谈信息技术对智慧社会的作用。
5. 结合最近五年的中国经济、社会和旅游业发展数据，谈谈中国在线旅游未来发展趋势。

第二章

智慧旅游概述

学习目标：
1. 智慧旅游的内涵与特征
2. 智慧旅游的构成
3. 智慧旅游的价值
4. 智慧旅游的发展进程

核心概念：
智慧旅游
智慧旅游服务
智慧旅游管理
智慧旅游营销
智慧旅游政务

导　读

　　智慧旅游是一种全新的命题，提供了旅游业发展的新思路，开辟了认识旅游目的地、了解旅游景区全新的视角，是以先进的信息技术、智能技术和网络融合为依托的旅游业态发展新模式，被称为旅游业的"二次革命"。智慧旅游的本质是包括信息通信技术在内的智能技术在旅游业中的应用，是以提升旅游服务、改善旅游体验、创新旅游管理、优化旅游资源利用为目标，是增强旅游企业竞争力、提高旅游行业管理水平、扩大行业规模的现代化工程。智慧旅游通过行政推动和市场运作相结合的方式，整合旅游业的资源和市场，促进旅游业，提高品牌认知度和服务能力，带动区域经济的快速发展。智慧旅游可以理解为旅游信息化的高级阶段，但并不是旅游电子政务、旅游电子商务、数字化景区等用"智慧化"概念的重新包装，而是要能够解决旅游发展中出现的新问题，满足旅游发展中的新需求，实现旅游发展中的新思路以及新理念。

一、智慧旅游的概念

(一)智慧旅游的定义、本质及目标

1. 智慧旅游的定义

作为一种新的理念,学者们从不同的角度对智慧旅游作出了多种定义[36](表2-1):

表2-1 智慧旅游的定义

维度	定 义	特 点
信息技术	智慧旅游是新一代的通信技术,如云计算、互联网、物联网、人工智能技术和个人移动终端的集成和综合应用	此种观点强调信息技术在旅游领域中的应用,认为智慧旅游应突出新技术,加大新信息化设备的投入。因过分突出新技术作用,而忽略旅游业的服务性本质,易造成旅游智慧化演变成旅游设备化
产业融合	智慧旅游是信息技术和旅游要素融合的产物,通过信息技术和旅游服务、旅游管理、旅游营销的融合,使旅游资源和旅游信息得到系统化整合和深度开发应用,并服务于公众、企业和政府等旅游发展形态	此种观点较全面地概括了智慧旅游的功能,但在智慧旅游服务对象划分上忽略了智慧旅游的最主要服务对象为旅游者
管理变革	智慧旅游是基于新一代信息技术满足游客个性化需求,提供高品质、高满意度服务,从而实现旅游资源及社会资源的共享与有效利用的系统化、集约化的管理变革	将智慧旅游本质属性定位于管理变革,认为智慧旅游能够实现系统化、集约化的旅游管理变革,缩小了智慧旅游的内涵。智慧旅游不仅是一种管理变革,更是一种理念创新、服务创新
新旅游形态	智慧旅游是指依托云计算、移动通信技术,通过物联网实现信息交换,以移动智能终端为操作和体验平台的新兴旅游	强调智慧旅游是一种区别于传统旅游的全新的旅游发展形态,把智慧旅游看作一种面向未来的新兴旅游形态,以解决传统旅游形态发展中面临的诸多问题,但过于理论化,缺乏内核容易使智慧旅游的建设停留在表面,成为面子工程
游客体验	智慧旅游以游客互动体验为中心、以提升游客体验质量为核心要义,智慧旅游能为游客带来超越预期的旅游体验和无处不在的旅游服务,为旅游者提供无微不至的旅游服务和前所未有的体验感受	认为旅游者是智慧旅游的唯一价值供给对象,强调智慧旅游为游客带来的体验感受,而忽视智慧旅游在旅游企业、政府部门管理中的应用,缺乏全面性和系统性
务实操作	智慧旅游是利用现代信息技术,通过应用创新满足游客体验需求、管理创新提升企业经营能力、服务创新促进政府职能转变	侧重于智慧旅游的实践应用,较好地描述了智慧旅游的应用情境,对智慧旅游概念的解读具有很强的操作性,但未论及"什么是智慧旅游"这一核心命题,对智慧旅游概念没有给出完全科学性的解释
旅游信息服务	智慧旅游是旅游者个体在旅游活动过程中所接受的泛在化的旅游信息	将智慧旅游定位于泛在化的旅游信息服务,强调智慧旅游与旅游信息化有机结合,存在将智慧旅游的应用主体限定为旅游者的片面性,对旅游企业、政府部门和旅游目的地居民的智慧化提升缺少关注

百度百科对智慧旅游做出了如下定义:智慧旅游,也称为智能旅游,就是利用云计算、物联网等新技术,通过互联网/移动互联网,借助便携的终端上网设备,主动感知旅游资源、旅游经济、旅游活动、旅游者等方面的信息,并及时发布让人们能够及时了解这些信息、及时安排和调整工作与旅游计划,从而达到对各类旅游信息的智能感知、方便利用的效果。

虽然智慧旅游在目前还没形成一个统一的、科学的定义，学者们对于智慧旅游概念的认识以及对于智慧旅游的定义各有侧重。智慧旅游的定义应涵盖其技术核心、应用主体、应用价值、产业形态等几个方面[37-39]。因此，在总结各种观点的基础上，本书将智慧旅游定义为智慧旅游是基于新一代的通信技术，将云计算、物联网、移动互联网和个人移动终端、人工智能、地理信息系统等技术集成和综合，通过信息通信技术与旅游要素的深度融合实现旅游资源及社会资源共享与有效利用的系统化、集约化管理变革，为旅游管理部门、游客、旅游企业及目的地居民提供智慧旅游服务、智慧旅游营销、智慧旅游管理、智慧旅游政务等内容的现代旅游业形态。

2. 智慧旅游的本质

游客的旅游消费是整个旅游产业发展的原动力，而旅游消费的基本表现则是"吃、住、行、游、购、娱"六大要素。因此，利用智慧化的技术更好地服务游客六个方面的需要是智慧旅游发展的命脉所在。智慧旅游就是以互联网、物联网、云计算、通信技术、三网融合、GIS高性能信息处理、智能数据挖掘等"智慧技术"在旅游体验、产业发展、行政管理等方面的应用，使旅游物理资源和信息资源得到高度系统化整合和深度开发激活，使旅游业务的运作和管理变得更加智能，进而使旅游服务能力和服务品质得以提升，以激励旅游产业创新、促进产业结构升级，创造旅游发展的新模式，凸显旅游服务的新价值。智慧旅游的结构是以现代通信和信息技术为基础，以旅游者的心理需求为核心，将创新型旅游产业发展新模式作为目的，开启旅游产业发展新途径。智慧旅游的发展过程需要不断注入信息技术和旅游新理念，才能实时与时代发展相接轨。

因此，从本质上看，智慧旅游是在社会信息化水平达到一定程度催生出的将信息技术、智能技术应用于旅游业产生的旅游模式，是通过新理念的导入、新技术的应用和新模式的形成，使旅游活动的全过程、旅游经营的全流程和旅游服务的全链条产生智慧效应和创造智慧价值。因此，智慧旅游的概念虽与新的信息技术相伴而生，但从本质上来看并没有改变旅游业务发展的基本特征和内在要求，关键在于要通过各类新兴的"智慧技术"的应用，使旅游服务、旅游营销、旅游管理、旅游政务等相关业务更具智慧、更富价值，其明确了智慧旅游的4个构成模块（智慧服务、智慧营销、智慧管理、智慧政务）、4类应用对象（政府部门、旅游企业、游客、目的地居民）及四大核心技术（云计算、物联网、人工智能、移动互联网）[40-42]。

3. 智慧旅游的目标

（1）信息和数据的智能收集获取

智慧旅游的"智慧"来源于对海量数据和信息的整理、分析和挖掘。对于传统业态来说，海量信息的收集需要耗费大量的时间和劳动力，即使能够实现，成本和收益也不相匹配。在5G、物联网、大数据、人工智能等新一代信息技术的支撑下，海量信息的收集和获取变为了易于实现的目标。因此，智慧旅游首先要求旅游管理部门能够自动地充分收集来自旅游资源、旅游商家、游客以及旅游周边环境等各方面的信息，取代原有的不充分、高成本的信息数据收集方式。例如，依托于海量的搜索和地理定位数据以及强大的数据分析和挖掘能力，百度大数据能深入开展行业分析和用户画像的刻画。目前百度大数据对景区客流量预测的准确率能达到90%以上。在行业分析领域，百度通过对PC端和手机端每天多达100多亿次的搜索请求进行分析，可以清晰地反映出景点的搜索排名和搜索曲线变化的趋势。2019年，百度地图发布《2019年国庆节假期出行预测报告》，报告预测国庆节假期北京、长春、乐山将位列易堵城市前三名，热度居高不下的江浙一带城市和"西部三巨头"成都、重庆和西安等纷纷上榜十大热门旅游城市，故宫稳坐热门旅游景区"第一把交椅"，亚洲和太平洋沿岸地区依旧是国人最爱的出境游目的地[43]。

（2）游客一站式获取信息和旅游服务

当下，大多数游客在旅游的前期和过程中都习惯于通过手机、计算机等设备，在互联网上了解旅游地的相关信息，而信息和相关服务的一站式获取是大多数游客的心愿。网络给游客提供了查找收集信息的便利，但也存在信息太过繁杂，真实性、权威性和时效性无法保证、营销推广信息混杂于普通信息之中等情况，导致游客难以有效获取旅游地的信息和服务，或者需要花费较多的时间和精力来实现。智慧旅游要求旅游管理部门将旅游信息的提供发布纳入旅游服务之中，通过一些便捷的平台（如微信公众号、网站等），提供游客需要的各种信息，并且做到翔实可信、及时更新。同时，通过平台向游客提供售票、咨询和其他旅游配套服务，实现游客一站式获取信息和服务，大幅提高游客旅游体验。

（3）旅游相关部门信息联通共享和有效联动

智慧旅游的发展建设不单单依赖于景区或旅游管理部门，也不仅限于狭义旅游资源的配置与管理，智慧旅游需要旅游、交通、公共安全、市场监管等多部门的协同高效运行，有效快速联动，这也是智慧旅游最初作为智慧城市的一部分而出现的原因。智慧旅游的完全实现依赖于所在地区的各部门运行和管理水平。而从智慧旅游本身出发，首先应该实现与旅游相关的各部门信息联通共享，以实现信息一站式发布，同时实现对交通、公共安全等方面的协同管理和快速联动[44]。

（4）提供满意的旅游服务和商品

提供个性化的旅游服务和商品是智慧旅游的"智慧"体现，也是其重要的目标。每个旅游地每天都会接待大量的游客，对游客共性和个性化需求的满足将最大程度地提高游客旅游体验效果，实现旅游资源对游客效用的最大化。具体来说，就是旅游地应该通过对游客特征和行为大数据的采集整理、分析挖掘，通过线上线下多种方式，向游客提供适销对路的旅游产品和服务。

（5）建立信息充分的有效市场

发挥市场在资源配置中的决定性作用，实现旅游资源的合理配置，有赖于信息充分。当前旅游市场低效率的一个主要原因是信息的不充分、不对称。但随着科学技术的进步，这一问题的解决成为可能，而智慧旅游也应以尽可能地实现信息充分为目标。如果游客获得了充分的市场信息，市场上就很难再出现欺客宰客的现象，商家之间也会更加充分地相互竞争，改善商品和服务质量；而商家获得了充分的信息，则能够合理安排自己的生产、进货、存货和销售等多环节，很大程度上避免了生产和进货的盲目性，实现供给与需求更好地匹配；政府获得了充分的信息，则能够有效管理市场秩序，更好地提供公共服务，根据市场情况合理进行景区门票等旅游公共服务的政府定价工作等[45]。

(二)智慧旅游的内涵与特征

1. 智慧旅游的内涵

智慧旅游的内涵主要表现为以下四个方面[46]:

(1)在技术层面

智慧旅游以现代信息技术、智能技术和网络核心技术为技术依托,以云计算技术、物联网技术、人工智能技术以及移动互联网为四大核心技术。计算机虚拟技术、地理信息系统技术以及位置服务技术为智慧旅游提供了空间表达技术。

(2)在应用主体层面

智慧旅游通过在旅游体验、产业发展、行政管理等方面的应用更好地服务于旅游者、旅游企业、旅游目的地政府,发展面向未来更加便捷的旅游形态。智慧旅游的应用主体应包括以政府为代表的旅游管理与服务部门、旅游者、旅游企业和旅游目的地居民,且以服务游客需求为中心。政府部门可以获取旅游行业实时信息、公共服务信息,实现动态监管与指挥决策,及时预测和应对旅游突发事件;对旅游者而言,可以便捷、及时地获取目的地旅游信息,进行食宿预订、线路安排、智能导览和导购、旅游体验点评与分享等;对旅游企业而言,可以及时掌握旅游需求信息和市场动态,追踪游客行为,并据此设计旅游线路,开展旅游营销。同时,智慧旅游能让旅游企业迅速、低成本地开展旅游电子商务和网络营销;对目的地居民而言,可以和游客共享智慧旅游服务,体验智能客户端的多媒体应用等多种服务。

(3)在应用价值层面

智慧旅游通过信息通信技术与旅游要素的深度融合,使旅游资源和信息资源得到高度整合和深度开发,是旅游信息的全方位、全过程的共享。它通过应用创新满足游客体验需求,通过管理创新提升企业经营能力,通过服务创新促进政府职能转变,继而实现旅游资源及社会资源共享与有效利用的系统化、集约化管理变革。

(4)在产业形态层面

智慧旅游是在旅游业产业升级换代的产业背景下,以技术支撑、应用主体、应用价值等深刻变革和突破为特征,以提升旅游业发展质量,实现旅游业发展模式的突破,是旅游管理、服务、营销的一次全面创新,是旅游业发展的一次深度革命和新的产业发展形态,将带来旅游发展方式的根本性转变。

2. 智慧旅游的特征

智慧旅游的主要特征表现为以下四个方面[47]:

(1)全面物联

智能传感设备将旅游景点、文物古迹、城市公共设施、旅游环境监控设施物联成网,对旅游产业链上下游运行的核心系统实时感知与监测。

(2)充分整合

实现区域内景区、景点、酒店、交通等设施的物联网与互联网系统完全连接和融合,将数据整合为旅游资源核心数据库,提供智慧的旅游服务基础设施。

(3)协同运作

基于智慧的旅游服务基础设施,实现旅游产业链上下游各个关键系统和谐高效的协作，达成旅游系统运行的最佳状态。

(4) 激励创新

鼓励政府、旅游企业和旅游者在智慧旅游服务基础设施之上进行科技、业务和商业模式的创新应用，为城市提供源源不断的发展动力。

二、智慧旅游的构成

从智慧旅游的概念出发，结合旅游业务的发展特点，智慧旅游可以由智慧旅游服务、智慧旅游管理、智慧旅游营销和智慧旅游政务四个方面构成[48]。

(一) 智慧旅游服务

智慧旅游服务是智慧旅游的核心业务，是驱动智慧旅游前进的关键动力。具体而言，智慧旅游服务体现在四个方面：

1. 导航

智慧旅游将位置服务(location based services，LBS)加入旅游信息中，让旅游者随时知道自己的位置。确定位置有许多种方法，如 GPS 导航、基站定位、WiFi 定位、RFID 定位、地标定位等，未来还有图像识别定位。其中，GPS 导航和 RFID 定位能获得精确的位置。RFID 定位需要布设很多识别器，也需要在移动终端上(如手机)安装 RFID 芯片，因而其应用受到局限，而 GPS 导航应用则要简单得多。一般智能手机上都有 GPS 导航模块，如果用外接的蓝牙、USB 接口的 GPS 导航模块，就可以让笔记本电脑、上网本和平板电脑具备导航功能，个别电脑甚至内置有 GPS 导航模块。GPS 导航模块接入电脑，可以将互联网和 GPS 导航完美地结合起来，进行移动互联网导航。智慧旅游将导航和互联网整合在一个界面上，地图来源于互联网，而不是存储在终端上，无须经常对地图进行更新。当 GPS 确定位置后，最新信息将通过互联网主动地弹出，如交通拥堵状况、交通管制、交通事故、限行、停车场及车位状况等，并可查找其他相关信息。

2. 导游

智慧旅游为游客提供了更加智能、便捷的导游服务。游客在确定了位置的同时，在网页上和地图上会主动显示周边的旅游信息，包括景点、酒店、餐馆、娱乐、车站、活动(地点)、朋友/旅游团友等的位置和大概信息，如景点的级别、主要描述等，酒店的星级、价格范围、剩余房间数等，活动(演唱会、体育运动、电影)的地点、时间、价格范围等，餐馆的口味、人均消费水平、优惠等信息。智慧旅游还支持在非导航状态下查找任意位置的周边信息，拖动地图即可在地图上看到这些信息。周边的范围大小可以随地图窗口的大小自动调节，也可以根据自己的兴趣点(如景点、某个朋友的位置)规划行走路线。例如，美国主题公园的一个创新是迪士尼公司的 Magic Band 手环。迪士尼总共花费了 10 亿美元研发这个嵌有 RFID 和远程无线元件的可佩戴设备。这个手环可以与信息卡、房卡和各种传感器相连接，这样每个佩戴者的行为轨迹都会被迪士尼所捕捉。一个家庭在饭店可以提前订餐，在到达饭店时雇员早已准备好食物，而且知道这个家庭的名字和落座的位置。这一切都给了游客一种魔幻式的体验。这个手环会给迪士尼带来更多的经济效益：用手环购买的便宜性促进更多的消费；利用大数据的分析可以改进产品的设计和商品的摆放，以便更有效地促销；销售的大数据也可用来度量营销的效果，并改进下一次的营销。

3. 导览

导览相当于一个导游员。许多旅游景点规定不许导游员高声讲解，而采用数字导览设备需要游客租用这种设备。智慧旅游则像一个自助导游员，有比导游员更多的信息来源，如文字、图片、视频和3D虚拟现实，戴上耳机就能让手机/平板电脑替代数字导览设备。游客点击（触摸）感兴趣的对象（景点、酒店、餐馆、娱乐、车站、活动等），可以获得关于兴趣点的位置、文字、图片、视频、使用者的评价等信息，深入了解兴趣点的详细情况。导览功能还将建设一个虚拟旅行模块，只要提交起点和终点的位置，便可获得最佳路线建议（也可以自己选择路线），推荐景点和酒店，提供沿途主要的景点、酒店、餐馆、娱乐、车站、活动等资料。

4. 导购

由于是利用移动互联网，游客可以随时随地进行预订。加上安全的网上支付平台，就可以随时随地改变和制订下一步的旅游行程，而不浪费时间和精力，也不会错过一些精彩的景点与活动，甚至能够在某地邂逅特别的人，如久未谋面的老朋友。游客经过全面而深入的在线了解和分析，已经知道自己需要什么了，那么可以直接在线预订（客房/票务）。只需在网页上自己感兴趣的对象旁点击"预订"，即可进入预订模块，预订不同档次和数量的该对象。

（二）智慧旅游管理

智慧旅游管理主要是针对旅游活动的各项管理业务而言的，是指综合利用智慧化的技术对游客、景点、酒店、旅游线路、交通工具以及其他类型的旅游资源进行智慧化管理，全面提高管理水平，创造管理效益，其具体内容包括[49-52]：

1. 游客管理

智慧旅游依托信息技术，主动获取游客信息，形成游客数据积累和分析体系，全面了解游客的需求变化、意见建议以及旅游企业的相关信息，实现科学决策和科学管理。

2. 景区管理

旅游景区可以通过在景区环境保护、旅游承载力管控等方面综合应用智慧旅游手段，均衡游客的分布，降低游客对资源的破坏，确保游客的满意度，缓解景区保护和旅游发展之间的矛盾。

3. 流程管理

智慧旅游鼓励和支持旅游企业广泛运用信息技术，改善经营流程，提高管理水平，提升产品和服务竞争力，增强游客、旅游资源、旅游企业和旅游主管部门之间的互动，高效整合旅游资源，推动旅游产业整体发展。

（三）智慧旅游营销

智慧旅游营销主要表现为产品创新、营销渠道、平台服务、营销方式等多个方面[53-55]。

1. 客户分析

智慧旅游通过分析游客数据，可以发现旅游者的偏好，挖掘旅游热点，引导旅游企业打造符合旅游者需求的旅游产品，制定相应的营销策略，实现旅游产品创新和营销方式创新。

2. 渠道选择

智慧旅游通过量化分析和判断营销渠道，筛选效果明显、可以长期合作的营销渠道。

3. 平台服务

智慧旅游充分利用新媒体传播特性，吸引游客主动参与旅游的传播和营销，并通过积累游客数据和旅游产品消费数据，逐步形成多种媒体营销平台。

4. 营销方式

智慧旅游有利于改变旅游营销方式，激发旅游行业的鲶鱼效应。鲶鱼效应是指鲶鱼在搅动小鱼生存环境的同时，也激活了小鱼的求生能力。其作用是指采取一种手段或措施，刺激一些企业活跃起来投入到市场中积极参与竞争，从而激活市场中的同行业企业。它的实质是一种负激励，将鲶鱼效应理论用于智慧旅游就是指互联网在未来旅游业的发展过程中可扮演"鲶鱼"的角色，使更多的力量参与到旅游行业竞争中来，激发旅游行业的创新能力和活力，提升旅游行业的智慧水平，达到旅游行业提质增效的目标[56]。

（四）智慧旅游政务

智慧旅游政务既包括电子政务、移动政务等深化应用，也包括基于智慧化技术的政府管理和服务模式的创新，具体表现在以下三个方面[57-58]：

1. 管理方式

智慧旅游是实现传统旅游政务管理方式向现代政务管理方式转变的重要途径。通过信息技术，可以及时准确地掌握游客的旅游活动信息和旅游企业的经营信息，实现旅游行业监管从传统的被动处理、事后管理向过程管理和实时管理转变。旅游管理部门通过信息平台，利用实时掌握的游客、景区和服务等信息，实现对监管对象的动态化、实时性的管理。

2. 信息共享

旅游管理部门可以通过与工商、卫生、质检、公安等相关部门的信息共享与联动，实现对旅游安全、旅游质量和旅游投诉等问题的有效处理，以维护旅游市场的稳定。

3. 突发事件管理

通过与公安、交通、工商、卫生、质检等部门形成信息共享和协作联动，结合旅游信息数据形成旅游预测机制，提高应急管理能力和突发事件处理能力。

三、智慧旅游的发展进程

（一）国外智慧旅游的发展

国外并没有"智慧旅游"这一专业术语。但是，国外从很早就开始了对旅游信息技术应用的研究，在信息技术取得突破性进展的背景下，国外的旅游信息化建设正不断向纵深发展。近几年，智慧旅游和旅游资源物联网提出并兴起，一方面是旅游信息化已经进行到一定的程度，旅游行业各个领域的信息采集与存储具备了相当的规模，通过新技术的应用，积累的信息资源有可能集中发挥优势；另一方面，泛在网络与通信技术、传感器技术、射频识别（RFID）技术、云计算技术的发展，使得未来信息化呈现出新的发展方向和发展模式，旅游信息的精确采集、旅游信息资源化应用成为可能[59-61]。

美国是最早开展智慧旅游的国家之一。2006年，美国在宾夕法尼亚州一个叫Pocono山脉的度假区首次引入RFID腕带系统进行了智慧旅游的尝试，其结果显示：佩戴RFID腕带的游客可不必携带人们日常旅游时必须携带的必需品（如现金、钥匙等）就可顺利而方便地进出房门、购买旅游商品、参与各种游戏或活动等。此外，RFID腕带还可作为游客在景区的身份证明等。近年来，为更好地迎合自助游客需求，北美地区"游客自助导航"已经广泛应用。在建设过程中，北美地区（部分城市）在智慧交通层面成果显著，在实施体系完整的智能票务服务之余，游客或是居民实现实时公交线路运行状态查询。在智慧景区建设方面，北美地区以满足客户智能化、人性化和信息化需求为导向，完善细节服务、优化管理流程、降低管理运营成本。美国建立了全球首家VR（virtual reality）主题公园，该公园位于美国犹他州。The Void通过头显、适配电脑与可穿戴智能设备，再结合灯光、烟雾、气味等特效，在真实的空间给玩家打造一个虚拟的全触感空间。玩家花29美元，穿上全套的VR装备，包括一个头戴式的显示器、一个特殊定制的高科技背心和一杆金属质感的枪械，就能在Void娱乐中心享受超现实极致VR体验。创始人甚至在官网上表示，The Void的重点不仅仅是虚拟现实，而是一个超级现实（hyper-reality）。2016年2月，盛大集团出资3.5亿美元投资The Void并计划引入中国。

欧盟早在2001年就开始实施"创建用户友好的个性化移动旅游服务"项目。在智慧旅游的发展过程中，重视基础设施的建设和应用推广，并致力于打造一体化市场。在现有工程的建设中，欧洲部分城市采用二维码技术和城市信息做对接，服务于智慧旅游。在公共服务层面，欧洲在开发与应用远程信息技术过程中，首先建立了能贯通全欧洲的无线数据通信网，并利用智慧交通网络来达到导航、电子收费和交通管理等功能，其中主要包括不停车收费系统（ETC）、车辆控制系统（AVCS）、旅行信息系统（ATIS）和商业车辆运行系统（ACVO）等。2009年，英德两家公司在欧盟资助下协作开发了一款智能导游软件，用以促进文化旅游发展。该软件以"增强实践"技能为根底，让游客通过声光与影像，体会被忘记的史前时光。当游客身处某地，只需用手机摄像头对准眼前的遗迹或废墟，手机里全球定位系统和图画辨认软件就能判别方位，然后从游客所处的视角，在手机上显现这处遗迹在全盛时期的样貌，还能展现遗址上残损部分的虚拟重构。除此还有道路规划功用，经过交互道路规划工具，量身定制专属于游客自己的游览计划，协助游客远离群众线路，别出心裁，相当于一个全职导游。比利时布鲁塞尔推出"标识都市"项目，游客下载条码扫描器，可随时随地扫描"标识"贴纸，就能快速读取景点信息并进行线路导航，游览道路规划软件也得到了广泛使用。巴西里约热内卢建立了城市动态监控系统，对城市内交通运行、道路通行、天气预报、停电处理、灾害警报进行有效管理，能更智慧地掌握城市动态，对其旅游也有更智慧的管理效果。

2006年，新加坡推出"智慧国2015计划"，确立"智慧化立国"发展理念，全面实施"从传统城市国家向'智慧国'转型"的发展战略。目前主要应用项目包括一站式注册服务、智能化数字服务系统、无处不在的移动旅游服务和交互式智能营销平台。"一站式注册服务"借助生物身份识别技术为商业人士免去繁琐注册登记手续，在新加坡商业会议旅游中得到广泛应用；"智能化数字服务系统"着眼于增加游客在新加坡的旅行体验。游客可通过互联网、手机、公用电话亭、交互式电视和游客中心等渠道获得一站式旅游信息和服务支持，包括购买相关旅游商品或专门服务；"无处不在的移动旅游服务"是指游客可利用智能手机等移动终端，在任何时间、地点接收到旅游信息，并根据游客位置、需求、选择取向提供具有个性化的针对信息服务；"交互式智能营销平台"是指在"我行由我，新加坡"平台上，游客可根据个人喜好直接在互联网上定制自己的新加坡行程，并可通过邮箱及时了解新加坡新闻、即将举办的大型活动等信息。同时通过该平台实时分享自己的旅游经历。

韩国首都（首尔）在智能手机平台的基础上，开发了类似于"I Tour Seoul"之类的移动终端信息服务平台，是专门为来访的游客提供的移动旅游信息掌上服务平台，以便于游客随时获取所需的相关旅游信息，如用餐、住宿、景点等，同时也包括语言服务、道路和交通工具的选择等。该系统同时实现5种外国语言的服务，为旅游者进行旅游活动提供了极大的便利。日本东京推出泛在艺术导览服务系统，通过终端设备以及临时通行证来引导游客，根据游客所处的位置实时提供语音和地图导览。

（二）中国智慧旅游的发展

2010年是中国智慧旅游元年。2010年镇江市呈报国家旅游局，建设"中国智慧旅游服务中心"，掀开了中国智慧旅游发展的大幕。镇江市在全国率先创造性提出智慧旅游概念，开展智慧旅游项目建设，开辟"感知镇江、智慧旅游"新时空。智慧旅游的核心技术之一"感动芯"技术在镇江市研发成功，并在北京奥运会、上海世博会上得到应用。中国标准化委员会批准《无线传感自组网技术规范标准》由镇江市拟定，使得镇江市此类技术的研发、生产、应用和标准制定在全国处于领先地位，为智慧旅游项目建设提供了专业技术支撑。现在凡是到镇江的游客，都可以借助镇江智慧旅游门户网站、智慧旅游WAP网站、智慧旅游触摸屏、智慧旅游移动终端、智慧旅游友善平台、智慧旅游抽样调查系统。连接智慧旅游知识库，整合"吃、住、行、游、购、娱"旅游六要素动态，获取实时信息，自助完成浏览、查询、预订、结算和评价当地服务[62-64]。

为了促进旅游业成为国民经济发展的支柱产业。2011年7月12日，国家旅游局局长邵琪伟在全国旅游局长研讨班期间提出，中国将争取用10年左右时间，使旅游企业经营活动全面信息化，基本把旅游业发展成为高信息含量、知识密集的现代服务业，在中国初步实现基于信息技术的智慧旅游。2011年9月27日，苏州"智慧旅游"新闻发布会正式召开，苏州市旅游局正式面向游客打造以智能导游为核心功能的智慧旅游服务，通过与国内智能导游领域领先的苏州海客科技公司进行充分合作，将其"玩伴手机智能导游"引入到智慧旅游中，大幅提升来苏游客的服务品质，让更多游客感受到"贴身服务"的旅游新体验，为提升苏州整体旅游服务水平打下了良好的基础。2011年11月，洛阳旅游体验网、洛阳旅游资讯版、洛阳旅游政务版以及英、日、法、俄、韩、德6个语种的外文版旅游网站已经建成。2011年牡丹文化节期间，市旅游局还与洛阳移动公司联合推出电子门票，开通新浪洛阳市旅游局官方微博等，形成立体交叉的互联网、物联网旅游服务体系，在吸引游客方面作用明显，初步打造出"智慧旅游"的基础设施，今后将在现有的基础上进一步提升"智慧旅游"服务内容。除上述地区外，浙江、湖南、山东、天津、大连、黄山等地也在探索发展智慧旅游，还有一些企业（如携程、淘宝、温州国旅、金棕榈、物泰科技等）也积极参与智慧旅游技术开发、项目建设。

国家旅游局将 2014 年定为中国的"智慧旅游主题年",引领中国旅游业全面进入智慧化时代,各地相继提出了自己的智慧旅游口号,如江苏省提出"科学规划,智慧先行",四川成都市提出"智慧提升,触摸蓉城"的科普口号。2015 年 12 月"冰雪之都"黑龙江省正式通过《黑龙江省"旅游+互联网"发展规划》,未来将通过旅游大数据中心、旅游公共服务平台、营销平台等基础设施建设进一步发挥互联网在旅游营销上的低成本优势,初步规划 3 个试点城市、15 个试点景区、1 个试点基地,并与腾讯、阿里、百度、携程等互联网公司就旅游服务、管理、营销等各方面达成合作,计划 2020 年,在线旅游投资占全省旅游直接投资的 15%,在线旅游收入占全省旅游收入的 20%。此外,重庆、河北、河南等省份也推出相关计划。

思考与练习题

1. 如何理解智慧旅游的本质和内涵?
2. 智慧旅游的构成内容是什么?
3. 智慧旅游的目标是什么?
4. 简要阐述国内外智慧旅游发展历程。

第二篇

智慧旅游技术和平台

第三章 智慧旅游技术

学习目标：
1. 智慧旅游的技术体系
2. 物联网与智慧旅游
3. 云计算与智慧旅游
4. 人工智能与智慧旅游
5. 移动通信、计算机虚拟现实技术与智慧旅游
6. 大数据与智慧旅游
7. 区块链与智慧旅游
8. 3S 技术与智慧旅游

核心概念：
物联网
云计算
人工智能
移动通信技术
计算机虚拟现实技术
大数据
区块链
3S 技术

导 读

旅游业是被公认的全球经济发展中增长最迅速的产业之一。当前的旅游业发展面临着前所未有的机遇和挑战。因此在新形势下，需要智慧旅游为旅游业发展注入新动力。2015 年 1 月，国家旅游局发布了"515 战略"，战略中重点提到"要积极主动融入互联网时代，用信息技术武装中国旅游业"。国务院办公厅于 2019 年 8 月出台了《关于进一步激发文化和旅游消费潜力的意见》，意见中指出要推进"互联网+旅游"，强化智慧景区建设，实现实时监测、科学引导和智慧服务。区块链技术被政府、企业与各类社会组织作为驱动创新发展的重要工具之一；在 5G 领域，5G 商用环境持续完善，标准技术取得新突破，应用孵化进入全面启动期，产业总体发展迅速，达到世界领先水平；在人工智能领域，关键技术应用日趋成熟，引领各行业数字化变革；在大数据领域，产业布局持续加强，技术创新不断推进，带动产业持续发展。随着计算机技术和互联网技术的不断发展，大数据、云计算、物联网、区块链、3S 技术、人工智能、移动通信技术和计算机虚拟现实等技术被应用于智慧旅游，形成支撑智慧旅游的技术体系。

一、智慧旅游技术体系

物联网技术、移动通信技术、云计算技术以及人工智能技术支撑了智慧旅游的概念，决定了智慧旅游的内涵，构成了智慧旅游的核心能力。物联网技术、移动通信技术构成了智慧旅游的实时数据采集与传输技术体系；大数据技术、云计算技术、人工智能技术构成了智慧旅游的数据处理技术体系；计算机虚拟技术、地理信息系统技术以及位置服务技术构成了智慧旅游的空间表达技术体系。这三大技术体系为智慧旅游提供了强大的技术支撑[44]（图3-1）。

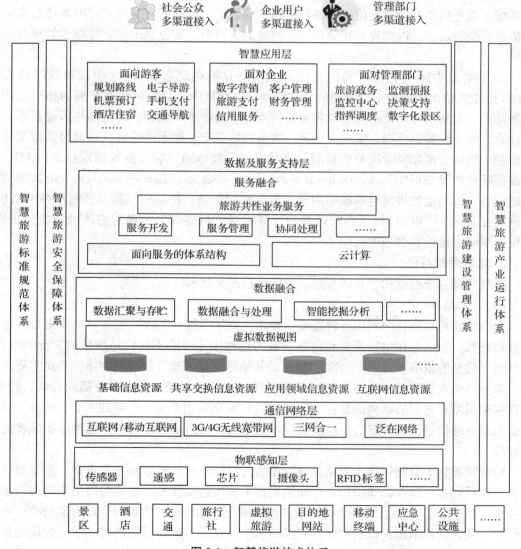

图 3-1 智慧旅游技术体系

资料来源：金振江. 智慧旅游（第二版）[M]. 北京：清华大学出版社，2015

二、物联网与智慧旅游

(一) 物联网概述

1. 物联网的概念

1995年比尔·盖茨在他的《未来之路》一书中首次提出物联网(internet of things)概念，即物与物相连的网络。1998年麻省理工学院(MIT)提出了物联网的构想。1999年，美国自动识别中心提出"万物皆可通过网络互联"，阐明了物联网的基本含义。

2005年信息社会世界峰会上，国际电信联盟(ITU)发布《ITU互联网报告2005：物联网》正式提出"物联网"概念，定义物联网为：通过射频识别技术(RFID)、传感器、全球定位系统、激光扫描器等信息传感设备，按约定的协议，把任何物品与互联网连接起来，进行信息交换和通信，以实现对物品和过程的智能化识别、定位、跟踪、监控和管理的一种网络。

2011年5月20日，工业和信息化部电信研究院在北京发布的《中国物联网白皮书(2011)》正式给出中国对于物联网的官方解释。即物联网是通信网和互联网的拓展应用和网络延伸，它利用感知技术与智能装置对物理世界进行感知识别，通过网络传输互连，进行计算、处理和知识挖掘，实现人与物、物与物信息交互和无缝连接，达到对物理世界实时控制、精确管理和科学决策的目的。也就是说，物体通过装有射频识别技术(RFID)装置或国际移动设备识别码(international mobile subscriber identification number, IMSI)等信息传感设备，按约定的协议与承载网相连，形成智能网络。物品将其信息通过承载网络(电信网、互联网、广电网)传送到管理者的计算机或手机终端，实现对物体的智能化识别、定位、跟踪、监控和管理[65]。

2. 物联网的特征

物联网具有全面感知、互联互通、智能运行三大技术特征[66-67]。

(1) 全面感知

全面感知是指物联网利用各种感知、捕获、测量等技术手段，实时对物体进行信息的采集和获取。物联网在信息采集和信息获取的过程中追求的不仅仅是信息的广泛和透彻，而且强调信息的精准和效用。"广泛"描述的是地球上任何地方的任何物体，凡是需要感知的，都可以纳入物联网的范畴；"透彻"是指通过装置或仪器，可以随时随地提取、测量、捕获和标识需要感知的物体信息；"精准和效用"是指采用系统和全面的方法，精准、快速地获取和处理信息，将特定的信息获取设备应用到特定的行业和场景，对物体实施智能化的管理。

物联网要将大量物体接入网络并进行通信，对物体的全面感知非常重要。在全面感知方面，物联网主要涉及物体编码、自动识别技术和传感器技术。物体编码用于给每一个物体一个"身份"，其核心思想是为每个物体提供唯一的标识符，实现对全球对象的唯一有效编码；自动识别技术用于识别物体，其核心思想是应用一定的识别装置，通过被识别物品和识别装置之间的无线通信，自动获取被识别物品的相关信息；传感器技术用于感知物体，其核心思想是通过在物体上植入各种微型感应芯片使其智能化，这样任何物体都可以变得"有感觉、有思想"，包括自动采集实时数据(如温度、湿度)、自动执行与控制(如启动流水线、关闭摄像头)等。

(2) 互联互通

互联互通是指通过各种通信网与互联网的融合,将物体的信息接入网络,进行信息的可靠传递和实时共享。物联网要求全面感知的数据可以随时接入网络,并保证传送数据的准确性,这就要求传送环节具有更大的带宽、更高的传送速率、更低的误码率。由于无处不在的感知数据很容易被窃取和干扰,因此要求保障网络的信息安全,确保传送数据的安全性。

物联网建立在现有移动通信网和互联网等设施的基础上,通过各种接入设备与通信网和互联网相连。但物联网既不是互联网的翻版,也不是互联网的一个接口,而是互联网的一个延伸。从某种意义上来说,互联互通就是利用互联网的"神经末梢"将物体的信息接入互联网,它将带来互联网的扩展,让网络的触角伸到物体之上,网络将无处不在。在信息传送的方式上,可以是点对点、点对面或面对点。在技术方面,建设"无处不在的网络",不仅要依靠有线网络的发展,还要积极发展无线网络,其中光纤到路边(FTTC)、光纤到户(FTTH)、无线局域网(WLAN)、卫星定位(GPS)、短距离无线通信(如 ZigBee、RFID)等技术都是组成"网络无处不在"的重要技术。据预测,不久的将来,世界上"物物互联"的业务跟"人与人通信"的业务相比,将达到 30∶1。如果这一预测成为现实,物联网的网络终端将迅速增多,无所不在的网络"神经末梢"将真正改变人类的生活。

(3) 智能运行

智能运行是指利用数据管理、数据处理、模糊识别、大数据和云计算等各种智能计算技术,对跨地区、跨行业、跨部门的数据及信息进行分析和处理,以便整合和分析海量、复杂的数据信息,提升对物理世界、经济社会、人类生活各种活动和变化的洞察力,实现智能决策与控制,以更加系统和全面的方式解决问题。智能运行主要包括网络管理中心、信息中心、智能处理中心等,主要功能是信息及数据的深入分析和有效处理,解决的是计算、处理和决策问题。智能运行不仅要求物服从人,也要求人与物之间的互动。

物联网的意义不仅是连接,更重要的是交互,以及通过互动衍生出来的种种可利用的特性。物联网的精髓是实现人与物、物与物之间的相融与互动、交流与沟通。因此在这些功能中,智能运行成为物联网的核心与灵魂。

(二) 物联网应用于智慧旅游

泛在网是指无所不在的网络,即基于个人和社会的需求,利用现有的和新的网络技术,实现人与人、人与物、物与物之间无所不在的按需进行的信息获取、传递、存储、认知、决策及使用等综合服务。智慧旅游中的物联网可以理解为互联网旅游应用的扩展以及泛在网的旅游应用形式。如果我们称基于互联网技术的旅游应用为"线上旅游",那么基于物联网技术的旅游应用我们则可称其为同时涵盖"线上"与"线下"的"线上线下旅游"。物联网技术突破了互联网应用的"在线"局限,这种突破是适应旅游者的移动以及非在线特征的。基于物联网的旅游应用的"线上""线下"融合体现了泛在网"无所不在"的本质特征,这种本质也是适应旅游者的动态与移动特征的。物联网应用于智慧旅游主要体现在以下几个方面[67]:

1. 物联网和智慧旅游服务

智慧旅游的发展必须进一步改善游客的旅游体验，物联网在满足需求方面表现出关键作用[68-70]。

(1) 物联网与"食"

在旅游过程中，品尝当地美食是旅游者的重要需求之一。随着物联网技术的不断发展，其与"食"的关系也变得越来越紧密。对于食客来说，物联网与"食"的关系主要体现在以下几个方面：①明厨亮灶：食客对于餐饮机构的卫生是十分关注的，通过摄像头和电视屏幕将后厨的情况实时展示给食客，可以让食客对食物的安全卫生更加放心；②排队叫号：由于就餐时间大多比较集中，容易出现高峰期排队问题，为了更加合理安排客流，许多餐饮企业都使用了自助叫号系统，食客可以通过自助叫号系统了解餐厅的排队情况；③智能自助点餐机：智能自助点餐机让食客可以完全脱离服务员，全程自助式点菜，点完菜后通过网络即时传输到总服务器上，有效避免了餐厅繁忙时间点菜的问题；④智能收银终端：智能收银终端可以让食客实现自助结账，有效地解决了食客结账等待问题，也可以有效避免人工结算账单出错问题；⑤智能自动售货机：智能自动售货机能够贩卖简易食品，为食客提供24小时便利服务。

(2) 物联网与"住"

物联网在酒店服务中也能发挥强大的作用，房间的"智能化"改造可以让住客享受更加个性化的服务。例如，游客入住时，只需拿着手机进行登记，换取房卡。房卡上带有索引指示，一路提醒游客前进的方向和位置；当进入房间后，插卡取电，轻轻按下手边的物联无线墙面开关，系统预设模式可自动切换成欢迎模式，室内灯光缓缓亮起、悠扬的背景音乐静静流淌、典雅的电动窗帘徐徐关闭、电视音响也已开启，让游客拥有家里的舒心感受。此外，房间内的氧气传感器会提示空气质量，便于打开通风系统。而游客如果在房间内不慎跌倒，既可以按住紧急通知按钮，也可以通过房卡发送求救信息。

随着物联网和网络技术的不断发展，越来越多的物联网技术被应用于住宿服务中，酒店利用物联网控制暖气、通风装置、空调、安保、水管、电梯以及其他设施。例如，浙江移动通过物联网实现智慧民宿各类应用突破，目前已经开发物联网路灯、智慧消防栓、智慧门锁等一系列新产品。

(3) 物联网与"行"

交通出行是旅游开始的第一环也是最重要的一环。飞机出行已成为游客前往远距离目的地的普遍选择，旅游企业能够利用物联网技术实现与航企和机场中央IT系统连接，连接飞机、行李标签以及中间的一切环节，让机组人员无须再使用纸制文件，还能够为机组人员提供最新的政策、程序和提示信息，从而也能够让乘客享受更顺畅的乘坐体验。

在传统的自驾游旅行模式下，游客通过查看地图的方式前往某个出发地点，假如路上遭遇堵车，也无法准确提前获知，只有选择其他的道路进行躲避。而通过物联网技术，游客可以获取到不断更新的即时信息，以便在发生拥堵的时候仍然可以选择最优的出行方案。在游客到达景区之后，可以通过物联网查看景区的实时状况，了解到观赏景区的最优方案，也可采取线上导游的方式，为游客进行线上讲解，实时显示游客的位置，不至于因为对景区情况不了解而迷路，实现一体化的智慧导览。另外，高速公路自动收费系统

ETC、基于 NB-IOT 的智慧停车系统等也是物联网在智慧旅游中的重要应用。例如龙虎山 NB-IOT 智慧停车场是全国首个基于窄带物联网技术打造的景区智慧停车项目，项目一期建设了 450 个停车位，覆盖龙虎山核心景区的 3 个停车场，真正意义上实现停车场管理无人值守。游客通过手机，即可实时查询停车场及空闲车位，实现了游客线上车位预约、支付、自助停车等便捷服务体验，加强了景区车位使用率、提升了景区停车管理水平。

（4）物联网与"游"

物联网在"游"中的应用主要体现在以下几个方面[71-76]：

自助导览：当游客到达景区时，通过电子终端设备、射频识别技术和后台中央数据库，进行数据匹配，形成统一的网络控制系统，将各景点、设施、文化背景甚至标志植物等信息以文字、图片、语音、视频、VR 等方式储存，游客可通过二维码扫描、微信摇一摇、近场通信靠一靠（near field communication，NFC）方式自行浏览。自助导览为游客提供智能的、全方位的游览支持，在一定程度上代替了导游的讲解工作。例如，江西龙虎山景区的智能视听导游服务系统在天师府试点推出。导游服务系统利用线上智能小程序和线下导游设备相结合，通过内置蓝牙发信器，为游客提供精准定位、自由选择的深度导游服务。同时加入了龙虎山的 IP《爆笑天师府》中的人物作为导游，开发了全景视频导览服务，为游客提供快捷的预约预定和独特视角的视频导览服务，使讲解更加生动形象，为龙虎山开启了智能导游新篇章。

电子导航：将位置服务（LBS）及互联网地图加入智慧旅游中，方便游客实时了解自己当前位置，还可进行行程路线规划，避免在游览的时候迷路绕行，当游客需要帮助时还可在线连接景区工作人员并得到及时的救援。通过系统数据反馈，管理人员可实时监控旅游景区人流密度，了解旅游服务区的生态环境和生态状况，并对游客流动进行合理引导，便于游客选择舒适的旅游环境，全面提升游客的满意度。例如，位于龙虎山景区的"5G+智慧竹筏"，是全国第一个在竹筏类项目中使用智能管理、智能互动系统的旅游景区。该项目由基于 5G&WiFi 的智能竹筏监控调度管理平台，以及融合了历史文化及社交化属性的移动端智能互动平台组成，实现对景区所有竹筏进行安全生产监控、智能围栏控制以及所有竹筏智能调度功能。游客可通过竹筏视频直播、录播，并由微信、微博等社交媒体分享游览内容，增添游览趣味性，也可通过手机端对筏工的服务进行评价、反馈，全方位提升了旅游体验和旅游品质。

刷脸畅游：现在越来越多的景点使用"刷脸畅游"项目，在主要的入口处，利用人工智能、云计算、物联网等前沿技术，在保留原有检票门禁安全性的同时，让游客无须凭证直接刷脸检票，整个过程只需 1 秒左右。刷脸检票模式能使景区实现对各景点出入口通行的高效管理。

（5）物联网与"购"

将物联网技术应用于"购"，通过景区门票、礼品、服务等业务的在线交易及溯源，缩短交易流程及时间，提高交易质量。景区可通过对海量旅游数据的分析挖掘，寻找并发现游客的个性偏好、开发旅游热点，制作出符合游客个性需求的旅游产品，设计全新的营销方案，实现旅游产品的创新和营销方案的创新。

(6) 物联网与"娱"

随着游客要求的多元化，越来越多的景区不仅提供自然风光的游览，还增加了许多娱乐项目。例如，龙虎山景区的5G+VR直播是5G对景区赋能、打造物联网时代的旅游观光体验的智慧应用。该应用设置在桃花洲、天师府等景点，采用云计算、VR、5G、物联网、8K+VR等技术，安装VR直播全景摄像机，实现"千里之外身临其境赏美景"[77]。

(7) 物联网与"厕"

智慧厕所是智慧旅游的产物，结合物联网、大数据、云计算、网络传输、传感器等技术，使传统厕所具备即时感知、准确判断和精确执行的能力，实现对景区厕所的精细化管理，能够为游客提供优质、高端、舒适的服务。智慧厕所具备以下几个方面的功能：

智能人流统计：利用电子屏幕展示厕位使用情况，屏幕上有厕所的平面图，图上清晰显示男厕、女厕和第三卫生间的厕位分布情况，甚至还能显示哪个厕位正在被人占用，哪个厕位是无人使用状态，可以方便直观地了解到实时使用情况。

环境监控系统：监控各环境设备的运行情况，并及时反馈数据到监控中心。对光照、水量、空调、温湿度等环境设备参数进行实时监控，保证厕所时刻处于光亮、适宜、清洁的开放状态；利用气体传感器采集厕所内各气体含量参数，通过电子屏幕展示。对厕所内氨气、氮气、$PM_{2.5}$浓度等数据进行实时监测和报告，为使用者提供直观的参考。同时将数据同步传输到监控中心，若指标超标及时采取处理措施。

2. 物联网和智慧旅游营销

物联网是虚拟旅游的关键技术。如果游客要去某地旅游，轻点手机，就可以实时看到某地的实时视频，以及未来几天的气象预测，知道当地花开了没，天气好不好，游人多不多，这正是游客旅行之前最想知道的信息。利用物联网技术就能帮助我们实现这一目标。旅游景区可以通过景点的高清摄像机和气象数据采集传感器，把采集到的视频资源和气象数据推送到网络平台，实现景点高品质视频实况预览、录像点播以及景点未来3天的气象预测功能，精准服务于外域游客。网络平台除实时播报$PM_{2.5}$和负氧离子观测数据外，还可以滚动预测未来3天之内品质景点的气象景观（云海、日出、星辰、雾凇等）旅游等级、景区旅游舒适度等级等预报，并可通过微信、网站、QQ、微博、移动宽带电视、媒体屏等途径发布该景区景点气象景观链接，服务于更多线上潜在客户[78-80]。

传统旅游营销除了登刊做广告之外便是实体店放广告推销，费时费力。而通过连接物联网，为游客推送相关的旅游景点、旅游线路，扩大营销人群，提高营销精准率和成功率。例如，在驴妈妈的主页网站，只要游客输入想去的地方以及出发的地方，便会出现相关的旅游线路，为游客提供多元化选择，实现游客自主化选择。另外，还可通过GPS技术实现即时定位，游客可以在定位之后，选择邻近地点采取自驾、跟团等相关形式出行游玩。通过提高营销的智能化，提高旅游企业的服务质量，提高客户人群营销的精准率，才能有效提高成交率，增加旅游企业的经济效益[81-82]。

3. 物联网和智慧旅游管理

传统的管理模式下，旅游局需要面对大量的数据信息，并从中进行筛选整合，但即便是这样，所得到的旅游信息依然不够全面。而通过物联网技术建设旅游平台，对相关数据进行上传以及统计分析，对当地各种旅游情况进行整体把握，可以有效提高旅游局的决策科学性。旅游平台的管理模块主要分为对行业以及对景区的管理。行业管理主要是针对各大旅游企业，对其服务质量、服务水平等进行评估以及规定。而对于景区，则需要对景区本身的安全以及票务进行管理，从而提高景区的服务质量[83-86]。

就景区管理而言。首先，旅游景区作为游客开展旅游行为的场所，在旅客游览期间，利用物联网，景区管理人员可实现对景区人流情况的监控，并可以此为基础将线路情况推送给游客，以便于其选择游览线路，不仅可提高对景区的管控力度，也有助于旅客选择更为优质的旅游环境，尤其在人流量较高的情况下，可较好地发挥引流作用，能够根据环境的容量完成对整体人流密度的控制。其次，通过对景区的智慧旅游管理，可以以物联网为基础将景区的电子门票、电子地图以及定位等传送到用户终端，在出现意外事故时，有助于及时到达指定地点进行救助。且可通过与游客的通信，为游客提供更为便捷贴心的指导服务，有助于因地制宜地为游客介绍旅游景区的服务特色。再次，物联网技术中通过无线多传感器技术，引入温度、湿度、风向等传感器对旅游资源的温湿度、负重度、色泽度等各个方面进行监测，将传感信息传给物联网控制器，对景区内的资源实行视频监控，将景区的实时数据分析处理，使管理者可以对资源进行及时的维护，而设置在景点附近的识别系统及预警系统对试图破坏旅游资源的游客发出警告，使景区内的旅游资源成为一个整体，形成相对科学、完善的监测管理系统，使旅游资源具有更长久的生命力。最后，通过旅游平台的构建，也能够实现对"吃、住、行、游、购、娱、厕"等旅游要素的综合，可有效实现对旅游企业的协调，促进信息共享，也有利于地区旅游经济的协同发展，能够更充分地发挥环境效益。该过程中，以物联网为支持，可利用高度集成技术以及设备提高旅游的智能性，进一步提高管理效率与服务质量，应用价值显著。

三、云计算与智慧旅游

(一) 云计算概述

1. 云计算的定义

云计算(cloud computing)于2006年8月由谷歌首席执行官施密特在搜索引擎大会上提出。中国云计算专家咨询委员会秘书长刘鹏教授对云计算给出了长、短两种定义。长定义是：云计算是一种商业计算模型。它将计算任务分布在大量计算机构成的资源池上，使各种应用系统能够根据需要获取计算力、存储空间和信息服务；短定义是：云计算是通过网络按需提供可动态伸缩的廉价计算服务[87]。

从技术角度来说，云计算是分布式计算技术的一种，是其最基本的概念，是透过网络将庞大的计算处理程序自动分拆成无数个较小的子程序，再交由多部服务器所组成的庞大系统，经搜寻、计算分析之后将处理结果回传给用户。透过这项技术，网络服务提供者可以在数秒之内，达成处理数以千万计甚至亿计的信息，达到和"超级计算机"同样强大效能的网络服务；从商业角度来说，云计算可以看作是一种资源交付和使用模式，通过网络获得应用所需的资源(硬件、平台、软件)。提供资源的网络被称为"云"，"云"中的资源在使用者看来是可以无限扩展的，并且可以随时获取。这种特性经常被比喻为像水电一样使用硬件资源，按需购买和使用[88]。

2. 云计算的特征

云计算具有 6 个显著特点[89]：

(1) 规模庞大

无论是"阿里云""百度云"还是"腾讯云"都拥有几十万台甚至上百万台服务器，这些"云"能让用户获得前所未有的计算能力。

(2) 虚拟化

用户可以在任意地点，通过任意客户端接入网络获取服务。用户获得的资源来自"云"，但具体用到的物理和虚拟资源由供应商根据客户需求动态分配。这些资源包括存储、处理器、内存、网络宽带和虚拟机等。客户一般无法控制或知道资源的确切位置。

(3) 按服务付费

云计算的计算资源可以按服务付费。提供商提供可计量的服务，并为相应的服务制定抽象的计量价格。用户可以根据自己的需要按需购买服务，并支付使用费用。提供商可以监控和优化资源的使用，并为交易双方提供详细的资源使用数据分析。

(4) 高弹性伸缩

"云"的规模可以根据用户需求动态伸缩。用户增加资源的过程基本上是平滑升级，尽可能减小对业务的影响也不需要进行业务迁移。如果某项业务的负荷下降，用户也可以选择弹性收缩，降低配置，节约资金。

(5) 安全可靠

从硬件上来说，所有的计算资源都汇集在大型互联网数据中心（IDC），具有严格的安保、抗震的建筑、安全的供电，有非常全面的容灾设计和应急方案，能够更好地保护计算资源，不会轻易地中断服务；从软件上来说，"云"使用了数据多副本容错、计算节点同构可互换等措施来保障数据的可靠性。云计算服务提供商有专业的技术团队、成熟的技术储备，能够很好地保护计算资源不被入侵或破坏。

(6) 价格低廉

云计算对用户端硬件设备要求低，使用方便，软件不用购买和升级；"云"的特殊容错措施使其可以用极其廉价的节点来构成云；"云"的自动化管理大大降低了数据中心管理成本；"云"的公用性和通用性大幅提升了资源的利用率；"云"设施的布局不受使用地域影响，可以建在电力资源丰富的地方降低能源成本。因此"云"具有极高性价比。

(二) 云计算应用于智慧旅游

云计算作为数据和信息处理技术是当前计算机和互联网使用和运行过程中不可缺少的技术手段，云计算技术主要是通过对数据动态的资源拓展、应用和存储来完成网络服务。云计算作为一种新型的现代信息通信技术，被广泛地应用到各个领域，因此在推进智慧旅游的过程中可以充分利用云计算的优势，将二者有机结合在一起，全面提升旅游产业的发展水平[90]。

旅游行业信息分散、信息系统异构情况严重，利用云计算技术建立旅游综合数据中心，可以将各领域内分散的、异构的数据以规范的格式进行存储，并对行业内各种 IT 业务进行整合，建立智慧旅游统一的数据规范和数据标准、统一的数据采集标准和数据交换平台、统一的数据管理中心和综合分析中心，实现信息互联互通，提供综合的数据服务[91]。以旅游综合数据中心为基础,建立旅游目的地统一营销平台,通过数据集成、交换、整合等手段实现目的地旅游业态经营、行业监管及公共信息服务的统一。充分运用多媒体技术和网络营销技术,把基于互联网的高效旅游宣传营销和本地旅游咨询服务有机结合起来,为游客提供全程周到服务,能够极大提升目的地城市形象和旅游业的整体服务水平。

建设旅游电子政务管理云服务平台,通过信息技术,及时、准确地掌握游客的旅游活动信息和旅游企业的经营信息,实现旅游行业监管从传统的被动处理、事后管理向最优的过程管理和实时管理转变。云计算还能为中、小旅游机构提供"云"应用服务,包括快速建站、网络信息发布、微博服务、微信服务、电子商务、企业内部管理等。各机构以租用方式实现信息化应用,包括自助建站、微博发布、微信发布、电子商务接入、营销管理、计调、客户关系管理和决策分析等[92]。

1. 云计算和智慧旅游服务

云计算的运用可以很好地对旅游数据资源进行整合,不断完善旅游服务。在传统的旅游服务中消费者可能只能根据自己的想法对旅行进行规划,没有一个参考的方案和选择的机会,但是通过运用云计算可以很好地解决这个问题,云计算可以将虚拟和现实的资料有机地结合在一起。为消费者提供更好的服务,满足消费者多方面的需求。消费者的自助旅游模式已经是大势所趋的发展态势,但是想要很好完成自助旅游就要依靠自助的智能终端,云计算则可以为用户提供任意位置使用各种终端获取各种服务,因此消费者就可以不受环境的限制而获取各种服务[93-94]。

2. 云计算和智慧旅游营销

云计算的技术应用建设是以"智慧旅游服务云"为重点的,通过云服务为游客和旅游企业提供专业化的一体式服务。云计算在"智慧商务"中也有广泛的应用,从本质上来讲,旅游智慧商务是在旅游电子商务和旅游移动商务的基础上进行发展的,是电子商务的智慧化转变,在中国的旅游电子商务已经有了很大的进步和发展,如途牛、马蜂窝等旅游APP,这些APP走出了颇具中国特色的商务发展之路。由于中国的地域广阔,旅游资源比较分散,旅游电子商务的发展规模比较小,需要云计算的技术来提高旅游商务的信息化和智慧化的发展水平。云计算在旅游商务中的应用可以充分满足旅游企业的核心需求,通过专业全面的云服务可以让旅游企业更好地满足消费者的需求,提供智慧的云服务[95-96]。

3. 云计算和智慧旅游管理

云计算作为一种先进的信息通信技术可以为智慧旅游提供高水平的数据处理保障。在智慧旅游中涵盖了吃、穿、住、行等多个方面,而同时也会产生大量的数据和资料。对于大多数的旅游企业来说如果仅仅是依靠自己的力量去对这些数据和资料进行处理基本上是不可能的,只会造成数据的混乱和丢失。在应用云计算的过程中,能够充分体现出云计算处理海量数据的优势。云计算可以高效快速地对数据资料进行分析,同时进行分类和整理,大大减轻了旅游企业的工作压力,而且能够对数据资料进行存储,并可随时调用[97-98]。

四、人工智能与智慧旅游

(一)人工智能概述

1. 人工智能的定义

人工智能(artificial intelligence,AI),指由人制造出来的机器所表现出来的智能。通常人工智能是指通过普通计算机程序来呈现人类智能的技术,是研究、开发用于模拟、延伸和扩展人的智能的理论、方法、技术及应用系统的一门新的技术科学,是一门自然科学、社会科学和技术科学交叉的边缘学科,它涉及的学科内容包括哲学和认知科学、数学、神经生理学、心理学、计算机科学、信息论、控制论、不定性论、仿生学、社会结构学与科学发展观等。人工智能的研究范畴包括自然语言学习与处理、知识表现、智能搜索、推理、规划、机器学习、知识获取、组合调度、感知、模式识别、逻辑程序设计、软计算、不精确和不确定的管理、人工生命、神经网络、复杂系统、遗传算法、人类思维方式等[99]。

2. 人工智能的应用领域

人工智能的应用领域主要在问题求解、逻辑推理与定理证明、自然语言处理、智能信息检索技术、专家系统等方面[100]。

(1) 问题求解

人工智能的第一大成就是下棋程序,在下棋过程中应用的某些技术,如向前看几步,把困难的问题分解成一些较容易的子问题,发展成为搜索和问题归纳这样的人工智能基本技术。今天的计算机程序已能够达到下各种方盘棋和国际象棋的锦标赛水平,但是尚未解决包括人类棋手具有的但尚不能明确表达的能力。例如,国际象棋大师们洞察棋局的能力。另一个问题是涉及问题的原概念,在人工智能中称作问题表示的选择,人们常能找到某种思考问题的方法,从而使求解变易而解决该问题。到目前为止,人工智能程序已能知道如何考虑它们要解决的问题,即搜索解答空间和寻找较优解答。

(2) 逻辑推理与定理证明

逻辑推理是人工智能研究中最持久的领域之一,其中特别重要的是要找到一些方法,把注意力集中在一个大型的数据库中的有关事实上,留意可信的证明,并在出现新信息时适时修正这些证明。对数学中臆测的命题和定理寻找一个证明或反证,不仅需要有根据假设进行演绎的能力,而且许多非形式的工作包括医疗诊断和信息检索都可以和定理证明问题一样加以形式化,因此在人工智能方法的研究中定理证明是一个极其重要的论题。

(3) 自然语言处理

自然语言的处理是人工智能技术应用于实际领域的典型范例。经过多年艰苦努力,这一领域已获得了大量令人瞩目的成果。目前该领域的主要课题是:计算机系统如何以主题和对话情境为基础,注重大量的尝试——世界知识和期望作用,生成和理解自然语言,这是一个极其复杂的编码和解码问题。

(4) 智能信息检索技术

信息获取和精化技术已成为当代计算机科学与技术研究中迫切需要研究的课题,将人工智能技术应用于这一领域的研究是人工智能走向广泛实际应用的契机与突破口。

(5) 专家系统

专家系统是目前人工智能中最活跃、最有成效的一个研究领域，它是一种具有特定领域内大量知识与经验的程序系统。近年来，在"专家系统"或"知识工程"的研究中已出现了成功和有效应用人工智能技术的趋势。人类专家由于具有丰富的知识，所以才能达到优异的解决问题的能力。那么计算机程序如果能体现和应用这些知识，也应该能解决人类专家所解决的问题，而且能帮助人类专家发现推理过程中出现的差错，现在这一点已被证实。例如，在矿物勘测、化学分析、规划和医学诊断方面，专家系统已经达到了人类专家的水平。

(二) 人工智能应用于智慧旅游

人工智能在智慧旅游中的应用十分广泛，在旅游管理方面，利用人工智能可以实现对旅游产业实时、动态监测，实现对旅游目的地的口碑舆情监测，对景区进行智能化管理调度；在旅游服务方面，利用人工智能可以实现对信息智能搜索查询、人脸智能识别、自助语言翻译，提升旅游服务效率及旅游服务水平；在旅游营销方面，利用人工智能可以实现旅游大数据精准营销，提升用户转化率，优化用户体验。

1. 人工智能和智慧旅游服务

在旅游服务方面，人工智能应用主要集中在景区智能检票、旅游路线个性化推荐、语言翻译导览等方面，通过人工智能提升旅游景区及企业的服务水平[101-102]。

(1) 景区智能检票

人脸识别技术现已应用到景区的智能检票方面。人脸识别技术通过使用卷积神经网络模型，基于海量训练样本数据进行训练、学习，对不同人种、不同年龄，一定范围内人脸的姿态、表情、光照、尺度等变化都有较好的适应能力。例如，乌镇、莫高窟等景区应用人脸识别检票技术自动抓拍游客照片，快速完成与身份证照片比对，单人平均检票只需3秒。游客无须换取纸质门票，缩短了整个验票时间，大幅提升景区检票效率。

(2) 旅游路线个性化推荐

人工智能技术可以根据用户需求，综合考虑最基础的机票酒店信息及推荐原则、城市顺序及天数安排、景点及顺序、多种类型交通、商品方案组合等，迅速做出最优推荐方案，为游客行程决策提供参考。国内部分企业基于人工智能技术实现了旅游路线个性化定制推荐，基于全球数十种语言的数亿旅行行业网页，通过语义理解技术挖掘出上亿信息节点的旅行结构化知识库，智能地为用户提供一键生成的路线最优、费用最优旅游路线计划推荐。

(3) 语言翻译和导览

对于出境旅游的游客而言，语言交流问题是游客出行的一大障碍。如果寻找当地导游做翻译，每天产生的服务费会让游客望而却步。为此，国内部分企业基于人工智能技术，研发了旅行翻译机来解决旅游中的交流问题。通过翻译机，可以实现游客出行过程中的实时语音互译，同时可以为游客提供智能化景点介绍服务，大幅提升游客旅游行程体验。

2. 人工智能和智慧旅游营销

基于大数据及人工智能技术，通过智能标签对客户进行区分，充分掌握游客来源地、年龄、兴趣偏好、消费偏好等游客画像，并准确找到游客兴趣点，从而实现精准的信息推送，精确命中用户需求，提升旅游营销效果。

当前，国内各大 OTA 平台基于精准的用户画像分析，通过 APP 可主动向其用户推送各类消息，从而实现旅游精准营销，给合适的用户在合适的场景下推送合适的内容，大幅提升消息点击率及转化率。

3. 人工智能和智慧旅游管理

在智慧旅游管理方面，人工智能应用主要集中在旅游产业监管监测、景区内部管理提升方面，通过人工智能提升旅游行业管理人员的决策能力及管理效率[103-104]。

(1)旅游大脑

通过旅游大脑的打造，将旅游行业数据实现汇聚、整合、挖掘，并通过人工智能实现对旅游产业实时监测、预测，提升旅游产业运营效率。例如，通过大数据及人工智能技术实现对客流、车流、景区、酒店、餐馆等要素的实时数据监测，并建立旅游产业评价模型，实现客流预测、产业评价等。

(2)旅游舆情监测

将人工智能技术应用在旅游舆情领域，对游客口碑及新闻进行全面、全时的智能监测，为旅游景区、旅游目的地提供从舆情监测、画像、诊断、预警、报告五位一体的旅游舆情服务，实现对景区 360°舆情诊断，提高景区智慧旅游管理水平。

(3)景区管理调度

现在国内部分景区基于 AR 增强现实技术及人工智能技术，以视频技术引擎为基础，对接包括警用地理信息系统(police geographic information system，PGIS)、票务系统、电子围栏等在内的平台数据，对接对讲机、人脸识别、车辆识别、无人机、WiFi 探针等多方面数据，从而将景区高点视频内的建筑物、停车场、核心景点、人、车、巡逻、警力等细节信息以点、线、面地图图层的方式，自动叠加基于高点视频的"实景地图上"，实现"立体实时可视化"指挥调度。

五、移动通信、计算机虚拟技术与智慧旅游

(一)移动通信技术概述

移动通信(mobile communication)是利用移动终端设备来进行通信实现信息的交流、以共享资源的一种新兴技术。移动通信是无线通信的现代化技术，这种技术是电子计算机与移动互联网发展的重要成果之一。移动通信技术经过第一代、第二代、第三代、第四代技术的发展，目前已经迈入了第五代(5G 移动通信技术)，这也是目前改变世界的几种主要技术之一。第五代移动通信技术(5th generation mobile networks 或 5th generation wireless systems、5th-Generation，简称 5G 或 5G 技术)是最新一代蜂窝移动通信技术，也是继 4G(LTE-A、Wi Max)、3G(UMTS、LTE)和 2G(GSM)系统之后的延伸[105]。

5G 的性能目标是高数据速率、减少延迟、节省能源、降低成本、提高系统容量和大规模设备连接。5G 网络的主要优势在于数据传输速率远远高于以前的蜂窝网络，最高可达 10Gbit/s，比当前的有线互联网要快，比先前的 4G LTE 蜂窝网络快 100 倍。另一个优点是较低的网络延迟(更快的响应时间)，低于 1ms，而 4G 为 30~70ms。由于数据传输更快，5G 网络将不仅仅为手机提供服务，而且还将成为一般性的家庭和办公网络提供商，

与有线网络开展商业竞争。5G 相对于 4G 带来的并不仅仅是网速上的提升。5G 技术致力于应对未来爆炸性的移动数据流量增长、海量设备连接、不断涌现的各类新业务和应用场景，同时与行业深度融合，满足垂直行业终端互联的多样化需求[106-107]。

(二) 计算机虚拟现实技术

随着现代信息技术的发展，计算机虚拟现实技术形式多样化，使虚拟现实的表达更为真实，视觉效果更好。其主要类型有[108]：

1. AR 概述

AR(augmented reality)技术，即增强现实或扩增实景技术，是将数字信息、三维虚拟模型精确地叠加显示到真实场景的创新人机交互技术，将真实世界信息和虚拟世界信息"无缝"集成的新技术，是把原本在现实世界的一定时空范围内很难体验到的实体信息(视觉信息、声音、味道、触觉等)，通过电脑等科学技术，模拟仿真后再叠加，将虚拟的信息应用到真实世界，被人类感官所感知，从而达到超越现实的感官体验。增强现实技术使真实的环境和虚拟的物体实时地叠加到了同一个画面或空间同时存在。

增强现实技术包含了多媒体、三维建模、实时视频显示及控制、多传感器融合、实时跟踪及注册、场景融合等新技术与新手段。增强现实提供了在一般情况下不同于人类可以感知的信息。增强现实是在信息领域，尤其利用国际互联网和全球卫星定位等技术的结合，其发展空间是无限的。随着输入和输出设备价格的不断下降、视频显示质量的提高以及功能强大但易于使用的软件的实用化，AR 的应用必将日益增长。

AR 技术在人工智能、CAD、图形仿真、虚拟通信、遥感、娱乐、模拟训练等许多领域带来了革命性的变化。这项技术有数百种可能的应用，其中游戏和娱乐是最显而易见的应用领域，可以给人们提供即时信息而不需要人们参与研究的任何系统，在相当多的领域对所有人都是有价值的。增强现实系统可以立即识别出人们看到的事物，并且检索和显示与该景象相关的数据。

2. VR 概述

虚拟现实(virtual reality，VR)，简称 VR 技术。最早由美国的 VPL 公司创始人杰伦·拉尼尔在 20 世纪 80 年代初提出。虚拟现实技术是集计算机技术、传感器技术、人类心理学及生理学于一体的综合技术，其通过利用计算机仿真系统模拟外界环境，主要模拟对象有环境、技能、传感设备和感知等，为用户提供多信息、三维动态、交互式的仿真体验。

虚拟现实主要有 3 个特点：沉浸感(immersive)、交互性(interactive)、想象性(imagination)。

沉浸感是指计算机仿真系统模拟的外界环境十分逼真，用户完全投入三维虚拟环境中，对模拟环境难分真假，虚拟环境里面的一切看起来像真的，听起来像真的，甚至闻起来都像真的，与现实世界感觉一模一样，令人沉浸其中；交互性是指用户可对虚拟世界物体进行操作并得到反馈，如用户可在虚拟世界中用手去抓某物体，眼睛可以感知到物体的形状，手可以感知到物体的重量，物体也能随手的操控而移动；想象性是指虚拟世界极大地拓宽了人在现实世界的想象力，不仅可想象现实世界真实存在的情景，也可以构想客观世界不存在或不可能发生的情形。

（三）移动通信技术与计算机虚拟现实技术的融合应用于智慧旅游

随着物质生活水平的提升，人们对旅游的诉求已经从"我来过"的观光式旅游向"我经历过"的体验式旅游转变，相较于到达景区这件事，人们现在更关注在景区能获得什么样的体验。传统旅游"上车睡觉，下车拍照"的游玩方式已经不能满足人们日益提升的旅游体验需求。5G 技术的问世和普及将推动中国旅游业的智能化、移动化，实现颠覆性的变革。景区覆盖 5G 网络后，下载速度至少可达 196Mbps，能支持 300 人至 1.7 万人同时上线，保持正常网速。即便在黄金时段也能满足游客精准导航、智能定位等需求。5G 为智慧旅游最关键的数据传输奠定了技术基础，有了 5G 技术为依托，全域旅游、智慧景区才能长久发展。5G 技术与 AR 或 VR 技术相结合可以帮助游客更好地选择旅游线路并获得更加全面的旅游体验[109]。

1. 5G+AR 技术和智慧旅游

（1）AR 智慧导航

AR 导航融合了空间定位和空间成像技术，增强现实 AR 能帮助游客即时获取周边景点信息和导航线路。旅游景区的导航，不管是室内还是室外，都将被 AR 导航技术替代。从纸质地图到 GPS 导航已经是一次革命，但现在 AR 导航技术会带来另一次革新，引导方向箭头可以直接叠加到我们的视图上。导航是 AR 技术变革旅游行业的初步应用之一，并可以让游客与景点有更多的 3D 立体互动特效。

（2）AR 智慧导览

AR 智慧导览是利用 AR、LBS 等技术在景点导览方面的创新举措，景区可在门票或部分经典景点进行设置，游客到达指定景点，使用微信"扫一扫"功能，扫描小程序 AR 现场场景，就会出现该景点的相关导览介绍。目前，部分景区已经率先运用了此技术，如武当山景区利用 AR 技术，让用户扫一扫门票就可以观看武当山风景区的视频宣传片，全方位地了解武当山的自然景观和人文景观；江西龙虎山景区在天师府、游客中心、桃花洲、象鼻山等十个景点进行设置，游客到达指定景点，使用微信"扫一扫"功能，扫描小程序 AR 现场场景，就会出现该景点的相关导览介绍，讲解中融入了龙虎山特色 IP 形象——小龙、小虎，使游客能够更直观地了解景点内容及特色[110]。

（3）AR 智慧导游

AR 智慧导游融合了图像智能识别和空间成像技术，增强现实 AR 能为游客即时提供当前游览信息，可以帮助游客解决"找景区—买门票—游景区"核心需求，AR 智慧导游应用虚拟实景技术，通过手机的取景镜对周边环境进行取景，可发现身边最好玩的旅游信息，获知景区位置、导游信息，并借助 AR 视线进行向导，带领游客发现景区，游玩景区。目前，百度地图 AR 智能导游功能已上线了包括故宫、颐和园、西湖、鼓浪屿、西双版纳等全国 200 多个重点景区[111]。

（4）AR 品牌推广

通过增强现实 AR 技术，景区的品牌推广能够超越平面资料限制，以更生动的表现形式传达品牌信息。AR 让游客不只是读取或被告知一个全新的世界，而是主动去体验、去经历，甚至还能为游客还原历史场景，这样游客将会有参与感、经历感，增强游客对旅游品牌的认知和感受，有利于旅游品牌的推广。如武当山景区利用 AR 技术展示武当山的全貌，用户对着武当山景区门票进行扫描，就会出现武当山风景区的视频宣传片，全方位介绍自然资源、历史遗存和人文风貌[112]。

(5) AR 周边纪念品

通过增强现实 AR 技术，纪念品能变得更加科技和时尚，通过更有趣的形式连接客户，增强景点记忆。目前，最常见的 AR 旅游纪念品是 AR 明信片，即在传统明信片基础上叠加 AR 技术，虽然看上去是普通明信片，但是通过手机可以让明信片活起来，带来更多的景点信息和图像，甚至可以融入互动游戏。例如，杭州西湖 AR 明信片。2018 年 10 月，首张"西湖十景——断桥残雪"AR 明信片在西湖博物馆首发，该馆在传统明信片基础上通过 AR 技术叠加动画和语音。这张明信片正面为清代沈德潜《西湖志纂》中所绘的《断桥残雪》图，扫码下载西湖博物馆 APP，用手机镜头对准明信片上的"断桥残雪"位置，就会在手机屏上出现许仙与白娘子断桥相会的动画场景，还可以进行问答互动[113-114]。

2. 5G+VR 技术和智慧旅游

VR 技术通过构建交互环境能够为用户提供更为真实的感受，可实现体感识别，且能够为游客提供全景式的景点。在 VR 技术成熟以后，可明显颠覆传统的旅游方式。尤其在旅游资源文化、历史背景的讲解上，可利用 5G 的超大带宽、超低延时通过 VR 技术对原有情景进行重塑，可进一步加深游客对旅游景点文化底蕴与背景的了解，有助于其完成更深层次的情感交流，甚至可能演变为全新的旅游模式。在具有地域文化特性景区商品的介绍中，也可利用 VR 技术，让消费者更好地感知旅游产品的文化属性，增强其购买欲望，并加深其对当地独特文化的了解，增强其旅游的乐趣[115]。

虚拟旅游是 VR 技术在旅游中的典型应用。虚拟旅游是在现实旅游基础上，利用 VR 技术，通过模拟场景构建一个虚拟的三维立体环境，游客足不出户就能在三维立体的虚拟环境中游览远在千里之外形象逼真、细致、生动的山水风光、人文馆藏。通过虚拟旅游，游客可以跟随虚拟人物进入虚拟景区，享受到唯美、仿真度极高的景区场景，完全体验到沉浸式的交互模式，以及多种嵌入式的旅游相关服务。虚拟旅游既是传统旅游强而有益的补充，又可以深入挖掘旅游产业从而扩大旅游市场。在虚拟世界中通过对风俗、民俗、历史、文化的详细讲解和场景展示，让游客在家就能身临其境般地体验到异国他乡的著名景点，帮助游客进行旅游路线的决策，这种方式互动性和趣味性更强，使游客对景点有更深层次的理解。虚拟旅游也是保护重要旅游资源的绝好途径。虚拟旅游将旅游资源信息化，可以永久保存，支持游客远程游览和欣赏那些易损而价值连城的文化旅游资源，有助于舒缓旅游资源开发对环境造成的破坏[116]。特别是中国一些珍贵的历史文化和自然生态遗产，很多都已经完全消失或者是只残存了一小部分，通过现代科技进行加工并制作的虚拟环境，可真实还原这些珍贵人类遗产的历史风貌，也可以在一定程度上弥补游客的遗憾。目前，虚拟旅游主要应用于以下方面[117]。

(1) 三维全景漫游

全景虚拟实现是通过 360°相机，环拍一组或者多组真实的场景照片，拼接成一个全景图像，再利用计算机技术实现全方位欣赏真实场景的技术。通过这种技术可以对场景中游览路线、角度和游览速度进行自由控制，避免了被动接受的缺点，给用户更加充分的自由选择，具有较强的互动参与性，使游览过程不受时间、天气的影响，游客可以随意更换观察点，多角度细致地游览，满足其想要体验的多种需求[118]。

(2) 真实再现虚拟旅游古迹

虚拟现实技术再现了古代遗迹风貌，除了能让游客领略感受古代文化气息外，更能真实地再现历史上的建筑。科学家在对古迹资料文献的研究基础上，利用再现技术建立一个全新的古代建筑仿真影像世界，将破损毁坏的珍贵古建筑呈现给游客。例如，构建位于西安的大明宫的虚拟场景可以使游客感受千年以前唐朝鼎盛时期的宫殿场景[119]。

(3) 现存文化遗产的保护性开发

国家重点文物和世界文化遗产，由于受到文物保护的客观条件限制，对于历史珍贵的收藏品以及建筑物的开发必须进行限制，这样才能更好、更长久地保护这些遗产，用虚拟现实技术很好地解决了历史珍贵文物的保护和游客游览之间的矛盾。例如，为应对日益增长的旅游压力，敦煌研究院投资了2.6亿元人民币建设虚拟莫高窟暨游客服务中心，向游客提供参观、咨询、休息等全方位的服务。通过数字展示技术，游客们可以身临其境、细致入微地观看洞窟建筑、彩塑和壁画。在这个中心的虚拟漫游厅，游客还可观看洞窟的展示，再由专业导游引领实地参观真实的洞窟，从而缩短游客在洞窟内的停留时间，使洞窟得到有效保护[120]。

(4) 虚拟技术在旅游教学中的应用

近年来，虚拟旅游在旅游行业相关教学过程中应用较为广泛，随着旅游行业的日渐升温，社会对旅游行业相关专业人才的需求也在直线上升。然而在各大高校的导游专业人才的培训过程中，往往存在着实习资源匮乏、实地参观成本高等问题。如何改进教学方式、优化教学过程、提高教学效果，就成为整个导游培训行业所必须解决的一个难题。虚拟旅游教学平台(如VRP-Travel虚拟旅游平台)的出现，很好地解决了这个问题。

(5) 旅游资源规划

利用虚拟现实技术可以对准备开发的旅游景点进行合理的规划设计，对景点进行系统建模，生成虚拟场景，规划人员可以交互式地观察和体验虚拟景点，在真正实施之前判断其优劣，改进其不足，验证其实施效果，并可以在选定方案、实施过程中起到有效的辅助决策作用。

(6) 场景旅游

随着动漫文化、电脑游戏等新流行文化的兴起，动漫和游戏里虚构的自然或历史场景被比附或再造于现实场景中，在新媒体的推动下成为旅游者尤其是年轻旅游者的消费打卡地，场景旅游应运而生。场景旅游是指再造实景或利用VR技术创造出那些出现在电影、电视剧、漫画、动漫、小说和电脑游戏里的地点或场景，以此促进旅游及相关产业发展的旅游消费形式。例如，好莱坞环球影城中的哈利·波特魔法世界就能够提供游客身临其境的感受[121]。利用AR、VR、全息投影技术可以打造沉浸式旅游体验。在北京中央美术馆的"Team Lab未来游乐园"中有个名为"涂鸦自然"的沉浸互动项目。在该项目中将手掌按在墙壁上，片刻后，一团鲜花便会在游客的指尖骤然盛放。黑暗的空间内，"鲸鱼"从游客的脚下游过，"蝴蝶"闻声飞舞，自然中的一切都仿佛与参观者心有灵犀。与大多数把观众与展品截然分开的展览不同，观众的一举一动都是"Team Lab未来游乐园"必不可少的一环。

六、大数据与智慧旅游

(一)大数据概述

1. 大数据的概念

数据(data)是事实或观察的结果,是对客观事物的逻辑归纳,是用于表示客观事物的未经加工的原始素材。数据是信息的表现形式和载体,可以是符号、文字、数字、语音、图像、视频等形式。数据和信息是不可分离的,数据是信息的表达,信息是数据的内涵。随着计算机技术、网络技术的不断发展,信息爆炸使得数据数量急速增加,数据不再是社会生产的副产物,而是可以通过挖掘产生更大价值的生产资料。"大数据"的概念应运而生,数据中蕴含的巨大价值成为人们存储和处理大数据的动力。

数据是一种新型的生产要素,像土地、劳动力、资本、技术一样重要。大数据(big data),指无法在一定时间范围内用常规软件工具进行捕捉、管理和处理的数据集合,是需要新处理模式才能具有更强的决策力、洞察发现力和流程优化能力的海量、高增长率和多样化的信息资产[122]。

2. 大数据的特点

大数据具有 4V 特点,即大量(volume)、高速(velocity)、多样(variety)、低价值密度(value)。

(1)大量

大量是指大数据的数据数量级别高,体量大。大数据来源广泛,包括互联网、移动互联网、物联网、GPS、安全监控、金融机构、通信服务等,可以说我们生活中正经历的方方面面都在急剧地产生海量数据。近年来,生物大数据、交通大数据、医疗大数据、电信大数据、金融大数据等更是呈现出"井喷式"增长。

数据的数量级别分为 B、KB、MB、GB、TB、PB、EB、ZB、YB 等,只有数据的数量级别为 PB 及以上级别的数据才能称之为大数据(图 3-2)。淘宝网近 4 亿的会员每天产生的商品交易数据约 20TB,脸书(Facebook)约 10 亿的用户每天产生的日志数据超过 300TB。

$$1KB = 2^{10}B$$
$$1MB = 2^{10}KB = 2^{20}B$$
$$1GB = 2^{10}MB = 2^{20}KB = 2^{30}B$$
$$1TB = 2^{10}GB = 2^{20}MB = 2^{30}KB = 2^{40}B$$
$$1PB = 2^{10}TB = 2^{20}GB = 2^{30}MB = 2^{40}KB = 2^{50}B$$
$$1EB = 2^{10}PB = 2^{20}TB = 2^{30}GB = 2^{40}MB = 2^{50}KB = 2^{60}B$$
$$1ZB = 2^{10}EB = 2^{20}PB = 2^{30}TB = 2^{40}GB = 2^{50}MB = 2^{60}KB = 2^{70}B$$
$$1YB = 2^{10}ZB = 2^{20}EB = 2^{30}PB = 2^{40}TB = 2^{50}GB = 2^{60}MB = 2^{70}KB = 2^{80}B$$

图 3-2 数据数量级别图

(2)高速

高速指的是大数据产生的速度快,处理的速度也快。现今社会,绝大多数人的生活都离不开互联网,也就是说每个人每分每秒都在主观或非主观地产生数据。例如,个人移动设备产生的使用记录数据、位置信息或公共监控设备生成的视频数据。这些数据由于产生基数大，短时间内产生的数据量也非常庞大。存储这些海量数据需要花费大量资本，而且数据跟新闻一样具有时效性，因此数据需要及时被处理。著名的"1 秒定律"，是大数据时代对数据处理速度的要求。它要求在秒级时间范围内给出分析结果，做到实时分析。这是大数据和传统的数据之间最大的区别，主要是由于数据处理方式的不同造成。

（3）多样

多样是指大数据的数据格式和数据来源多样化。随着传感器、智能设备以及社交协作技术的飞速发展，数据格式和数据来源变得越来越多样化。数据格式多样化，涵盖了文本、音频、图片、视频、模拟信号、地理位置信息等数据格式；数据来源多样化，使得数据不仅来自组织内部运作的各个环节，也来自组织外部。广泛的数据来源，决定了大数据形式的多样性。例如，当前的上网用户中，年龄、学历、爱好、性格等每个人的特征都不一样，这个也就是大数据的多样性。如果扩展到全国，那么数据的多样性会更强，每个地区、每个时间段，都会存在各种各样的数据多样性。任何形式的数据都可以产生作用，目前应用最广泛的就是推荐系统，如淘宝、网易云音乐、今日头条等，这些平台都会通过对用户的日志数据进行分析，从而进一步推荐用户喜欢的东西。日志数据是结构化明显的数据，还有一些数据结构化不明显，如图片、音频、视频等，这些数据因果关系弱，就需要人工对其进行标注。

（4）低价值密度

低价值密度是指单位体量的数据所产生的有价值的信息量低。大数据的核心在于为客户挖掘数据中蕴藏的价值。大数据是海量、高增长率的信息资产，其中含有大量不相关信息，数据总量越大，价值密度越低的情况十分常见。如何合理运用大数据挖掘技术快速地对数据进行"提纯"就是目前亟待解决的问题。

（二）旅游大数据

1. 旅游大数据概念及特征

旅游大数据是指旅游行业从业者及消费者所产生的数据，包括景区、酒店、旅行社、导游、游客、旅游企业等所产生的数据，以及影响旅游行业的其他领域所产生的数据，如宏观经济数据、交通数据、社会舆论数据等[123]。其中，最为重要也是应用价值最大的一部分则是消费者即游客的数据。那么，游客数据为什么"大"，主要是因为：

第一，游客量基数大。据统计，2019 年中国国内旅游人数达到 60.06 亿人次，出境旅游人数达到 1.55 亿人次。

第二，游客属性信息数据大。每一位游客都对应多个属性信息，包括年龄、性别、常住地、职业、兴趣偏好等，如此产生的游客属性信息 N 倍于游客人数的数据量。

第三，游客日常行为信息数据大。在日常生活中，每一位游客无时无刻不在产生信息，通过百度搜索个人需求、通过淘宝上网购物、通过微信进行社交，而所有的日常行为，都会无时无刻被互联网存储和记录。

第四，游客旅游行为数据大。一次完整的旅游过程包括"吃、住、行、游、购、娱"六大要素，游客可能通过携程订购酒店机票、通过同程购买门票、通过百度搜索资讯、通过地图进行导航和定位等，而所有的旅游行为产生的数据，也都会被存储和记录。

2. 旅游大数据来源

旅游大数据从应用价值来说，其数据主要来源于互联网公司、通信运营商、旅游领域互联网公司、景区及企业积累的自身数据等。

（1）互联网公司

互联网公司是大数据的主要拥有者。在中国，以BAT三大巨头为代表的互联网公司是旅游大数据的重要来源。BAT是中国三大互联网公司百度公司（Baidu）、阿里巴巴集团（Alibaba）、腾讯公司（Tencent）首字母的缩写。

百度是老牌的互联网公司，百度在大数据领域突飞猛进，引领国内大数据行业的发展。据了解，百度搜索引擎平均每天的搜索量达到上百亿次，而每一次游客的搜索请求，构成了百度大数据，通过游客的搜索请求，可以预测旅游市场。同时，百度地图在国内市场占有率接近七成，而游客每一次通过百度地图定位、导航，都会被存储、记录，因此百度地图可以知晓每一位游客的实际游览轨迹。另外，百度整合了旗下50多条产品线的数据，包括百度搜索、百度地图、百度糯米等，游客在每个百度产品上所产生的数据都会被百度知晓，并通过数据挖掘、分析，产生每一位游客的数据画像。目前，百度和旅游领域的大地云游科技有限公司进行了跨界合作，在旅游行业大数据应用方面进行了深入探索[124]。

阿里在旅游方面的布局较为完善。2010年淘宝旅行是阿里布局旅游O2O（online to offline，在线/离线）的起点，成立于2010年5月，提供全面的旅游服务，包括机票酒店客栈预订、旅游产品销售、签证办理、私人定制、目的地信息及游记分享等。淘宝旅行目前有超过2400家机票代理商和旅游商家，超过30000家酒店旅馆，超过170000个景点门票产品。淘宝旅行得益于诸多商家的入驻形成了规模经济。2013年1月，阿里集团重组并成立航旅事业部，通过一淘网进军旅游垂直搜索领域，通过旅游宝将旅游产品预售和余额宝的理财功能相结合，投资旅游APP"在路上"布局移动在线旅游市场，以穷游网布局旅游社区，以百程旅行网布局出境旅游服务，并通过入股艺龙网布局在线旅游服务商。至此，阿里旅游通过各种平台积累了巨量的旅游者、旅游服务商的数据，目前已经成为国内屈指可数的旅游数据供应商。

腾讯通过QQ和微信群体拥有巨量的客户资源，2019年微信的用户群体达到了11亿，QQ用户群体为8亿。腾讯在互联网技术优势也非常明显，腾讯已在腾讯网设立独立旅游频道，在腾讯新闻客户端、天天快报同步上线旅游页卡，并在微信端持续运营腾讯旅游、腾讯城市、企鹅优品、腾讯政务等旅游相关的公众号。腾讯主要通过"互联网+旅游"解决方案，其以内容资讯为起点，发挥连接器的作用，与各地旅游局携手打通整合产业链线上线下资源，如腾讯与云南省合作开发的"一部手机游云南"。

携程、去哪儿、去啊、途牛等在线旅游企业（online travel agency，OTA）也积累了大量的用户数据，包括酒店、机票、景区门票、旅行社等的交易数据，同时新浪微博也存在大量的社交、舆论数据，对旅游而言亦有较高的应用价值。

（2）通信运营商

通信运营商数据优势在于其渗透率高，作为垄断行业，移动、联通、电信三大运营商数据占领市场100%，同时用户在打电话、使用网络发送消息或导航，每时每刻都会产生数据，但目前运营商对数据挖掘和应用方面较为滞后，在旅游行业，运营商主要将数据应用在智慧旅游、智慧景区中的数据中心建设，用来监测游客量及游客移动性。

(3) 旅游企业自有数据

旅游企业通过自有软硬件的建设，可以采集、存储自身的游客数据，包括票务平台数据、监控数据及物联网数据等，通过将自身的数据结合上述互联网公司及运营商数据，可以发挥更大的价值。

(三) 大数据应用于智慧旅游

1. 大数据和智慧旅游服务

依托大数据，游客利用智慧旅游提供的终端衔接工具可以充分获取旅游目的地的交通、住宿、天气、旅游项目是否存在同质化、旅游服务质量及评价状况等内容，进而安排自身的行程，定制私人旅游线路。智慧旅游发展过程中，以往数据库的应用无法满足智慧旅游的具体发展。而针对大数据技术的应用，因其具备处理速度快、类型多样以及体量大等特点，可以进一步提升智慧旅游整体服务水平[125]。

依托于旅游行业数据库的研究，以游客旅游活动期间所产生的食、住、行、娱乐、购物、游玩六要素为数据模型，结合对实际情况的分析与掌握，构建完善的纵向维度扩张与横向维度扩张的分析模型，通过分析模型的推演与评估，实现对智慧旅游服务更为高质量的提供。在具体应用过程中进行数据中心的构架，并依据行业发展实际引入服务端平台、IT 构架、使用端平台等，实现对海量旅游信息的全面收集与处理，并将其中高价值信息进行呈现，以此为依据为游客制订科学旅游计划提供数据参考。通过对大数据技术的有效应用，为相关景区、景点公共服务体系的构架提供指导和依据，做到为游客提供更为全面、个性化的服务，实现游客服务满意度的提升。以携程网为例，携程网上线的国际机票预定平台是由上百名工程师历时两年多时间不断研发而成。此功能平台在操作方面非常简单便捷，能为民众提供高效的服务。在平台设计研发过程中，涉及对大数据等多种技术的应用，用户在查询期间，涉及多种复杂算法的应用，并应用到上百万的数据信息。也正因此，该平台成为国内现阶段规模最大、技术最为先进的国际机票管理平台。另外，携程网借助对大数据技术应用研发 Ebooking、Vbooking 等系统，实现地面服务体系与线上平台优势的进一步加深融合，如携程网提供在线预订服务，并结合实际情况在三亚、桂林、丽江等旅游地区构建完善地面服务体系，通过在线预订与地面服务体系的衔接，实现游客借助在线预订功能对旅游景点当地酒店、租车、门票等服务的网上预订，等游客到达旅游地区后，能享受到全面且高质量的线下旅游服务。此外，携程网在酒店预订方面进行创新，如惠选酒店，该平台借助大数据技术对多样化酒店代售产品进行存储，基于对游客不同消费需求、价格需求、星级需求、位置需求以及点评需求，为游客提供满足需求的酒店，并且酒店名称会在游客预订成功后获知，以及依据酒店的不同为用户提供不同优惠福利，继而提升游客服务满意度[126]。

游客在任何渠道发布的针对服务的任何评价，大数据都将对评价进行收集，继而旅游服务供应链各成员可以利用旅游大数据实现对需求状况、生产要求、产品供应量、实时数据等信息的价值挖掘。通过旅游大数据的应用可以有效提高供应链效率，实现链条上各环节间的无缝对接，为游客提供全链条的适时、适地和适量的智慧服务（表 3-1）[127]。

表 3-1 旅游各环节大数据的应用

旅游环节	大数据应用
食	游客可以利用各种餐饮相关 APP 选择查看店铺的基本信息和相关评价,找到店铺地点,同时大数据帮助餐饮企业完成顾客画像,提供个性化服务
住	游客利用携程、艺龙等旅游 APP 全方位了解酒店、客房、周边、交通等信息,方便游客做出选择;同时大数据也帮助酒店了解游客的需求,以提供更贴心的服务
行	高德、百度地图等导航类 APP 可以帮助游客更加科学合理地规划路线
游	大数据可以帮助景点预测游客数量,提高接待能力,为游客提供特色服务
购	大数据可以根据游客画像为其提供个性化旅游商品及配送服务
娱	大数据可以按照游客需要安排娱乐项目,提供个性化娱乐服务

资料来源:金龙.大数据技术在智慧旅游中的应用分析[J].科技论坛,2020(3):13-14.

2. 大数据和智慧旅游营销

通过大数据将旅游服务供应链的各参与方连接起来,实现旅游供应过程中服务流、信息流、价值流的"三流"合一,为智慧旅游营销提供扎实数据支撑。按照比较形象的说法,旅游大数据就像一张蜘蛛网,网上的任何一点动一下,蜘蛛马上就能感觉到。旅游服务供应链上的各方存在着紧密的关联关系,起始端旅游需求量的变动,必然会引起下游各环节的变动,而利用大数据可以帮助我们判断一系列变动的规律。

对旅游供应商及中介商来说,数据挖掘是通过对企业的数据进行处理和分析,从中快速准确地找出企业所需的信息。在整合包括潜在游客的关键词搜寻动机、搜寻内容偏好、搜寻者行为特征、搜寻者特性等方面的信息后,依托旅游大数据对游客市场细分,可识别出其重点客源市场,便于针对主要潜在客户人群特点进行精准营销及广告投放,最终确定正确的销售模式、客户关系及行销策略等。同时还可以对旅游市场洼地进行挖掘,培育并发展新的客户群体,诊断旅游营销和推演可行性项目,提升客源市场转化率,最终达到提升精准营销能力的目的。对于出现的游客抱怨、客源流失等不利因素,也可以通过旅游大数据(旅游评价、微博、游记、投诉记录等)进行原因分析,及时采取补救措施,或开发新的旅游兴趣点,最终实现智慧旅游营销。

智慧旅游营销主要是通过分析网络平台数据,挖掘旅游者兴趣热点,引导和帮助企业制定符合市场需求的旅游项目,并借助网络平台开展旅游产品市场营销,提高旅游产品的营销效果。在智慧旅游时代,旅游企业可以利用大数据技术全面准确地采集游客数据并对数据进行分析和挖掘,帮助决策者制定更加有针对性和可操作性的决策。可以根据游客数据为其定制专门的旅游线路,以满足不同游客的个性化需求[128]。

3. 大数据和智慧旅游管理

利用大数据技术,管理者能够收集和整理旅游相关信息,对旅游者和旅游企业进行精准分析,不断优化旅游管理,推动旅游产业整体发展[129]。旅游管理朝着更加智慧的方向发展,主要体现在以下几个方面:第一,满足不同主体利益诉求。通过大数据技术,能够有效获取多元主体信息,了解不同主体的利益诉求,从而确保旅游企业能够满足旅游者需求、旅游行业主管单位能够满足旅游企业需求。当不同的利益诉求得到满足,旅游行业就会朝着积极的方向发展。第二,减少过度行政干预。在旅游产业的发展过程中,政府及相关部门具有监管义务，但不应过度予以干涉。利用大数据技术收集和分析数据，能够有效减少政府及相关部门的主观干涉，让政府及相关部门仅仅扮演监管者角色，让旅游产业发展更多依赖于市场化运行机制。第三，设置科学合理的评分细则。智慧旅游管理应从主观判断向客观量化考核转变，通过设置考核指标，对旅游景区进行严格的考核监督，以评分和排名的方式对旅游景区进行区分，优先推荐达标景区。以北京市为例，北京市在开展智慧旅游管理时出台了《北京智慧景区建设规范》，其中制定了共1000分的评分细则，内容涉及综合管理、游客服务、互动体验等8个主要方面，包括200余个指标。通过这些量化的指标，实现对旅游景区的智慧旅游管理，确保景区能够符合游客需求，让游客满意。

4. 大数据在旅游业的应用现状

在旅游业这样一个边界模糊的复杂开放系统，伴随着游客空间位置实时变化，动态数据随时产生、随时发生变化。旅游业拥有的数据是庞大而类型多样的，且涉及很多关联行业的。总之，大数据在旅游业的应用是非常复杂的，目前旅游大数据应用主要聚焦于客源市场分析领域[130]。

(1) 旅游目的地大数据统计分析

目前，承担旅游目的地大数据分析业务的企业，通过对通信运营商手机位置数据、搜索数据、交通流量数据、交易数据、社交数据等不同来源数据的系统整合分析，为旅游目的地构建了全面的客源市场分析。旅游目的地基于大数据的统计分析日渐成型，实现了使用大样本量(几乎接近全体样本)数据取代传统抽样调查进行客源市场分析，且在分析维度和颗粒度上，基于大数据的统计分析比抽样调查更加丰富，帮助目的地旅游管理部门更加全面地认知客源群体，实时了解客源群体在目的地空间分布状况，从而对客流预警和调控形成一定的帮助[131]。

(2) 互联网平台交易大数据统计分析

平台型旅游企业，如携程、去哪儿、飞猪、金棕榈等利用其平台经营过程产生的交易数据、评价数据和日志数据，对用户进行全方位画像和消费行为分析，形成对于其产品信息浏览情况、产品受欢迎程度等诸多方面准确的统计分析，赋予游客多个维度的属性标签。平台企业根据旅游产品类型与游客标签组合的匹配程度进行产品和服务推荐，企业利用互联网平台产生的大数据可以更全面地了解用户及企业自身业务开展情况。基于游客跨时空行为模式及用户在线使用情况、形成的游客驱动的旅游大数据统计分析，主要价值在于对全样本数据特征的深度了解，其优势是游客数据相对容易获得，然而对于这种游客(用户)驱动的大数据分析，其问题主要是数据分散在不同的网络载体和实体空间中，不同网络载体和实体空间之间难以实现同源数据之间关联，数据的准确性和真实性常常难以判断。此外，数据清洗能力也影响了大数据分析结果的实际应用价值。因此，要探究大数据分析在旅游业应用的更多价值，需要改变视角来考察。

(四) 大数据在旅游业应用的新方向

发展大数据"更重要的一个要素是场景"。智能时代的用户，每时每刻都被智能场景包围着，场景中不同角色之间的互动，使得场景具备了特定的细分标签，这样的细分标签进一步抽象，成为个性化推荐的基础[132-134]。

1. 旅游场景

旅游场景是鲜活、具象化的实体和虚拟空间的总和，不同来源的大数据在旅游场景中关联，使数据维度更加丰富和有效。因此，大数据在旅游业应用从基于全体用户/游客数据的孤立视角，转变为在特定场景下用户/游客作为场景参与者之一，通过不同大数据来源建立起每个用户/游客与场景之间相互关联的数据化关系谱系，带动场景中相关主体进行大数据关联挖掘和共享，形成一个可控、可操作且可以延展出更多服务内容的大数据应用。

场景对消费者购买行为具有直接影响，成为购买产品决策的一部分。场景减少了产品和用户之间的距离，改善了信息不对称，使商品与消费者彼此可以更便捷地发现，产生情景交融的互动方式。在网络化时代，实体场景与虚拟网络空间多层次互动，消费者更加容易被触动从而产生购买欲望。伴随着移动互联网的发展以及LBS（基于位置的服务）服务内容更加多样化，这种场景驱动型的搜索与发现模式，为旅游业带来了巨大的增长空间。场景化是旅游业的一个重要特征，场景对游客游览行为和消费行为都有重要影响。场景差异是生活和旅游的本质区分，场景对游客在不同活动空间下的行为影响相呼应，即场景链接带动消费行为发生。旅游产品在本质上就是在一种特定的场景化体验，每一个旅游场景都具备融合能力，通过场景融合产生不同的产业形态。

旅游场景是旅游业供需关系之间的一种反映方式，不同场景串联构成了旅游业的供需空间，旅游场景也是实体空间与虚拟空间互动关系的一种反映方式，浓缩不同类型的旅游供需空间，集聚各种大数据，通过大数据分析反映每一种具体旅游场景的运行规律，可以为旅游业创造更多样化的发展模式。

2. 典型旅游场景的大数据应用

旅游场景可以分为4种典型场景，包括旅游消费场景、旅游管理场景、旅游营销场景和旅游服务场景。

（1）旅游消费场景

用户在旅游决策、旅游活动过程的各类场景中都可能涉及某种形式的消费，消费内容会受到偏好和场景激发的共同影响。利用用户在不同网络渠道留下的痕迹，对用户偏好进行画像，场景中的企业对消费内容进行个性化设计和推荐。场景激发是要找到与用户画像相匹配的场景设置，如用户在居住地生活偏好与所在旅游场景的匹配，根据用户标签和所在场景进行用户化产品设计，提供景点周边特色餐馆、景点的营业时间、停车场位置等指南性信息。需要大数据分析技术从海量、实时的信息中提取客户真正需要的数据，满足游客的这些个性化需求。任何场景都可以与周边的各种商品和服务资源产生交互和连接，产生交互和连接之后叠加相应的分类信息、比价信息、点评信息等，可以极大地丰富游客在旅游场景中的消费体验。

（2）旅游管理场景

景区大门口或者景点周边区域，是典型的舆情分析和客流预警分流场景。景区管理者通过通信运营商位置数据了解游客来源情况，预测进入区域人员动态图，监控人员流向、流速并及时调整车辆运营班次；通过闸机与景区电子商务平台数据实时对接，可以实时控制售票数量和门票可用时间；景区管理部门可以通过在微信、微博上发帖的实时数据了解

（3）旅游营销场景

在旅游目的地营销场景，需要通过大数据了解游客选择某个旅游目的地的动因，这些动因中哪些是可以通过营销活动进行引导的，哪些是偏刚性需求，哪些是与家庭结构有关，哪些与工作性质相关等，这些问题都需要通过分析在不同平台和渠道之间的数据来解决。

（4）旅游服务场景

游客咨询服务中心和旅行社门店是最常见的服务场景，当用户进入场景时，服务人员根据游客咨询信息进一步推荐产品和服务给游客；酒店（住宿场所）是常见的线下服务场景，服务人员对客人身份识别及快捷服务、酒店消费及本地服务产品集成和推荐，离不开对游客数据分析和本地资源数据集成。酒店可以帮助客人建立在线临时社区，通过酒店WiFi链接形成游客自组织，从实时数据挖掘中发现有价值的服务内容。

实际旅游业务场景是上述场景的组合，例如，消费场景中也包含了管理业务、营销业务、服务业务。每一个旅游业务场景都是一种综合的大数据分析和处理情境，如何增加游客便利性、可信度、综合价值，是旅游场景应用大数据的一个核心诉求。例如，在一个旅游购物场景中，每一件实物产品所承载的各种数据，如产地、生产者、原材料、品质等，构成了游客购买的可信度基础。游客通过社交媒体或者电商平台了解到其他游客购买评价、通过第三方支付平台完成在线支付，从而完成整个购买决策，大数据带给游客便利性价值。

场景驱动的创新对于旅游发展变得越来越重要。在特定场景之下，游客个性化需求才能被有效定义，在大数据分析基础上的场景服务或供给才更加有效。随着人工智能、大数据等技术进一步成熟，旅游场景的大数据应用将带来旅游业供需空间的优化，带来旅游产品和服务与个性化需求精准匹配，带给游客便捷、高效率和高水平的体验过程。在每个特定场景下，发挥大数据的统筹能力，将用户与场景串联起来，形成若干智能化场景的链接，就可以有效促进游客活动全过程的智慧化，带来企业组织方式变革和业务流程重组，带动全域范围内旅游休闲活动的优化，提高旅游业运行效率，带动旅游业效益提升。

七、区块链与智慧旅游

（一）区块链概述

1. 区块链的定义

所谓区块链技术，简称BT（blockchain technology），也称为分布式账本技术，是一种互联网数据库技术，其特点是去中心化、公开透明，让每个人均可参与数据库记录[135-136]。

区块链的基本概念包括：①交易（transaction），一次操作，导致账本状态的一次改变，如添加一条记录；②区块（block），记录一段时间内发生的交易和状态结果，是对当前账本状态的一次共识；③链（chain），由一个个区块按照发生顺序串联而成，是整个状态变化的日志记录。如果把区块链作为一个状态机，则每次交易就是试图改变一次状态，而每次共识生成的区块，就是参与者对于区块中交易导致状态改变的结果进行确认。

狭义来讲，区块链是一种按照时间顺序将数据区块以顺序相连的方式组合成的一种链式数据结构，并以密码学方式保证的不可篡改和不可伪造的分布式账本。广义来讲，区块链技术是利用块链式数据结构来验证与存储数据、利用分布式节点共识算法来生成和更新数据、利用密码学的方式保证数据传输和访问的安全、利用由自动化脚本代码组成的智能合约来编程和操作数据的一种全新的分布式基础架构与计算方式。

区块链技术的实质是在信息不对称的情况下，无须相互担保信任或第三方（所谓的"中心"）核发信用证书，采用基于互联网大数据的加密算法创设的节点普遍通过即为成立的节点信任机制。任何机构和个人都可以作为节点参与创建信任机制，而且创设的区块必须在全网公示，任何节点参与人都可以看见。节点越多，要求的算力就越强，只有超过51%的节点都通过，才能成立一个新区块，即获得认可；同时，要想篡改或造假，也需要掌控超过51%的节点。理论上，当区块链的节点达到足够数量时，这种大众广泛参与的信任创设机制，就可以无须"中心"授权即可形成信任、达成合约、确立交易、自动公示、共同监督。

区块链系统的设计思想与很多传统系统的设计思想是截然相反的：区块链是分布式的，传统系统是集中的；区块链上的数据有 N 个备份，传统系统的数据是在单个或者少数几个节点上的；区块链是不需要信任的，传统系统的运营者必须是被信任的；区块链上的所有记录都是可追溯的，传统系统的记录可能没有上下文；区块链的系统是 $24\times7\times365$ 不间断运行的，而传统系统需要停机维护或者更新。

2. 区块链的特征

区块链具有以下 5 个基本特点：

（1）去中心化

由于使用分布式核算和存储，不存在中心化的硬件或管理机构，任意节点的权利和义务都是均等的，系统中的数据块由整个系统中具有维护功能的节点来共同维护。

（2）开放性

系统是开放的，除了交易各方的私有信息被加密外，区块链的数据对所有人公开，任何人都可以通过公开的接口查询区块链数据、开发相关应用，因此整个系统信息高度透明。

（3）自治性

区块链采用基于协商一致原则的规范和协议（如一套公开透明的算法），使得整个系统中的所有节点能够在受信任的环境自由安全地交换数据，使得对人的信任改成了对机器的信任，任何人为的干预都不起作用。

（4）信息不可篡改

一旦信息经过验证并添加至区块链，就会永久地存储起来，在单个节点上修改数据库是无效的，除非能够同时控制住系统中超过51%的节点，因此区块链的数据稳定性和可靠性极高。

（5）匿名性

由于节点之间的交换遵循固定的算法，其数据交互是无须信任的（区块链中的程序规则会自行判断活动是否有效），因此交易对手无须通过公开身份的方式让对方产生信任，对信用的累积非常有帮助。

(二) 区块链应用于智慧旅游

在科技创新支撑下,旅游服务越来越便利,旅游管理越来越智慧,旅游营销越来越精准,旅游业态越来越多元。随着人口红利日渐褪去,科技正在成为支撑新时期旅游业高质量发展的新动能。科技创新在大力推动旅游业发展的同时,也带来了一些让游客担忧的问题,如投票点评造假、大数据杀熟、侵犯隐私、滥用技术获取数据等。投票点评造假,看似无关紧要的小问题,却使得许多不良商家违背了"游客至上,服务至诚"的旅游业核心价值观。若能在关键的投票和点评事项上引入区块链技术,将在很大程度上解决投票、点评造假问题。大数据杀熟等行为产生的原因之一,在于交易数据的绝对中心化,以及中心化加剧形成的"新信息不对称"问题,区块链技术的去中心化思想或许能成为解决该问题的方案之一。同样,滥用技术获取数据的出发点也是对数据的中心化占有,由于信息技术在推动旅游业发展的同时,旅游业的数据、资源、能力也在往中心化方向发展和聚集,以去中心化为基础的区块链技术在解决这个问题上,显示出了与众不同的思路[137]。

从旅游的一般过程来看,旅游者要从客源地到目的地、再从目的地返回客源地,涉及地理空间的转移、时间的变化、地理环境的差异、旅游信息的传递、旅游目的地各要素相互作用等,与旅游活动全过程直接相关的各个要素互为依托,形成旅游系统的有机整体,包括旅游客源地系统、旅游目的地系统、旅游通道系统、旅游支持系统四个子系统;从整个旅游行业来看,其上游为各类旅游资源,下游直接面向消费者。从上游旅游资源来看,包括地文景观、水域风光、生物景观、天象与气候景观、遗址遗迹、建筑与设施、旅游商品、人文活动等大类。中国幅员辽阔,各类旅游资源丰富,为旅游产业发展提供了坚实的基础。从下游消费者来看,随着经济社会的发展,人们收入水平稳步提高,旅游度假休闲的需求不断增长,中国已进入大众旅游时代,为旅游业提供了巨大的发展机遇。旅游业的主要产品是依靠旅游资源为消费者提供各类旅游服务。旅游产业相关子行业众多,涵盖旅游消费的"吃、住、行、游、购、娱"六个方面,可满足旅游消费者各个层面的需求,其中部分相关行业互为上下游,且关联度较高[138-139]。

1. 区块链和智慧旅游服务

对游客而言,区块链技术的应用使得游客和服务商"零距离接触",从而消除对中间商的依赖,极大提高了服务质量。

区块链技术是一种去中心化的技术,换句话说就是没有了中介机构,也就是没有中间商赚差价。旅游服务供应商不再处于被动的角色,而可以直接与游客对接,传达更加准确。游客可以在线通过以区块链技术为支撑的旅游平台订购相关服务和旅游产品。但是与以往不同的是,区块链的去中心化及公开透明,数据不可篡改的优越性,使得平台中的景区门票、机票、住宿费信息更加具有真实可靠性,并且可以去掉中介费用,节省旅行开支。区块链技术的分布式存储的特点,可以让游客货比三家,利用多个网站或者APP进行搜索评论并获得相关推荐,对比出最优惠的选择,从而推动预订趋势从中心化平台向多渠道转移。例如,以往游客通过中介平台购买门票需要一百多元,甚至两三百元,中介收取佣金后,景区供应商实际只赚到一半的利润,也不会提供更优质的服务。游客就会觉得不值得,甚至觉得上了当受了骗,内心便会对景区产生不好的印象,带来负面影响。区块链则首先实现了对游客的"点对点"服务，通过直接将旅游供应商与游客连接在一起，没有中间商收取中介平台费用，这样一来既能提升交易效率，又降低了旅游成本。

区块链形成的是一个公开透明且数据信息不能被篡改的数据库，它清晰地储存着所有的预订和支付数据信息，这样不仅可以防止超额预订和超售现象的发生，还能根据实时的供求关系灵活调整定价。它的不可篡改性对平台上的恶意评估、虚假评估也有一定的抑制作用。区块链通过行为轨迹分析构建人工智能反作弊模型，杜绝垃圾交易。导致刷单、刷评论等手段难以实施，作弊者需付出非常昂贵的作弊成本。这样可以显著降低信任风险，构建可信的交易环境，促进形成良好的旅游市场环境。游客可以根据自己的真实感受向旅游供应商提出意见和评价。区块链系统上储存的信息数据具有公开透明和可追溯性，方便游客做出理性选择，也有利于相关政府部门实行管理和督查。区块链准确记录了时间、地点、内容，每个游客不仅可以获取自己的旅行数据，看到自己的住宿、交通、餐饮费用明细支出的账单，还可以获取他人的数据作参考。这种完整的记账系统，每一个交易点都需要对交易数据和信息的在线备份，并受到系统保护。形成的分布式账目的任何一方都是平等自由的，不能单独篡改，也不用支付平台佣金，简化交易流程，使区块链能够有效保证数据的高度透明与公开，操作更加快捷便利，从而合理安排旅行消费[140]。

2. 区块链和智慧旅游营销

旅行中，游客往往希望买到货真价实、不枉此行的特色旅游产品。例如，购买当地特产，以往都是在商店的货柜上摆着，游客对它并不了解。为了使游客买到满意的产品，运用高科技的新颖创意的方式来吸引游客，旅游供应商可以利用区块链技术对每一件特产从生产包装、检验出厂到物流的各个步骤进行追踪，保证游客可以买到货真价实的实物产品，而不是以次充好的假货。

3. 区块链和智慧旅游管理

随着当前社会经济的快速发展和人民生活水平的不断提高，游客不再单纯地满足于生存型和发展型消费，而更倾向于享受型消费，对深度旅游体验的内容性要求越来越高。区块链将每一个景点的门票、观感体验、游玩时间，每一顿饭的价格、口味，每段路程的里程和路况都通过信息技术的形式存入系统，建立新型评价体系，颠覆以往的传统式评价。旅行过程中很多细微的事情都能被计入其中，点对点地收集游客、景点供应商、商家三方意见，互相评分，也能够为其他游客提供参考，在平台上分享旅游体验，帮助其做出理性选择。为了避免在旅游活动中发生经济纠纷，旅游区块链有利于双方快速查询旅游订单信息，对于订单失误（如错单、漏单或退改等）问题及时整改，营造良好的旅游氛围和周到的售后服务。这有利于收集信息并能快速追踪，提高工作效率，降低运行成本，能够更加公开透明地管理旅游资源，避免造成浪费。例如，运用区块链技术的生态民宿通过大数据的连接、信息的筛选，根据游客不同的个性及喜好，系统将自动推送适合游客自己的专属民宿，为游客节省时间，避免发生游客不满意的尴尬局面。区块链民宿最终会打造成全智能化民宿，所有的民宿信息都是由系统识别分析、智能匹配、自行推送，满足游客的个性化需求，避免"踩雷"的情况出现。这使得人们的出行更加舒适便捷，不再需要大量的人力和营销推广，有效实现旅游企业营收和游客体验感的最优化。

旅游场景千差万别，安全问题重中之重。对于旅途中的财产安全，区块链技术的非对称加密方法是很好的技术手段。对人身安全而言，区块链技术的不可篡改性在安全事故之前的震慑作用、安全事故中的营救作用、安全事故之后的调查作用都十分显著。以近年来快速增长的定制游为例，作为中高端旅游服务产品，游客需求个性化突出，游客需求与产品服务之间的矛盾也日益凸显。在此背景下，供需双方的合约以及提供服务的轨迹如利用区块链技术形成不可篡改的记录并保存，既能保障供需双方合法权益，也能提升市场主体的服务能力。事实上，所有团队旅游所涉及的上下游供应链及面向游客端合约，都能应用区块链信用机制来确保各方权益。

把区块链与行政主管部门的旅游市场治理结合起来，通过打通政务体系的数据孤岛，推动游客、企业信用与其他管理部门的数据协同，可形成新型旅游市场治理机制；将企业或游客的信用资产结合，则可实现新型交易模式。此外，在旅游扶贫等特殊旅游场景中引入区块链技术，通过区块链技术的共识机制、工作量证明奖励等机制，可使旅游扶贫项目的效果更加显著。

旅游企业、政府部门，以及银联、通信运营商、交通部门等相关部门和企业，掌握着或多或少、各具特色的旅游数据，形成了不计其数的信息孤岛、数据孤岛，无法连通共享。区块链技术给出了一种旅游数据共享的模式，即共享数据不单独属于某个节点，而是链上大家共有。贡献越多越有价值的数据，就拥有越多访问其他数据的权限；所有节点根据智能合约，合理地分配和使用数据。旅游业发展需要以数据为链接将行政主体、市场主体、消费主体串联起来，高效协作，形成高质量发展的正向反馈机制。从产业链的视角，作为一组经济活动，旅游业与信息产业、制造业、金融业、交通运输业等产业之间的融合互补使许多场景难分彼此。在人类活动和产业链呈现复杂网络形态的今天，旅游越来越成为其中一个重要的节点。在旅游领域构建复杂网络中节点协同发展、正向反馈的新机制，不仅需要区块链技术支持的行政监管，也需要区块链技术支持的企业协作，还需要区块链链接的移动终端。

八、3S 技术与智慧旅游

（一）3S 技术概述

智慧旅游是人们适应"回归自然"和环境保护的需要而产生的一种新型旅游形式，是未来旅游发展的必然趋势。传统的旅游资源评估、分析与管理服务技术已经不能满足生态旅游的要求，3S 技术的应用解决了这一难题。遥感技术（RS）准确性高、获取信息快、更新周期短、动态信息丰富，地理信息系统（GIS）空间分析功能强大和全球定位系统（GPS）定位、导航功能精确，3S 技术已成为智慧旅游重要的应用[83]。

1. 3S 技术定义

3S 技术是遥感技术（remote sensing，RS）、地理信息系统（geography information systems，GIS）和全球定位系统（global positioning systems，GPS）的统称，是将空间技术、传感器技术、卫星定位与导航技术和计算机技术、通信技术相结合，多学科高度集成的空间信息采集、处理、管理、分析、表达、传播和应用的现代信息技术[141]。

遥感技术是指从高空或外层空间接收来自地球表层各类地物的电磁波信息，并通过对这些信息进行扫描、摄影、传输和处理，从而对地表各类地物和现象进行远距离探测和识别的现代综合技术。在不直接接触有关目标物的情况下，在飞机、飞船、卫星等遥感平台上，使用光学或电子光学仪器（即传感器）接收地面物体反射或发射的电磁波信号，并以图像胶片或数据磁带记录下来，传送到地面，经过信息处理、判读分析和野外实地验证，最终服务于资源勘探、动态监测和有关部门的规划决策。遥感技术即整个接收、记录、传输、处理和分析判读遥感信息的全过程，包括遥感手段和遥感应用。遥感技术可用于植被资源调查、气候气象观测预报、环境质量监测、交通线路网络与旅游景点分布等方面。

地理信息系统是一个专门处理地理信息的计算机软件系统，它不但能分门别类、分级分层地去管理各种地理信息，而且还能将它们进行各种组合、分析、再组合、再分析，同时还能查询、检索、修改、输出、更新等操作。地理信息系统有一个特殊的"可视化"功能，就是通过计算机屏幕把所有的信息逼真地再现到地图上，成为信息可视化工具，清晰直观地表现出信息的规律和分析结果，同时还能在屏幕上动态地监测"信息"的变化。总之，地理信息系统具有数据输入、预处理功能、数据编辑功能、数据存储与管理功能、数据查询与检索功能、数据分析功能、数据显示与结果输出功能、数据更新功能等。通俗地讲，地理信息系统是信息的"大管家"，主要由计算机、地理信息系统软件、空间数据库、分析应用模型图形用户界面及系统人员组成。

全球定位系统是基于卫星的导航系统，是重要的空间信息基础设施。世界上第一个全球定位系统（GPS）是美国从20世纪70年代开始研制，于1994年全面建成，具有海、陆、空全方位实时三维导航与定位能力的第一代卫星导航与定位系统。北斗卫星导航系统是中国自行研制的全球卫星导航系统，也是继GPS、格洛纳斯（GLONASS）之后的第三个成熟的卫星导航系统。其由空间段、地面段和用户段三部分组成，可在全球范围内全天候、全天时为各类用户提供高精度、高可靠定位、导航、授时服务。该系统已成功应用于测绘、电信、水利、渔业、交通运输、森林防火、减灾救灾和公共安全等诸多领域，产生了显著的经济效益和社会效益。

2. 3S技术的意义

RS、GIS和GPS在空间信息采集、动态分析与管理等方面各具特色，且具有较强的互补性，这一特点使得3S技术在应用中紧密结合，并逐步朝着一体化集成的方向发展。3S技术及其集成应用已经成为空间信息技术和环境科学的一个重要发展方向。其中，GPS主要用于目标物的空间实时定位和不同地表覆盖边界的确定；RS主要用于快速获取目标及其环境的信息，发现地表的各种变化，及时对GIS进行数据更新；GIS是3S技术的核心部分，通过空间信息平台，对RS和GPS及其他来源的时空数据进行综合处理、集成管理及动态存取等操作，并借助数据挖掘技术和空间分析功能提取有用信息，使之成为决策的科学依据。

（二）3S技术应用于智慧旅游

1. 3S技术和智慧旅游服务

3S技术已经广泛应用于导航、导游等智慧旅游服务方面[142]。

（1）导航

智慧旅游将位置服务加入旅游信息中，让旅游者随时知道自己的位置。通过RS技术获得的卫星遥感图与GPS导航获得精准的地理位置相结合。智慧旅游将导航和互联网整合在一个界面上，地图来源于互联网。当游客用手机通过 GPS 确定位置后，最新信息将通过互联网主动弹出，如景区拥堵状况、突发事故、停车场及车位状况等，并可查找其他相关信息。GPS 导航与互联网的结合使信息的表达更加直接、主动、及时和方便。例如，北京实现了全国首创的旅游产业调度中心。基于手机基站所监测到的用户量准确地反映了景区人流量的实时情况，测算出景区内的舒适度。舒适度指数每 15 分钟更新一次，共分 5 个级别，分别是 5 级舒适、4 级较为舒适、3 级一般、2 级较拥挤、1 级拥挤。游客可以在"北京旅游网"点击查询旅游景点的当前游览舒适度信息。此外，信息栏还同时公布景区舒适度趋势图，显示游客量全天数量变化，均呈现不同级别舒适度的游览状态。目前，中国自主研发的北斗卫星导航定位技术正在逐步代替美国 GPS 定位技术。北斗作为中国独立自主研发的全球卫星导航定位系统，不仅是中国时空安全的战略保障，也是国民经济发展的重要支柱，未来北斗系统将会在智慧旅游中发挥更大的作用[143]。

（2）导游

目前，已有相当数量的景区基本实现了地图数字化，采用最新的卫星图片和 3D 地图定位技术。通过 RS 技术获取卫星图片，再经过 GIS 技术处理获得我们现在看到的地图。这一技术的成功运用可以使游客轻松获取景区的鸟瞰图。此外，游客可以自由切换到街景模式查看每个景点。以百度地图和高德地图为代表，在游客确定具体位置的同时，网页上和地图上会自动显示周边的旅游信息，包括景区的景点、餐馆、娱乐、活动等的位置和大概信息，如景点的级别、主要描述，活动（室内演出、室外巡演）的时间、地点、价格等。这一系列功能主要是通过 3S 技术中的 GIS 技术实现的。GIS 的本质在于利用计算机技术对地理信息进行识别分析并进行描述。它以地理空间数据为操作对象，把地图这种独特的视觉化效果和地理分析功能与一般的数据库操作集成在一起。简而言之，它在智慧旅游中的应用就是把景区内存在的现象和发生的事件进行成图和分析[144-145]。

2. 3S 技术和智慧旅游营销

随着人们生活水平的提高，旅游活动的内容日新月异，旅游信息系统必须实现动态维护信息的功能，随时添加新的数据、删除过时的信息、更改部分变化的信息、及时发布最新消息，这样才能针对游客的不同需求来选择一个合适或满意的旅游方案。利用 GIS 进行生态旅游的信息管理，用户可以在系统中对自己感兴趣的空间特征查询各项属性，也可以查出具有某一属性的所有空间特征的位置和分布，例如某些珍稀动植物的特性与位置分布等。用户可在系统中对自己感兴趣的某项内容进行定位查询、标题关键字的查询和组合查询等。所查询的内容以图形、图像、文字、表格的形式显示，以便全方位、多层次地提取信息，例如除常规的文字查询外，还具有灵活多样的地图查询和图像查询，它可以在地图上移动光标，分别以点、线、面等方式等距、等时及沿线迅速检索出游客所需的数据。地理信息系统数据操作简单方便，易于学习掌握。同时 GIS 还可以为游客提供各种关于生态旅游地的信息，例如，在各大旅行社、旅游交易会上常见的多媒体导游系统、互联网上的旅游信息网站等都以图、文、声并茂的形式出现。3S 技术提供准确、及时、生动的旅游信息，使智慧旅游营销更加高效和真实，提升了智慧旅游营销效果。

3. 3S 技术和智慧旅游管理

利用 3S 技术对生态旅游资源进行动态监测，可以为生态经济提供庞大且复杂的最新信息，监测生态旅游发展情况，增强生态旅游结构管理，宏观上统筹生态旅游的发展态势。

利用 GPS 的导航定位功能，可为旅游资源的分布提供准确的定位，特别是对于野生动物的活动定位监测具有至关重要的作用。GIS 在环境监测系统中十分重要，可用于追踪珍稀动植物。利用野外调查数据，获得野生动植物的分布地点、种群和群落的数量特征，将这些数据输入 GIS，可以对数据库实时更新。这些数据库可以和其他空间属性图如动植物分布图、土地利用图、土地发展趋势图等结合使用，还可以和统计程序相结合，进行生态仿真，以预测环境改变对这些动植物的影响，科学合理地进行生态旅游区的资源保护和经营管理；以 GIS 建立生态旅游资源的调查评价空间数据和属性数据库，不仅可以方便查询、管理和更新这些信息，创建各类专题图，而且还可以借助 GIS 强大的空间分析能力，方便快捷地完成生态旅游资源的调查评价工作。

利用遥感影像可以全面地反映旅游区的地理位置和地理环境，采用高分辨率的遥感影像，对生态旅游区内的资源状况分布可谓一览无余，根据遥感影像上的每种色斑的色调、形状、范围、纹理等就能清楚地知道该生态旅游区的资源数量和质量。遥感影像图片可作为生态旅游规划的基础底图，因为遥感影像图片是由卫星直接从高空对地面进行摄影的真彩照片，这种方式制作的影像地图可读性强、立体视觉好，可直观显示摄影区内的地貌和地物及人文景观，比一般纸质地图的内容丰富，更新也快。

思考与练习题

1. 阐述物联网对智慧旅游的影响。
2. 云计算的服务类型有哪些？
3. 物联网的技术特征是什么？
4. 区块链技术在智慧旅游方面有哪些应用？
5. 人工智能的主要应用领域是什么？
6. 3S 技术对智慧旅游的作用是什么？
7. 大数据对旅游营销的影响是什么？

第四章

智慧旅游平台

学习目标：
1. 旅游电子商务的内涵
2. 在线旅游与智慧旅游的关系
3. 旅游APP与智慧旅游的关系
4. 新媒体的类型和价值

核心概念：
旅游电子商务
在线旅游
旅游APP
新媒体

导 读

中国旅游电子商务网站从1996年开始出现，自此电子商务已经成为智慧旅游交易的主要模式，为旅游业同行提供了广阔的互联网平台。电子商务平台汇聚了大量的游客客源、旅游企业及旅游相关行业企业，将旅游行业进行了细分，能为游客提供更加专业高效的旅游服务，为旅游企业创造了便捷的交易场所。随着网络技术的发展，携程、艺龙、同程、去哪儿、途牛、驴妈妈、马蜂窝、途家等在线旅游及相关企业诞生，成为行业内主要的旅游电子商务平台。移动通信技术、智能手机和平板的出现开启了由PC互联网升级到移动互联的新时代，支付宝、微信支付等新型支付方式迅速得到普及，百度、阿里、腾讯等互联网龙头企业及京东、美团等跨界企业相继进入旅游领域，加速迭代和跨界融合的在线旅游产品和服务，推动中国成为全球移动旅行服务领域的领头羊，有了更加自由行走的技术支撑和服务供给，于是才有了持续繁荣的大众旅游时代。

过去20年，以互联网技术为核心的技术群的产业渗透造就了新的旅行组织方式、产品形态和商业模式，成为旅游经济增长的重要因素之一，在线旅游、旅游APP、新媒体等旅游业务平台的形式、内容和功能不断丰富和强化，为旅游业扩大客户群体、增加用户黏性、提高旅游服务和管理能力做出了有益的探索，是旅游业提质增效及创新的重要动力。

一、旅游电子商务

(一)旅游电子商务概述

1. 旅游电子商务概念

一般认为是互联网的产生促成了旅游电子商务的产生。事实上在20世纪六七十年代，航空公司和旅游饭店集团基于增值网络和电子数据交换(electronic data interchange，EDI)技术构建的计算机预订系统可视为旅游电子商务的雏形。旅游电子商务的概念始于20世纪90年代，最初是瑞佛·卡兰克塔(Ravi Kalakota)提出的，由约翰·海格尔(John Hagel)进一步发展。目前，在国际上沿用较广的是世界旅游组织(WTO)对旅游电子商务的定义，它在其出版物《旅游电子商务》(E-Business for Tourism)中指出："旅游电子商务就是通过先进的信息技术手段改进旅游机构内部和对外的连通性(connectivity)，即改进旅游企业之间、旅游企业与供应商之间、旅游企业与旅游者之间的交流与交易，改进企业内部流程，增进知识共享[146-147]。"这一定义概括了旅游电子商务的应用领域，侧重的是对其功效的描述，但并未凸显旅游电子商务自身的特征。

本书在综合国内外各种观点的基础上，认为：旅游电子商务是指通过先进的网络信息技术手段实现旅游商务活动各环节的电子化，包括通过网络发布、交流旅游基本信息和商务信息，以电子手段进行旅游宣传营销、开展旅游售前售后服务，通过网络查询、预订旅游产品并进行支付，也包括旅游企业内部流程的电子化及管理信息系统的应用等。

2. 旅游电子商务的内涵

旅游电子商务的内涵可以从多个层面来理解，主要包括以下几个方面[148]：

首先，从技术基础角度来看，旅游电子商务是采用数字化电子方式进行旅游信息数据交换和开展旅游商务活动。如果将"现代信息技术"看成一个集合，"旅游商务活动"看成另一个集合，"旅游电子商务"无疑是这两个集合的交集，是现代信息技术与旅游商务过程的结合，是旅游商务流程的信息化和电子化。旅游电子商务开始于互联网诞生之前的电子数据交换时代，并随着互联网的普及而飞速发展。近年来，移动网络、多媒体终端、语音电子商务等新技术的发展不断丰富和扩展着旅游电子商务形式和应用领域。

其次，从应用层次来看，旅游电子商务可分为三个层次：

一是面向市场，以市场活动为中心，包括促成旅游交易实现的各种商业行为(网上发布旅游信息、网上公关促销、旅游市场调研)和实现旅游交易的电子贸易活动(网上旅游企业洽谈、售前咨询、网上旅游交易、网上支付、售后服务等)。

二是利用网络重组和整合旅游企业内部的经营管理活动，实现旅游企业内部电子商务，包括旅游企业建设内联网，利用饭店客户管理系统、旅行社业务管理系统、客户关系管理系统和财务管理系统等实现旅游企业内部管理信息化。

三是旅游经济活动能基于互联网开展还需要具有环境的支持，包括旅游电子商务的通行规范，旅游行业管理机构对旅游电子商务活动的引导、协调和管理，旅游电子商务支付与安全环境等。

第三个层次是第一个层次和第二个层次的支撑环境。只有三个层次的电子商务共同协同发展，才可能拥有旅游电子商务发展的良性循环。成熟阶段的旅游电子商务是旅游企业外部和内部电子商务的无缝对接，它将极大地提高旅游业运作效率。

(二)旅游电子商务的类型

旅游电子商务按照不同的标准，有多种分类方法。这里介绍按照旅游电子商务的交易形式和实现旅游电子商务使用的终端类型两种标准对旅游电子商务进行分类[149]。

1. 按交易形式分

按交易形式分，旅游电子商务可以分为 B2B、B2E、B2C、C2B 四种模式：

(1) B2B 交易模式

旅游业是一个由众多子行业构成、需要各子行业协调配合的综合性产业，食、宿、行、游、购、娱各类旅游企业之间存在复杂的代理、交易、合作关系，B2B(business to business，企业对企业)模式是旅游电子商务的主要模式。其交易形式主要包括以下几种情况：①旅游企业之间的产品代理，如旅行社代订机票与饭店客房，旅游代理商代售旅游批发商组织的旅游线路产品。②组团社之间相互拼团，也就是当两家或多家组团旅行社经营同一条旅游线路，并且出团时间相近，而每家旅行社只拉到为数较少的客人。这时，旅行社征得游客同意后可将客源合并，交给其中一家旅行社操作，以实现规模运作的成本降低。③旅游地接社批量订购当地旅游饭店客房、景区门票。④客源地组团社与目的地接社之间的委托、支付关系等。

旅游企业间的电子商务按照其合作关系又分为两种形式：一是非特定企业间的电子商务，它是在开放的网络中对每笔交易寻找最佳的合作伙伴。一些专业旅游网站的同业交易平台就提供了各类旅游企业之间查询、报价、询价直至交易的虚拟市场空间。二是特定企业之间的电子商务，它是在过去一直有交易关系或者今后要长期继续进行交易的旅游企业之间，为了共同经济利益，共同进行设计、开发或全面进行市场和存量管理的信息网络，企业与交易伙伴间建立信息数据共享、信息交换和单证传输。例如航空公司的计算机预订系统(CRS)就是一个旅游业内的机票分销系统，它连接航空公司与机票代理商(如航空售票处、旅行社、旅游饭店等)。机票代理商的服务器与航空公司的服务器是在线实时链接在一起的，当机票的优惠和折扣信息有变化时会实时地反映到代理商的数据库中。机票代理商每售出一张机票，航空公司数据库中的机票存量就会发生变化。

B2B 电子商务的实现极大地提高了旅游企业间的信息共享和对接运作效率，提高了整个旅游业的运作效率。

(2) B2E 交易模式

B2E(business to enterprise)中的 E 是指旅游企业与之有频繁业务联系或为之提供商务旅行管理服务的非旅游类企业、机构、机关。大型企业经常需要处理大量的公务出差、会议展览、奖励旅游事务。他们常会选择和专业的旅行社合作，由旅行社提供专业的商务旅行预算和旅行方案咨询，开展商务旅行全程代理，从而节省时间和财务的成本。另一些企业则与特定机票代理商、旅游饭店保持比较固定的业务关系，由此享受优惠价格。

旅游 B2E 电子商务较先进的解决方案是企业商务旅行管理系统(travel management system，TMS)。这是一种安装在企业客户端的具有网络功能的应用软件系统，通过网络与旅行社电子商务系统相连。在客户端，企业差旅负责人可将企业特殊的出差政策、出差时间和目的地、结算方式、服务要求等输入 TMS，系统将这些要求传送到旅行社。旅行社通过电脑自动匹配或人工操作为企业客户设计最优的出差行程方案，可为企业预订机票及酒店，并将预定结果反馈给企业客户。通过 TMS 与旅行社建立长期业务关系的企业客户能享受到旅行社提供的便利服务和众多优惠，节省差旅成本。同时，TMS 还提供统计报表功能。用户企业的管理人员可以通过系统实时获得整个公司全面详细的出差费用报告，并可进行相应的财务分析，从而有效地控制成本，加强管理。

(3) B2C 交易模式

B2C(business to customer) 也就是电子旅游零售。交易时，旅游散客先通过网络获取旅游目的地信息，然后在网上自主设计旅游活动日程表，预定旅游饭店客房、车船机票等，或报名参加旅行团。对旅游业这样一个旅客高度地域分散的行业来说，旅游 B2C 电子商务方便了旅游者远程搜寻、预定旅游产品，克服距离带来的信息不对称。通过旅游电子商务网站订房、订票是当今世界应用最为广泛的电子商务形式之一。另外，旅游 B2C 电子商务还包括旅游企业对旅游者拍卖旅游产品，由旅游电子商务网站提供中介服务等。

(4) C2B 交易模式

C2B(customer to business) 交易模式是由旅游者提出需求，然后由企业通过竞争满足旅游者的需求，或者是由旅游者通过网络结成群体与旅游企业讨价还价。旅游 C2B 电子商务主要通过电子中间商(专业旅游网站、门户网站旅游频道)进行。这类电子中间商提供一个虚拟开放的网上中介市场，提供一个信息交互的平台。上网的旅游者可以直接发布需求信息，旅游企业查询后双方通过交流自愿达成交易。

旅游 C2B 电子商务主要有两种形式：

第一种形式是反向拍卖，是竞价拍卖的反向过程。由旅游者提供一个价格范围，求购某一旅游服务产品，由旅游企业出价，出价可以是公开的或是隐蔽的，旅游者将选择认为质价合适的旅游产品成交。这种形式，对于旅游企业来说吸引力不是很大，因为单个旅游者预订量较小。

第二种形式是网上成团，即旅游者提出所设计的旅游线路，并在网上发布，吸引其他相同兴趣的旅游者。通过网络信息平台，愿意按同一条线路出行的旅游者汇聚到一定数量，这时，他们再请旅行社安排行程，或直接预订饭店客房等旅游产品，可增加与旅游企业议价和得到优惠的能力。

旅游 C2B 电子商务利用了信息技术带来的信息沟通面广和成本低廉的特点，特别是网上成团的运作模式，使传统条件下难以兼得的个性旅游需求满足与规模化组团降低成本有了很好的结合点。旅游 C2B 电子商务是一种需求方主导型的交易模式，它体现了旅游者在市场交易中的主体地位，促进旅游企业更加准确和及时地了解客户需求，实现旅游业向产品丰富和个性满足的方向发展。

2. 按信息终端类型分

旅游电子商务的网络信息系统中必须具备一些有交互功能的信息终端，使信息资源表现出来被人们利用，同时接受用户向电子商务体系反馈的信息。因此，按信息终端形式划分的旅游电子商务可以分为网站电子商务(w-commerce)、语音电子商务(v-commerce)、移动电子商务(mobile-commerce)和多媒体电子商务(multimedia-commerce)。

(1) 网站电子商务

用户通过与网络相连的个人电脑访问网站实现电子商务是目前最通用的一种形式。互联网是一个全球性媒体,它是宣传旅行和旅游产品的一个理想媒介,集合了宣传册的鲜艳色彩、多媒体技术的动态效果、实时更新的信息效率和检索查询的交互功能。它的平均成本和边际成本极为低廉。一个网站无论是一万人还是一千人访问,其制作和维护的成本都是一样的。目的地营销组织在运用其他手段进行营销时,预算会随着地理覆盖范围的增加而增加。而互联网与地理因素毫无关系,在全球宣传、销售的成本与在本地销售的成本并无差别。互联网用户以年轻、高收入人群居多,是有潜力的旅游市场。

中国旅游网站的建设最早可以追溯到1996年。经过20多年的摸索和积累,国内已经有相当一批具有一定资讯服务实力的旅游网站,这些网站可以提供比较全面的、涉及旅游中食、住、行、游、购、娱等方面的网上资讯服务。按照不同的侧重点可以分为以下六种类型:①由旅游产品(服务)的直接供应商所建,如北京昆仑饭店、上海青年会宾馆、上海龙柏饭店等所建的网站就属于此类型。②由旅游中介服务提供商(在线预订服务代理商)所建。大致又可分为两类:一类由传统的旅行社所建,如云南丽江南方之旅、休闲中华,分别由丽江南方旅行社有限责任公司和广东省口岸旅行社推出;另一类是综合性旅游网站,如携程旅行网、中国旅游资讯网等,它们一般有风险投资背景,将以其良好的个性服务和强大的交互功能抢占网上旅游市场份额。③地方性旅游网站。如金陵旅游专线、广西华光旅游网等,它们以本地风光或本地旅游商务为主要内容。④政府背景类网站。如航空信息中心下属的以机票预订为主要服务内容的信天游网站,它依托于全球分销系统(global distribution system,GDS)。⑤旅游信息网站。它们为消费者提供大量丰富的、专业性的旅游信息资源,有时也提供少量的旅游预订中介服务,如中华旅游报价、网上旅游等。⑥在网络内容提供(internet content provide,ICP)门户网站中,几乎所有的网站都不同程度地涉及旅游内容,如新浪网生活空间的旅游频道、搜狐和网易的旅游栏目、中华网的旅游网站等,显示出网上旅游的巨大生命力和市场空间。

从服务功能看,旅游网站的服务功能可以概括为以下三类:①旅游信息的汇集、传播、检索和导航。这些信息内容一般都涉及景点、饭店、交通旅游线路等方面的介绍;旅游常识、旅游注意事项、旅游新闻、货币兑换、旅游目的地的天气、环境、人文等信息以及旅游观感等。②旅游产品(服务)的在线销售。网站提供旅游及其相关的产品(服务)的各种优惠、折扣,航空、饭店、游船、汽车租赁服务的检索和预订等。③个性化定制服务。从网上订车票、预订酒店、查阅电子地图到完全依靠网站的指导在陌生的环境中观光、购物。这种以自订行程、自助价格为主要特征的网络旅游在不久的将来会成为国人旅游的主导方式。能否提供个性化定制服务已成为旅游网站特别是在线预订服务网站必备的功能。

(2) 语音电子商务

所谓语音电子商务,是指人们可以利用声音识别和语音合成软件,通过任何固定或移动电话来获取信息和进行交易。这种方式速度快,而且还能使电话用户享受互联网的低廉费用服务。对于旅游企业或服务网站而言,语音电子商务将使电话中心实现自动化,降低成本,改善客户服务。

语音商务的一种模式是由企业建立单一的应用程序和数据库,用以作为现有的交互式语音应答系统的延伸,这种应用程序和数据库可以通过网站传送至浏览器,转送到采用无线应用协议(WAP)的小屏幕装置,也可以利用声音识别及合成技术,由语音来转送。语音商务的另一种模式是利用 VoiceXML 进行网上冲浪,这是一种新的把网页转变成语音的技术协议,该协议目前正由美国电话电报、IBM、朗讯和摩托罗拉等公司进行构思。专家断言:"虽然语音技术尚未完全准备好,但它将是下一次革命的内容。"

(3)移动电子商务

所谓移动电子商务,是指利用移动通信网和互联网有机结合来进行的一种电子商务活动。网站电子商务以个人电脑为主要界面,是"有线的电子商务",而移动电子商务则是通过手机、PDA(个人数字助理)这些可以装在口袋里的终端来完成商务活动的,其功能将集金融交易、安全服务、购物、招投标、拍卖、娱乐和信息等多种服务功能于一体。随着移动通信、数据通信和互联网技术的发展,三者的融合也越来越紧密。如今移动电子商务已经成为电子商务的重要模式及未来主流趋势。

(4)多媒体电子商务

多媒体电子商务一般由网络中心、呼叫处理中心、营运中心和多媒体终端组成,它将遍布全城的多媒体终端通过高速数据通道与网络信息中心和呼叫处理中心相接,通过具备声音、图像、文字功能的电子触摸屏、计算机、票据打印机、POS 机、电话机以及网络通信模块等,向范围广泛的用户群提供动态、24h 不间断的多种商业和公众信息,可以通过 POS 机实现基于现有金融网络的电子交易,可以提供交易后票据打印工作,还可以连接自动售货机、大型广告显示屏等。

为旅游服务的多媒体电子商务一般在火车站、飞机场、饭店大厅、大型商场(购物中心)、重要的景区景点、旅游咨询中心等场所配置多媒体触摸屏电脑系统,根据不同场合咨询对象的需求来组织和定制应用系统。它以多媒体的信息方式,通过采用图像与声音等简单而人性化的界面,生动地向旅游者提供范围广泛的旅游公共信息和商业信息,包括城市旅游景区介绍、旅游设施和服务查询、电子地图、交通查询、天气预报等。有些多媒体电子商务终端还具有出售机票、车票、门票的功能,旅游者可通过信用卡、储值卡、IC卡、借记卡等进行支付,得到打印输出的票据。

二、在线旅游

(一)在线旅游概述

1. 在线旅游的定义

在线旅游(online travel agency,OTA),是旅游电子商务行业的专业词语,指"旅游消费者通过网络向旅游服务提供商预定旅游产品或服务,并通过网上支付或者线下付费,即各旅游主体可以通过网络进行产品营销或产品销售"。OTA 的出现将原来传统的旅行社销售模式放到网络平台上,更广泛地传递线路信息,互动式的交流方便了客人的咨询和订购。OTA 其后拓展为更丰富的形式和内涵,成为在线旅游业。

截至 2020 年 3 月,中国网民规模为 9.04 亿,互联网普及率达 64.5%,庞大的网民构成了中国蓬勃发展的消费市场,也为数字经济发展打下了坚实的用户基础。随着旅游业与互联网的发展,在线旅游行业竞争日趋激烈,人们也逐渐习惯于通过在线旅游购买旅游产品和服务。

2. 在线旅游类型

根据在线用户体验过程可将在线旅游行业分为六大类，即在线旅行社、旅游垂直搜索、在线直销平台，旅游点评 UGC、在线生活服务商和旅游目的地平台[150-151]。

(1) 在线旅行社

在线旅行社，主要以携程、艺龙、同程为代表。此类网站所扮演的是渠道中间商的角色，通过网络集中大量的目标客户，向上游供应商要求更低的折扣价格，再以比线下更优势的价格销售给顾客，赚取中间的差额利润。

(2) 旅游垂直搜索

垂直搜索引擎是针对某个行业或组织，提供行业专业需求或者业务需求的专业搜索引擎。它是搜索引擎的细分和延伸，也是对某类网页资源和结构化资源的深度整合，可为用户提供符合专业操作行为的信息服务。

旅游垂直搜索与通用搜索相比，最大特点在于其提供的搜索结果是从其他在线旅游中提取的信息内容本身，而不仅是网页或内容所在的网络地址。同时由于垂直搜索是针对特定网页进行的搜索，而在每一个行业中集中提供信息内容的网站都是有限的，因此每个行业中信息最多、内容最全的几大网站就成为被垂直搜索的对象。旅游垂直搜索企业主要以去哪儿和酷讯为代表。

(3) 在线直销平台

在线直销平台是将旅游产品直接通过网络销售，与在线旅游服务商模式不同的是卖方不再是中间商，而是直接的供应商，即传统旅游企业。比较典型的在线直销网站就是航空公司、连锁酒店集团等，如 7 天、如家和锦江之星。

(4) 旅游点评 UGC

UGC(user generated content)意为用户生成内容，对于在线旅游行业而言即为旅游社交和分享，是让用户通过网络把旅游行程的见闻和经验发表在网站上，分享给更多的旅游爱好者，进而帮助他们制定旅游计划，是在线旅游行业的突破。这类企业实质是一种旅游资讯网站，大多有自己的商业特色，如马蜂窝主打"旅游攻略"为旅游爱好者提供精彩的攻略，驴评网注重"酒店点评"来分享真实的住店经验，到到网则推出"酒店中国通"帮助顾客直接联系到酒店。

(5) 在线生活服务商

在线生活服务商分为团购平台、打车平台和租车平台三个部分，如美团、滴滴打车等。在线生活服务商利用庞大的客户群体纷纷涉足旅游行业，在线生活服务商已成为旅游行业中重要的一环。例如，美团旅行 2017 年正式涉足旅游业，为年轻旅行者打造一站式旅游平台。美团点评酒旅事业群已经成为国内在线旅游市场上不可忽视的巨头。2017 年一季度，又新增 1000 万用户，美团点评酒旅业务至今已经积累 8000 万活跃用户，现今业务涵盖住宿、境内度假、境外度假、大交通四大业务。

(6) 旅游目的地平台

旅游目的地网站是旅游所在地建立的提供旅游信息资源和旅游信息服务的应用系统。网站将代表区域范围内所有的旅游管理部门、景区、相关企业，以旅游所在地品牌作为营销主体加入整个旅游市场的激烈竞争中。旅游目的地网站不仅向游客提供与旅游相关的信息服务，包括组团、餐饮、住宿、旅游、娱乐等多项一站式服务，同时也为旅游相关企业搭建一个面向游客进行信息发布、服务展示和交易的服务平台，还能够提供虚拟旅游、政策法规服务等。如陕西旅游网分为智游陕西、品阅陕西、影像陕西、线路攻略、文旅资讯、旅游保障、旅游扶贫和APP下载八个版块。在智游陕西版块中，提供了景区、美食、住宿、演出、购物、玩乐、交通等一站式服务；品阅陕西版块中，介绍了陕西的地理、自然、历史、旅游资源，并根据地域划分为关中、陕南、陕北三个区域，对区域内的旅游目的地进行介绍；在影像陕西中，设置了虚拟旅游、视频、图库三个类别，利用多种媒体类型全方面介绍了陕西的自然、人文景观和历史；线路攻略版块里提供了精品线路和攻略游记，让用户能够通过他人分享的游记选择更加适合自己的线路；文旅资讯中则提供了新闻资讯、文旅动态、通知公告、政策法规、城市活动和专题策划；旅游保障中为用户提供了天气预报、空气质量、旅行社查询、导游查询等旅游帮助，以及交通查询、火车票预订、汽车票预订、飞机票预订等交通信息和投诉电话，快捷实用；旅游扶贫页面则介绍了陕西省利用旅游帮助扶贫的政策举措。

(二)在线旅游应用状况

1. 基本应用

随着用户群体从PC端向智能手持设备方面的大量转移以及旅游用户预订习惯的转变，移动互联时代的在线旅游市场极大改善了用户的消费体验，移动互联在OTA模式中占据了重要位置[152]。

(1)*移动定位服务*

基于位置的服务(LBS)被称为移动定位服务，通过一组定位技术获得移动终端的位置信息，以移动通信网络和卫星定位的系统结合来实现，实现各种与位置相关的业务。在旅游中基于位置的移动定位服务包括导航服务、位置跟踪服务、安全救援服务、移动广告服务、相关位置的查询服务等。例如，根据当前定位位置，通过在线旅游服务商的APP等相关应用，可以查询附近酒店、旅游景点、娱乐设施等相关信息。在进行选择预订时，可以导入地图应用，实现空间到达查询。

(2)*移动支付*

移动支付通常称为手机支付，就是用户使用移动终端(一般是手机)对所消费的商品或服务进行账务支付的一种服务方式。移动支付对实物货币有着可替代的作用，不受时空限制，具有先天的优势，在当前的消费行为中起着重要作用，移动支付服务的水平已经成为改善用户体验的关键组成部分。

(3)*移动信息服务*

移动信息服务是指用户在移动过程中自动接收得到的来自广告商或其他以目标客户为对象的机构的相关针对性信息。例如，很多人进入某地会自动收到当地的欢迎信息。移动互联网最关键的应用是高度个性化、高度相关性的信息传递，这些信息由客户定制，包括客户个人信息及其想达到的目的。因而，对目标客户或者是进入一定旅游区域的用户进行相关信息的推送，可以引导其消费行为的产生。

(4)*信息互动服务移动*

这是一种基于移动互联网为目标用户发布大容量及强交互性内容的信息发布服务。相关数据显示，旅游市场传统业务交易量的增长率逐年下降，而自助游呈现爆炸式增长。当前的网络问答社区以及搜索服务为自助游提供信息支持的同时，更是这个时代用户对于个性化的追求。通过移动互联网服务，旅游者不必在旅游出发前费事地进行旅游行程的详尽安排，就可以直接出发开始自由旅行。

2. 新兴应用

相关移动技术的日益成熟，以及为了更好满足用户需求，在线旅游服务商们为用户提供了相当多的新兴应用。这些应用主要以多元化、多点式的 APP 客户端为主，应用中包含了航班、酒店、旅游产品、攻略、图片分享等各个环节和产品，在产品的使用上进行了大量优化，提升用户体验[153]。

（1）语音搜索

语音搜索服务给用户提供了技术门槛很低的服务。即便没有使用互联网的用户，也可以通过语音获得搜索的服务甚至电子商务的服务，这些用户以后可能会在语音搜索服务的引导下直接跨过互联网行业，由语音加短信和彩信的服务方式直接升级到无线互联网的方式，语音搜索服务已成为无线互联网比较大的驱动力，尤其对于低龄化和老龄化的用户。语音技术正在越来越多地服务于旅游搜索。携程基于科大讯飞的技术开发出无线 4.0 的语音搜索服务，用户可以用一句话概括出什么时间、什么地点需要订酒店，或是机票、高铁票的出发时间以及出发地、目的地，应用会在识别后很快给出查询结果。微软旗下的必应搜索最近公布了一组用户使用语音进行旅游搜索的数据：过去一年，英国用户使用微软语音助理 Cortana 在移动设备上的酒店搜索次数呈现了 343% 的年增长，而相应的机票语音搜索次数也实现了 277% 的年增长。

（2）个性化推送

随着大数据在商业分析领域的大量应用，个性化推送在当前电子商务领域并不鲜见。根据用户的搜索、浏览、购买历史，分析用户相关兴趣爱好，将与用户相关的旅游信息（特别是折扣优惠）直接推送到用户面前，增加用户黏度的同时，进一步提升用户体验。

（三）在线旅游与智慧旅游

在线旅游是智慧旅游的前端，智慧旅游利用在线旅游发布旅游信息，提供旅游服务，销售旅游产品、收集用户数据。在线旅游网站一般包含信息发布、在线服务、电子商务、互动交流、系统分析五个模块。

（1）信息发布模块

信息发布模块用于发布旅游信息，包括旅游相关政策法规、景区公告、促销信息、行业信息等；也可以推荐旅游线路，介绍各地风景民俗、特产；或展示各地风景照片、视频，甚至利用 VR 技术提供虚拟旅游。游客可以根据这些信息更好地选择旅游目的地，旅游服务提供商也可以利用这一模块进行旅游宣传。

（2）在线服务模块

在线服务模块能够提供汽车、火车、飞机等交通查询；也能提供天气预报查询，帮助游客合理安排出行；还能提供意见反馈、投诉服务。

（3）电子商务模块

游客可以通过电子商务模块进行酒店、车票、机票预订，还可以租车、参团或者定制旅游线路，甚至还能进行餐饮、会议、停车位、导游、特产购物预订。旅游服务提供商通过这一模块向游客销售旅游服务产品，游客在线预订、支付费用后即可获得相应服务。

（4）互动交流模块

在线旅游网站提供了个人主页或者旅游论坛等功能以满足游客畅所欲言、交流旅游心得、发布游记的愿望。

（5）系统分析模块

系统分析模块可以根据游客历史数据、景区接待量、流量走势、天气预报、节假日等因素，参考门票、酒店、餐饮、导游、停车位的预订量，分析预测未来游客流量，帮助景区做好工作规划，避免因预判不足影响景区游览质量；也可以根据网站的访问量、登录IP地域、被搜索引擎搜索的频率等分析判断网站知名度、影响范围等信息。

三、旅游APP

（一）旅游APP概述

1. 旅游APP概念

APP的英文全称为APPlication，常被翻译为应用、应用服务、应用程序或应用软件等。旅游APP是指智能移动设备上用以提供旅游相关信息、服务、产品的第三方应用程序。旅游APP拥有在线旅游的全部功能，而且在此基础上增加了导游、导航等服务功能[154-155]。

随着智能手机和移动网络的不断发展，旅游APP成为旅游行业发展的必然趋势。2012年，以携程、去哪儿、艺龙、同程为代表的在线旅游企业先后发布无线战略。目前，绝大部分旅游网站都已经开发了相应的手机应用APP。2019年5月，"携程旅行"APP在旅游出行综合类APP榜单排名第一，其活跃人数达7031.2万人。"去哪儿旅行"和"同程"等位居第二与第三（图4-1）。

排名	应用	活跃人数（万人）	排名	应用	活跃人数（万人）
1	携程旅行	7031.2	6	途牛旅游	725.5
2	去哪儿旅行	4369.7	7	艺龙旅行	272.6
3	同程旅游	1933.3	8	Trip Advisor猫途鹰	141.3
4	飞猪旅行	1152.1	9	百度旅游	69.1
5	马蜂窝自由行	1004.4	10	驴妈妈旅游	32.5

图4-1　2019年5月中国旅游出行综合类APP活跃人数排行榜（TOP10）

（图片来源于艾媒北极星互联网产品分析系统）

2. 旅游APP类型

旅游APP根据用途主要分为四大类。

（1）预订类

旅行过程中，住、行是最先要解决的两大问题，预订机票、车票、酒店是其中不可或缺的环节。携程、去哪儿、飞猪、美团等预订类在线旅游服务提供商都开发了相应的手机应用 APP，基于原有的大量用户资源，它们的推广速度相当迅猛。由于它们本身已经有稳定的合作伙伴、客户和商业生态，商业模式清晰，营收有道，且预订项目不仅与个人旅游相关，更兼有商务差旅的目标市场，因此，这一类旅游 APP 发展稳定、市场占有率高。

(2) 工具类

工具类 APP 功能单一，特色鲜明，旨在应对旅客在旅行中会产生的个别细节需求，如"穷游行程助手"APP，可轻松记录行前事项、出行物品、购物清单等作为备忘；"旅行翻译官"APP，以翻译旅行中会遇到的外语、方言的词汇、语句为卖点；如"车来了"APP 等可以查询地铁公交线路图、车辆到站情况的应用，简单易用，可省去出行中的诸多麻烦。

(3) 攻略类

这里所说的攻略，是指由开发者撰写或者汇编内容成集，供用户浏览或下载的应用。由用户直接贡献游记"攻略"的类型被划分到分享类中。相较于主题分散、针对性较弱等 UGC 的特点，官方撰写或汇编的攻略主要注重基于目的地的衣、食、住、行全方位系统介绍，实际上内容十分有限，尤其是住宿、餐饮方面，基本无法面面俱到，但对于多数的旅游者，这种全景式的描绘或许正是他们所需要的。Touch China 的"景点通"和"多趣旅行"分别以景点和城市为侧重点，主打官方提供的目的地导游功能，同时也兼有 LBS 的酒店餐饮签到、分享作为内容补充。

(4) 分享类

旅游本身是一件极其容易使人们留下点东西的事情，包括文字游记和摄影图片，大多数网民也非常愿意在社交网站上分享出旅游行程中记录的数字信息，让亲朋好友们知晓。正因如此，一个平台似乎并不需要惧怕没有人来丰富这些内容。一打开均是醒目的游记标题和大图，出自其他用户之手，若有兴趣可随意翻阅；也可以分享关于自己旅行的相关记录，其中有些很细致地设计了包括行程表、行走定位在内的记录功能等。

(二) 旅游 APP 与智慧旅游

由于智能移动终端的便携性，与在线旅游相比，除了具备在线旅游的功能之外，旅游 APP 具有以下优势及功能增加[156]。

1. 预订类旅游应用

与旅游网站预订相比，APP 最大的优势在于可以随时随地预订，更符合用户当即决策的思路。根据携程旅行网数据显示，大量用户通过手机客户端浏览景点、周边路线等指示，进而直接预订旅游产品，通过手机预订旅游产品的人数已超过使用旅游网站预订旅游产品的人数。

2. 导游类旅游应用

这里的"导游"已颠覆了传统导游的概念，而成为地图、导航、语音解说、行程规划等各种功能的叠加。通过旅游应用，用户可以将手机的照相镜头瞄准身处位置的四周环境，手机屏幕上便会显示出附近的主要景点、商店、餐厅、地铁等信息，然后点选这些景点、商铺，便可获取详尽资料，使用户可以更方便、更直观、更快捷地获得引导。

3. 分享类旅游应用

通过记录下每张图片的 GPS 位置，系统自动在地图上将行程足迹串联起来，最终自动生成一张完整的足迹图和带时间轴的照片墙，真正实现边走、边记、边分享（与社交旅游有一定的重叠）。通过上述分析不难看出，旅游应用更全面地覆盖了整个旅游服务产业，轻松实现了在线旅游中的弱势（旅途中服务），且更好、更清晰地实现了旅游前预订、旅游后分享的功能，使用户随时随地都可以享受旅游服务带来的便捷和快乐。

四、新媒体

（一）新媒体概述

1. 新媒体的定义和特征

"新媒体"一词最早是在1967年由美国哥伦比亚广播电视网技术研究所所长戈尔德·马克提出的。一开始新媒体主要是由媒体相关的专业人士接触及使用，随着计算机和互联网技术的发展，普通大众开始利用计算机、平板电脑、手机等终端设备来传递信息。

新媒体的"新"是相对于报刊、广播、电视、户外等传统媒体而言的。新媒体可以从狭义和广义两个层面来理解，狭义来说就是指建立在数字技术基础上的，通过互联网、无线通信网、卫星等渠道，利用计算机、手机、平板电脑等终端设备进行信息交互式传播的媒体形态，如数字杂志、数字报纸、数字广播、手机短信、移动电视、网络、桌面视窗、数字电视、数字电影、触摸媒体、手机网络等。从广义上来说，就是利用数字技术向所有人提供信息传播的载体[157]。

新媒体具有以下特征：

（1）交互式

新媒体的信息传播不再是单向传播，而是双向传递。传播方和接收方之间可以互相交流数据信息，产生互动。

（2）个性化

新媒体用户可以作为传播方自由发布信息和观点，也可以评论或转载他人发布的信息。信息传播行为由用户根据自己的喜好决定，个性化明显。

（3）实时性

新媒体信息传播速度极快，新媒体运营人员发布信息后用户就可以实时接收到信息。

（4）智能化

新媒体能够利用互联网、大数据、人工智能、物联网等技术更好地进行信息的采集、提取与挖掘，完成资源的高效利用，更好地满足用户需求。

（5）多媒体

新媒体的传播内容多样化，文字、图片、音频、视频等元素都可以单独或组合传播，类型丰富。

2. 新媒体的类型

根据媒体功能对新媒体进行划分，可以分为以下几种类型[158]。

（1）自媒体新媒体

自媒体（又称"公民媒体"或"个人媒体"），是为个体提供信息生产、积累、共享、传播内容兼具私密性和公开性的信息传播方式，是指私人化、平民化、普泛化、自主化的传播者以现代化、电子化的手段向不特定的大多数或者特定的单个人传递规范性及非规范性信息的新媒体的总称。自媒体是普通大众自由提供、分享自身事实、新闻的途径，是平民化、个性化的传播。自媒体门槛低、运作简单、交互性强、传播速度快，任何人都可以利用自媒体工具发布信息，进行交流。同样依赖网络 Web2.0 的支持，自媒体几乎完成了新媒体能完成的所有任务。用户由被动地接收互联网信息向主动创造互联网信息发展，从而更加人性化。自媒体与同样以网络为依存的新媒体相比，它拥有了更大的话语空间与自主权，使用者可以自由构建自己的社交网络等。自媒体成为平民大众张扬个性、表现自我的最佳场所。自媒体的"自"还可以理解成"自由度"较之过去的"新媒体"有了明显的改善。

论坛、博客、微博、微信以及各类视频网站是目前主要的自媒体表达渠道，尤其是微信在中国的发展态势迅猛，国家政府机构已经开通了很多政府微信公众号用以发布信息。网络的隐匿性给了自媒体用户"随心所欲"的空间。因此，自媒体所传播的信息鱼龙混杂、良莠不齐、真假莫辨，可信度有待提高。

(2) 工具新媒体

工具新媒体是通过网络为用户提供信息搜索、汇聚、使用甚至能证实信息真伪的工具，主要包括聊天工具媒体、下载工具媒体、系统工具媒体、翻译工具媒体、网吧工具媒体、软件工具媒体等。

(3) 知识新媒体

知识新媒体是以提供知识为基本功能的新型媒体，是一种百科全书式的知识聚集方式。常用的百科网站是维基百科、百度百科、360百科、互动百科等，他们为用户免费提供客观而全面的百科知识。

(4) 移动新媒体

移动新媒体是利用移动智能终端进行信息传播的媒体形式，包括了移动搜索、手机报、微博、微信以及手机电视、移动多媒体广播电视等移动视听新媒体。根据信息载体的不同，移动新媒体可以分为手持移动新媒体和机载移动新媒体。手持移动新媒体是利用智能手机、平板电脑等设备进行信息传播的，具有便携、互动、私密、跨媒体、可支付等特点；机载移动新媒体利用机载移动电视进行信息传播。例如，公交移动电视、列车移动电视、轮船移动电视和航空移动电视等。

(5) 社交新媒体

社交新媒体是人们用来进行信息交流活动和从事社会交往活动的一种网络工具，社交新媒体(特别是那些专门的社交网站)的强大互动功能，使新媒体用户可随时获得与他们相关的最新信息，并进行即时反馈，如讨论、留言、资料上传及分享给他人等。

(6) 互动新媒体

网络会议程序、QQ、微信、钉钉等社交媒体和网络游戏是互动新媒体的主要代表。互动新媒体以互动为特征，即时通信是实现互动的先决条件。随着互联网技术和智能手机的普及，社交新媒体和互动新媒体在形成舆论或者达成行动意向方面的影响力巨大，已成为社会管理者高度关注的媒体形式。

(7) 社群新媒体

社群新媒体有时也被称为社区新媒体。人们上网很多情况下是由于在现实世界找不到情投意合的同辈群体，于是就改到网上寻觅知音，从而形成了网上社群。能够帮助新媒体用户建立网上社群的媒体就是社群新媒体。

(8) 公共新媒体

公共新媒体是通过网络集合社会意见的新媒体。近年来，中国公共新媒体蓬勃发展，其中发展最为迅速的是新媒体电视。例如，北广传媒、世通华纳、巴士在线、DMG 四大运营商分享了绝大部分北京市场。

3. 新媒体价值

(1) 价值

就媒体本身意义而言，媒体是具备价值的信息载体。载体具备一定的受众，具备信息传递和传递条件以及具备传递受众的心理反应的空间条件，这些综合形成媒体的基本价值。这个载体本身具备其价值，加之所传递信息本身的价值，共同完成媒体存在的价值。

(2) 原创性

移动互联网新媒体之所以称之为新就在于原创性，区别于一般意义上个人或个别团体单独的原创性，应该是一段特定的时间内时代所赋予的新的内容的创造，一种区别于前面时代所具备的内容上、形式上、理念上的一种创新，更具备广泛意义的创新。

(3) 效应

效应是在一定环境下因素和结果而形成的一种因果现象。新媒体必须具备形成特定效应的特性，或者说新媒体必须具备形成一种更新的效应的特性。新媒体必须具备影响特定时间内特定区内的人的视觉或听觉反应的因素，从而导致产生相应的结果。网络在 20 世纪 90 年代中期接入中国，属于一种新型的信息载体，而且形成了巨大的效应，在特定区域特定时间内几乎改变了人们的生活方式，这种效应必然产生特定的结果。由于这个效应的变化发展，不排除新媒体可以发展成为主流媒体的可能，也就是新媒体在一定的时机也可以脱离新媒体概念限制。

(4) 生命力

新媒体作为媒体而存在，必须具有一定生命力，或长或短时期内必须有其存在期间的价值体现，而这个价值体现的长短就是生命周期。近几年中国媒体发展迅速，新媒体的发展日新月异，受媒体细分思维的影响，各种形式的创意嫁接层出不穷。但新技术并不能决定其存在的价值，在残酷的市场竞争中折戟沉沙的数不胜数，究其原因就是没有把握住新媒体的核心价值，盲目生搬硬套，导致媒体不具备一定的生命力。这些在混乱中夭亡的媒体不能算是媒体，更不能称其为新媒体。

4. 新媒体的应用发展阶段

新媒体经历了从 Web1.0 到 Web2.0 再到 Web3.0 时代，其基础设施、内容、交互性及传播模式均发生了明显的变化(表 4-1)。

表 4-1　新媒体的应用发展阶段

阶段	特征
Web1.0	拨号上网，50K 的平均宽带； 内容提供方式是平面传统媒体内容； 以编辑为中心，具有严格把关特色； 以门户网站为主要代表，"一对多"的传播模式； 是传统媒体向新媒体过渡的阶段

(续)

阶段	特 征
Web2.0	宽带上网，1M 的平均宽带； 由机构和个人共同提供咨询； 以互动交流为特点，"把关"比较模糊； 以 BBS 和博客为主要代表，"一对多"和"多对多"并存的传播模式
Web3.0	10M 的平均宽带； 提出"个人门户网站"概念，提供基于用户偏好的个性化聚合服务； 让个人和机构之间建立一种互为中心而转化的机制，有人认为个人可以从此实现经济价值； 以百度空间和 iask 为主要代表"一对多"的传播模式，但此时"一"为个人用户； 也有人认为带有"移动"的特点

（二）新媒体与智慧旅游

新媒体能帮助完善智慧旅游服务，使智慧旅游在落实过程中更加便捷，为游客提供更好的旅游体验[159]。

（1）建立良好的社群关系

绝大部分游客在制定旅行计划前都会前往新媒体平台上查看他人分享的旅行计划、游记和游后感，并以此为参考制订出符合自身要求的旅行计划。社群新媒体在这时候就发挥了重要的作用，很多旅游兴趣相同或是有相同旅行经历的网民往往会聚集在一起，分享自己的旅行计划、游记和游后感，这种行为无形中形成了某一景区的消费者口碑。除了在制订旅行计划的人可以以此为参考，分享者在这一过程中也会获得参与感与成就感，从而形成新媒体用户间互帮互助的良好社群关系。

（2）获取实时信息

新媒体用户可以随时随地通过新媒体平台获得旅游相关信息及服务。旅行前，游客可以利用新媒体平台搜索目的地信息、规划出行路线、预订酒店、购买门票；旅行中，游客能够实时获取景区当前人流状况及智能导游服务，在遇到紧急情况时还可以在线求助；旅行结束后，游客能获取本次旅行的历史观光路线、历史游览景区等数据。

（3）获得优质导览服务

游客在景区游览过程中能够利用新媒体平台获得优质的导览服务。新媒体平台会为游客提供导游讲解、视频播放及道路指示等服务。目前大部分景区还在使用语音导览系统，利用射频技术为游客提供清晰准确的讲解音频，但这种方式已无法满足现今游客想要获得视觉与听觉双重享受的要求，因此一些景区已经开始利用微信等新媒体平台为游客提供二维码导览系统等服务，让游客在游览过程中不仅能听到而且能看到。

新媒体平台还能为旅游服务提供商提供一个展示自己的舞台。随着抖音、快手等短视频 APP 的兴起，造就了一批网红主播，这些网红主播的粉丝量大、关注人群兴趣爱好相似，成了商家定向推广商品的首选。近年来，旅游有个新名词"网红+旅游"，顾名思义是利用网红群体的强大互联网平台（抖音、快手）的影响力，"网红种草，粉丝买单"。目前中国网红粉丝总人数已超过 6 亿人，53.9%粉丝的年龄在 25 岁以下。"网红+旅游"是利用网红带红旅游景点的商业形式，利用网红直播等，进一步扩大景点优势，提升品牌影响力，带动区域旅游经济发展。对于管理者来说，可以在新媒体平台中利用大数据技术对相关旅游行业进行综合数据分析，实现对旅游行业的动态监管，帮助制定相应管理政策、措施。也可以结合物联网、感应识别、地理信息位置服务等技术对游客总量、局部地区人流量等动态数据进行实时采集，为监控景区最佳游客承载量、最大游客承载量、各时间人流波动等提供帮助，并能向该地区游客定向发送相关信息。

思考与练习题

1. 简述在线旅游与旅游 APP 之间的关系和区别？
2. 简述新媒体在智慧旅游中的应用？
3. 结合国内的旅游搜索引擎发展状况，谈谈未来旅游搜索引擎的发展趋势。
4. 简述新媒体的应用阶段特征。
5. 请你结合国内旅游市场的状况，分析语音搜索服务对老年群体旅游发展的作用？

第三篇

智慧旅游应用

第五章

智慧旅游目的地

学习目标：

1. 旅游目的地与全域旅游关系
2. 智慧旅游目的地管理体系
3. 智慧旅游目的地营销
4. 智慧旅游目的地系统设计

核心概念：

全域旅游
智慧旅游目的地
目的地营销系统
目的地系统设计

导　读

　　全域旅游理念的提出是促使旅游产业从旅游目的地阶段向主题旅游阶段过渡的一个良好契机。它不仅使得产业在时空上集聚，同时也为旅游目的地的发展加入了个性化的需求，因地制宜，定制差异化、主题化的旅游产品。全域旅游时代，旅游业面临体制、产品、产业、服务和营销多维度的升级创新。从景点为依托的旅游目的地建设到全域旅游目的地建设，离不开智慧旅游的支持。智慧旅游目的地是全域旅游和智慧旅游理论和实践的深度融合，智慧旅游增加了旅游目的地的深度，全域旅游则扩展了广度。从智慧旅游目的地的角度看全域旅游的目的地建设是通过对旅游目的地全要素的有效整合形成旅游综合新产能。智慧旅游目的地的管理包括公共管理、信息管理、旅游者管理、行政管理、企业管理五个方面，通过打造有效的管理体系实现智慧旅游目的地的管理创新。智慧旅游背景下的旅游目的地营销方式应该是一种整合后的智慧营销理念。区别于单纯的网络电子营销，智慧旅游目的地营销是一种通过整合智慧旅游体系中核心能力后集合不同营销理念以达到旅游目的地与游客关系营销为目标的营销模式。以旅游者为中心，为旅游者提供全方位、全过程、智能化的旅游服务，是智慧旅游目的地管理组织需要解决的问题。

一、智慧旅游目的地概述

(一) 智慧旅游目的地

智慧旅游目的地是融合物联网、云计算、下一代通信网络、高性能信息处理、智能数据挖掘等技术，开发旅游体验、产业发展、行政管理等方面的应用服务于公众、企业和政府，使区域旅游物理资源和信息资源得到高度系统化整合和深度开发激活，使产业得到创新及结构升级，区域环境、社会和经济实现可持续发展的旅游目的地发展模式。智慧旅游目的地正是全域旅游和智慧旅游理论和实践的深度融合，智慧旅游增加了旅游目的地深度，全域旅游则扩展了旅游目的地的广度。从智慧旅游目的地的角度看全域旅游目的地建设是通过新的信息技术对旅游目的地全要素的有效整合以形成旅游综合新产能[160]。

(二) 智慧旅游目的地管理体系

智慧旅游目的地管理体系包括公共管理、信息管理、旅游者管理、行政管理、企业管理五个方面[161-162]。

1. 智慧旅游目的地公共管理

国内外旅游发达国家和地区对公共管理投入了大量的人力和财力进行旅游公共服务保障，中国旅游管理公共体系正在与国际接轨，但各个城市交通发展还是有明显的差异，所以需不断加强各个城市的基础设施建设和公共质量监管，使各个城市共同发展，达到国际化标准。旅游景点和指示牌要用多语言标识，公交、出租、火车等公共设施也用多语言标识。

2. 智慧旅游目的地信息管理

当前中国旅游业是以信息为基础的产业，需要建设和创新传统旅游企业的信息链接，进一步整理产品信息。需要建立一个完善的内部系统和信息发布平台，向社会提供优质的旅游目的地信息服务。电子产品开始在旅游目的地管理系统中应用，使得旅游业有了跨越式发展，提升了目的地企业的竞争力。所有旅游信息化的健康发展都离不开法律的制约，有必要制定完善的目的地旅游信息管理体系和规范，规范智慧旅游目的地旅游发展路径。

3. 智慧旅游目的地的旅游者管理

目前许多国家都形成了一系列的旅游者管理理论，比如美国、加拿大等国家采用旅游者管理活动程序、最优化旅游管理模型。这些国家共同建立了反映旅游者体验质量和资源条件体系，达成了最低接受标准，保证各个相应地区的现状，采取相应的管理手段和检测技术。到目前为止，这些管理模式都在指导着世界上许多旅游目的地的旅游者管理。根据节假日、天气情况分析目的地旅游者的流量和高峰期、低谷期。当旅游者来到旅游目的地时，采用感应技术对旅游者进行调控，为旅游者提供最优的旅游目的地信息服务。

4. 智慧旅游目的地行政管理

实现智慧旅游目的地行政管理部门的智慧办公，一是要加强行政管理平台建设和整体管理水平，相关部门应该统筹协调旅游业的发展，制订发展计划和标准，起草相关管理规定并践行监督实施，指导该区域工作；二是制定国内旅游、出入境旅游的市场开发策略，对外大力宣传旅游目的地信息，指导驻外旅游办事机构工作；三是规范目的地旅游市场秩序，监督旅游服务质量，维护旅游者的合法权益，规范旅游企业从业者的行为。全面负责目的地旅游安全的综合协调，指导旅游者应急救援工作；四是推动国际交流与合作，负责与国际旅游组织合作的相关事宜。依法审批国外人员在境内建立的旅游机构，并严格审查外商投资市场准入资格；五是应该制定和组织实施旅游人才的规划，指导旅游培训，制定旅游从业人员入职标准等。

5. 智慧旅游目的地企业管理

智慧旅游目的地管理中的企业管理要具备全球化视角，在企业发展初期，管理者要做好内部服务和功能层面的管理，同时要考虑如何使企业发展得更快，旅游企业面临不断变化的环境和制度，要求管理者不仅要做好接待工作和市场开拓工作，同时要具备战略眼光。这就要求旅游企业不仅要关注中国公民出入境旅游市场，还要放远眼光，关注对外开放市场，积极展开跨国经营活动。其中，互联网品牌的建设是中国旅游企业走出传统渠道的有效解决途径，互联网品牌的作用使品牌策略不仅为旅游企业广泛应用，同时还能引起旅游者更广泛的关注。为了完善智慧旅游企业管理，企业应该勇于尝试智慧化应用服务，可以给旅游者带来便捷服务的新模式，实现旅游服务智能化。同时还应该建设监测调度系统，监管系统包括导游管理、旅游方案管理、旅游车辆管理等，使旅游目的地各个系统正常运行，提升企业运行的安全性和稳定性，从而提高旅游企业的管理效率。企业也可以利用云计算、物联网、区块链建设旅游内部管理信息平台，实现各种数据的传递与共享。

（三）智慧旅游目的地营销

1. 智慧旅游目的地营销特征

（1）移动互联与形象营销的交汇

当今社会，信息端主战场从 PC 端转至移动端。移动浪潮滚滚而来，势不可挡。移动浪潮由移动互联网所推动。被誉为现代营销学之父的菲利普·科特勒曾经将营销的发展划分为以产品为中心的营销 1.0 时代、以消费者为中心的营销 2.0 时代和以价值观为中心的营销 3.0 时代。"互联网+"与传统行业的深度融合不仅使得企业的商业模式发生了巨变，而且营销模式也发生颠覆性的变化。市场竞争已不是孤立的产品竞争，而是升级为整体形象的竞争。现代科技是形象营销的孵化器和催化剂。当前，移动互联技术与形象营销理念开始深度交汇，移动浪潮的来临必将使得形象营销的重要性上升到新的高度，也将深刻变革着形象营销的方式[163-164]。

（2）移动互联助推旅游目的地形象营销途径

旅游目的地形象营销属于形象营销的范畴。旅游者获得有关旅游目的地的信息可以划分为 3 类：第一类信息为初始信息，是旅游者通过教育或非商业营销性质的大众文化、公众传媒、文献等信息源了解的有关目的地的信息，这些信息经过旅游者个体加工形成初始形象；第二类信息为诱导信息，是指目的地有意识地通过广告、促销、宣传向旅游者传递的信息，这些信息经过旅游者加工形成诱导形象；第三类信息为体验信息，是旅游者在目的地游览，通过亲身经历了解的有关旅游目的地的信息，这些信息在旅游者心目中形成体验形象。旅游者有关旅游目的地的形象是旅游者掌握的有关旅游目的地三类信息的综合评价。从营销传播和塑造旅游目的地形象的角度来说，媒体渠道主要通过诱导信息和体验信息来影响旅游者的旅游目的地形象评价。伴随着移动互联以及新媒体的兴起，2019 年互联网移动端广告占互联网总体广告花费的70%以上。移动设备和基于移动设备的服务如影随形，很大程度改变了传统媒体渠道作用于潜在旅游者的方式，移动互联必将成为旅游目的地形象塑造的主战场，基于移动互联的新媒体也将不断变革旅游目的地形象营销的方法和方式[165]。

（3）移动互联与旅游目的地形象塑造

移动互联时代使得旅游目的地面临的营销环境发生巨大变化。首先，营销环境变得移动化。旅游者可以随时随地接收或查阅来自旅游目的地的信息，不论是旅游者在工作、吃饭、乘车、睡前甚至上厕所的过程中。旅游者也可以随时随地预订目的地的产品，包括住宿、餐饮、门票等。通过移动互联新媒体查阅目的地信息和预订的方便程度开始影响旅游者对目的地的印象；其次，营销环境变得碎片化。传统上旅游目的地整体形象的塑造主要依托政府主导的总体形象定位以及借助权威媒体的传播，比如"好客山东""老家河南""晋善晋美"等总体形象在央视媒体的传播。在移动互联时代，旅游者的关注焦点变得多样化，特别是转移到对新媒体的关注。在移动互联时代，整合营销和全员营销的理念变得可行，与区域旅游发展相关的一切经营单位和相关单位都可以低成本建设自媒体宣传平台开展营销。一个朋友圈的游览评价，一个朋友圈游记转发，一篇有关旅游目的地的软文都有可能成为构建旅游者有关目的地形象的主要因素；最后，营销环境变得场景化。随着4G技术的普及以及5G时代的到来，旅游者尚未启程就可以通过在线视频、实时影像或者虚拟现实的方式更加全面和更加立体地了解目的地的信息，形成有关旅游目的地更加完备的形象[166]。

拥抱移动互联时代，除了充分把握移动互联使得营销环境发生的变化之外，移动互联浪潮中的旅游目的地形象塑造，重点需要做好以下工作[167-169]：

第一，积极借助移动互联新媒体开展形象营销。移动互联催生了基于移动互联技术的新媒体，这些新媒体以软件或者服务的形式跟旅游者紧密结合在一起，移动互联新媒体使得地球变得极度扁平化。这些新媒体包括以微信、微博等为代表的社交媒体，还包括直播（如映客、花椒）、视频（如火山小视频、美拍）、音频（如喜马拉雅、蜻蜓FM）等新媒体形式以及自媒体平台、问答平台等新媒体形式。特别是微信，几乎囊括了人们的一切，集合社交、网商、营销、支付、游戏等功能于一体，通过微信公众号建设自媒体平台纷纷成为各类旅游单位开展市场营销的主渠道，微信营销也成为一门学问。微信朋友圈可以成为旅游目的地口碑营销的主阵地，旅游目的地长期以来渴望基于熟人的效果良好、但是传播不广的口碑营销方式，现在借助意见领袖朋友圈和各种聊天群的转发，可以实现如同"蒲公英式"的快速远距离传播。

第二，创新型方案可以使旅游目的地迅速成名。在移动互联时代，人们相互之间更加紧密地连接在一起，那些有创意、有新意、能吸引眼球的旅游营销活动更能够迅速传播，一个很小的亮点性营销举措，也很有可能产生在传统媒体时代大投入、大制作都不一定能够达到的爆炸性营销效果。近些年，"网红"的频频现身就充分展现了移动互联传播渠道的巨大威力。旅游目的地的形象塑造需要转变传统媒体的大制作、大投入营销方式，比如山东海阳市通过新媒体制作的"我在海阳，你在哪里"的短视频，迅速引起关注和转发，收获了传统媒体即使高投入也难以达到的形象宣传效果。

第三,加强旅游市场监管,规避负面信息影响。移动互联对于营销传播来说就是一把双刃剑,"好事不出门,坏事传千里",区域旅游的负面信息越发容易在短期内快速传播,比如青岛的大虾事件和亚布力滑雪场事件等,一个小小的火星有可能对旅游目的地长期以来打造的美好形象构成巨大损伤。旅游负面信息源于旅游市场秩序的不规范,需要加大旅游市场秩序的治理力度。移动互联时代的信息传播特点,实际上使得各地区在旅游形象塑造的过程中更加有危机感,目的地负面信息的根治和管控与通过移动互联网新媒体塑造良好形象同样重要。

2. 智慧旅游目的地营销思路

智慧旅游背景下的旅游目的地营销方式应该是一种整合后的"智慧营销"理念。智慧营销是一种通过整合智慧旅游目的地体系中核心能力后,区别于单纯的网络电子营销,集合不同营销理念以达到旅游目的地与游客关系营销为目标的营销模式(图5-1)。

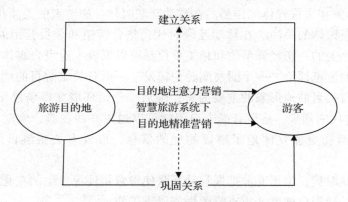

图 5-1 智慧旅游目的地营销

注:虚线表示智慧旅游系统作为营销背景的作用。
资料来源:林若飞,宋章海. 智慧旅游视野下旅游目的地营销的新思路[J]. 旅游世界:旅游发展研究,2013(2):76-80.

理念上,智慧旅游目的地营销应该包括注意力营销、精准营销、关系营销等思维方式。旅游目的地在思考营销策略的层面时,一方面,应该以注意力营销为基础,设计对游客有吸引力的旅游产品、事件活动、旅游形象等,利用智慧旅游体系中的营销类应用平台,将它们传递到目标客源市场;另一方面,借助智慧旅游的核心技术能力,旅游目的地可以实现精准营销,从而将那些在注意力营销下的感知者们变成潜在的游客和现实的游客[226]。

内容上,智慧旅游目的地"营销"与旅游电子营销有重合的地方,但更多的是在旅游信息化背景下电子营销的延伸与整合。电子营销或网络营销都体现旅游业在信息化过程中对信息技术的利用,但是它们是纵向的单一模式,横向上缺乏相互之间的融合,没有达到在智慧旅游下物联网与互联网融合后线上线下的一致。而人工智能技术的利用,使得旅游前、旅游过程中、旅游后的紧密互动更为有效[170-172]。

目标上,智慧旅游目的地"营销"是以实现旅游目的地与游客建立、发展、巩固关系的营销方式,即强调游客与旅游目的地之间 4R 的构建与完善:①relevance(关联):旅游目的通过智慧旅游体系中的平台和渠道，全方位地与游客终端取得联系；②reaction（回应）：利用智慧技术开发出的各类营销工具使游客对目的地有认知、有反应；③relationship（关系）：在游客旅游前、中、后形成某种感情上的关系，如满意的体验、赞美等；④reward（回报）：旅游目的地、游客双方都能获得回报。以此使智慧旅游目的地营销可以进行无缝的智能营销实现针对游客的个性化服务，并对其反馈做出评估与调整。

3. 智慧旅游目的地营销模式

（1）游客的形成路径

在旅游目的地营销过程中完成游客的三个转换是智慧旅游目的地营销的重要思路。即，普通人到感知者，再到潜在的游客，最后成为现实的游客。在每个不同的环节中旅游目的地所需要做的工作不是完全一致的，当然也不是完全孤立的。这个转换过程分4个阶段（主要是从游客的视角）：感知期、需求认知期、旅游决策期、游后反馈期（图5-2）。

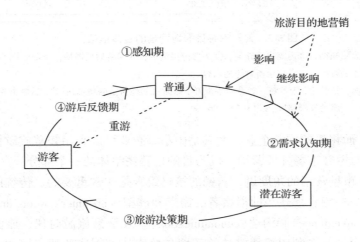

图5-2　智慧旅游目的地营销下游客的形成过程

注：虚线表示旅游目的地营销与潜在游客的再次相互作用。
资料来源：林若飞，宋章海．智慧旅游视野下旅游目的地营销的新思路[J]．旅游世界：旅游发展研究，2013（2）：76-80．

（2）游客形成过程中旅游目的地智慧营销的模式

旅游目的地营销的最终目的是吸引更多的游客前往目的地旅游，从而提高目的地的综合效益。游客是营销的对象，也是营销的结果。智慧旅游目的地营销整体框架归纳为：旅游目的地、营销策略、技术支撑、营销平台与游客沟通。其中，旅游目的地、营销平台与游客沟通是三个有形的层面；营销策略表示旅游目的地营销的方法；技术支撑则是智慧旅游的运行内核。以上5个方面为构建智慧营销提供了具体的内容。最后，将旅游目的地营销的4个阶段引入其中，把路径与技术内容衔接后构成整个框架模式（图5-3）。

旅游目的地：旅游目的地的营销主体应该包括当地的政府及相关旅游部门，同时包括智慧旅游发展下逐渐建立起智慧酒店、智慧旅行社、智慧景区和旅游的其他相关企业。其中，政府和相关旅游部门是目的地营销的主要部门，也是推动智慧旅游目的地建设的主导者。智慧景区、智慧酒店是目的地营销的重要组成部分，它们所提供的高质量产品与服务

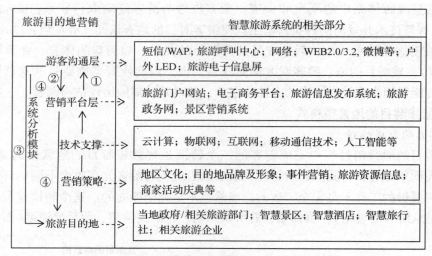

图 5-3　智慧旅游目的地营销的整体框架

注：①为感知期，②为需求认知期，③为旅游决策期，④为游后反馈期，来源于图 5-2 的 4 个阶段；虚线表示所对应的内容。

资料来源：林若飞，宋章海. 智慧旅游视野下旅游目的地营销的新思路[J]. 旅游世界：旅游发展研究，2013（2）：76-80.

都是其营销方式。而相关的旅游企业，尤其是中小型企业可以利用智慧旅游体系建立的各种营销/商务平台对游客市场开展营销，成为目的地营销整体的一个部分。

营销策略：从市场营销的角度讲，营销的策略组合是非常重要的。传统的旅游目的地营销常采用传统的 4C 组合形式，即消费者的需求和欲望（consumer's wants and needs）、成本（cost）、便利（convenience）和沟通（communication）。在智慧旅游时代，旅游目的地可以依靠传统的 4C 组合形式，利用智慧旅游的环境与核心技术创造新的营销方式。例如，注意力营销的 4C 与智慧旅游的结合：在产品设计上，吸收注意力营销的理念来设计差异性旅游产品和事件活动，在营销促销过程中注重借助当地打造的智慧平台推出"注意力旅游元素"（即能在短时间内吸引人关注的旅游亮点，可以是景点的故事、旅游目的地新闻，可以是特殊文化现象）来树立独特的品牌形象。而在营销渠道方面，可以在传统旅游代理商、经销商的平台的基础上，加入物联网的识别技术、人工智能等，开发一些新型体验式旅游广告、体验中心等具有实体的旅游信息传递渠道。

技术支撑与营销平台：狭义上讲，其实质就是智慧旅游的技术内核；广义上说，则是指智慧旅游目的地营销环境。二者是整个框架的核心与成功实现旅游目的地营销的基础。营销策略的实施需要通过物联网、云计算等成功地进入到营销平台。而游客从被动的感知到主动的认知以及在旅游过程中、旅游结束后的反馈都需要在智慧旅游环境的支持下才能更好、更有效地完成，因为旅游目的地的智慧营销将智慧旅游体系中核心技术能力整合到营销，就是它优于传统营销方式的地方。

游客沟通：游客或者说客源市场是旅游目的地营销的客体，是营销活动的目标。智慧旅游下目的地主体通过平台可以接触到游客的主要方式有旅游呼叫中心、旅游电子信息屏、网络和 WAP/短信等。

4. 智慧旅游对旅游目的地营销的影响

旅游目的地营销是从营销的起点到游客返回、反馈的过程，使普通者变为潜在游客，然后变为游客的过程。这一过程中，人数是呈逐级递减的，且游客数量递减程度的重大影响因素是营销的有效性。对传统的旅游目的地营销而言，在每个阶段的过渡中存在游客与目的地之间沟通、信息的传递等方面的缝隙，促使部分潜在游客的流失。也就是说，传统的旅游目的地营销无法深入影响普通者变成游客的转变过程，从而难以避免相当部分潜在游客及游客在该过程中发生数量上的流失。传统的旅游目的地营销方式是"推式"，即在将信息和资源传递给普通人的过程中，无法回避普通人对旅游营销中信息的选择性注意和潜意识回避等问题，同时部分转化而来的潜在游客在向现实游客过渡的过程必须对其有兴趣的旅游目的地相关信息和特征进行筛选和核对。这一方式在浪费其时间和资源的同时，也会对游客旅游过程中的情绪、旅游体验及旅游重游心理产生等带来潜在的负面影响。而智慧旅游的出现和目的地智慧营销的有效展开，可以在一定程度上填补游客形成过程中数量上的流失。在智慧旅游平台帮助下，散客的智慧终端工具可以连接到目的地智慧营销平台。一方面，普通人可以主动、被动地与旅游目的地的各类旅游信息、资讯等衔接，从而促使其快捷有效地进行有目的性的关注，防止信息缺失带来游客的流失；另一方面，旅游目的地可以有针对地开发新型网络营销工具与模式，利用终端完成目的地营销的各个过程。

在对比传统的旅游目的地营销和智慧旅游目的地营销的作用时发现，在挖掘潜在游客、防止潜在游客向游客转变过程中的流失方面，后者会有更好的表现。图5-4中的曲线1代表传统的旅游目的地营销后，普通人—潜在游客—游客的数量变化过程。曲线2表示普通人的数值在某个点，旅游目的地借助智慧旅游的环境，通过与目的地旅游产品、形象、事件等对普通人进行接触，即进行目的地的智慧营销。而在智慧旅游模式下，旅游目的地能够形成与游客更有效地沟通与互动，旅游相关信息传递更完善，跟踪与反馈更及时，从

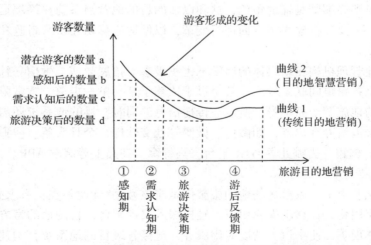

图5-4 智慧旅游目的地营销下的游客数量变化

资料来源：林若飞，宋章海. 智慧旅游视野下旅游目的地营销的新思路[J]. 旅游世界：旅游发展研究，2013(2)：76-80.

而促使普通人转变成潜在游客，游客及重游等过程中的数量发生改变，智慧旅游目的地营销将会增加潜在游客和游客数量。

5. 智慧旅游目的地营销系统

旅游目的地营销系统(destination marketing system，DMS)的概念在 1997 年由世界旅游组织(WTO)提出，然而学术界对于 DMS 还没有形成广泛统一的定义。在中国，金旅工程大力倡导 DMS，把 DMS 定义为"借助互联网和数据库技术、多媒体技术和网络营销技术，以网站为主要门户和表现形式，利用开放式体系架构，将互联网电视商务、网络营销、行业管理、信息服务等融合为一体，以跨媒体的低投入营销方式，获得高效完整的综合型应用系统，是针对旅游目的地(国家、区域、景区等)量身定制的整体营销和电子商务解决方案，是全国性的旅游信息化网络系统"。而这几年网络信息技术的快速发展，伴随着智慧旅游、"互联网+"概念的提出，旅游行业业态、网络信息环境、信息传播渠道都发生了巨大变化和调整，目的地营销系统已经转变为智慧旅游目的地营销系统(即智慧 DMS)。智慧 DMS 是以互联网为基础，大数据、云计算技术为手段，利用网络营销技术进行旅游宣传和服务的一种旅游信息化综合应用系统，服务对象包括各级旅游管理部门、旅游企业、旅游者和目的地居民。其主要目标是组合目的地区域的旅游资源和基础服务要素，塑造目的地旅游品牌形象，宣传营销目的地旅游产品，从而使目的地旅游产业在旅游市场上形成整体竞争力，为旅游消费者提供全时有效的旅游信息和移动便捷电子商务体验；为旅游企业提供线上交易平台和权威信息发布平台；为组织管理者提供电子办公平台，帮助进行决策分析等[173-174]。

与传统 DMS 相比，智慧旅游 DMS 系统具有以下优势[175-178]：

(1) 移动化

人们逐渐习惯于用手机上网来了解旅游景点、旅游攻略，通过手机预订门票和相关旅游服务，消费者的旅游出行习惯正被移动互联网变得碎片化和移动化，现今不仅信息和交通是移动的，同时人本身也是移动的。智慧 DMS 是以移动互联网为主要基础，移动端为表现形式，而电脑终端则是辅助角色，这和以往的目的地营销系统在终端运用表现形式方面进行了置换，需要在构建思想方面进行变革，以便适应移动互联网高速发展的形势。

(2) 多渠道

旅游目的地管理机构在新媒体的启发下也积极参与拓展微博、微信、社区客户端等移动端渠道，但是各渠道间联系较少，甚至过于依赖于某一单一渠道。常常陷入营销渠道的误区，忽略目的地旅游产品本身，所以在传播信息的同时，目的地系统还需要留下信息和客户，利用多渠道培养客户群，如微信、微博等社交软件，今日头条、搜狐新闻等新闻资讯聚合类 APP，携程、去哪儿等 OTA 平台，马蜂窝、在路上等旅游 APP。

(3) 应用化

旅游智慧化要求下，旅游目的地的旅游信息应该遵循"无时不在，有求必应"原则，对渠道功能实现应用化。让移动端应用可以轻松嵌入渠道平台，目的地的官方微信公众号实现模块化功能体现等，使渠道为功能应用服务，链接各级目的地系统，构建多元化、功能化的旅游目的地移动端应用商店集合。

(4) 客户库

搭建目的地旅游客户管理系统，将各种线上平台和移动终端应用的"粉丝"客户化。国外成功的 DMS 在建设运营过程中，把客户数据库建设放在重要位置，由此可以看出客户信息的重要程度。随着互联网的发展，网络用户激增，国内旅游管理机构也必须建立"客户"服务思想，因为这是精准营销的基础。DMS 的目的地客户管理系统通过各种线上和移动端渠道，收集客户各类信息（浏览记录个人喜好、游客特征等），记录客户服务和交互的过程（咨询、交易、反馈、评价等）。因为服务的过程就是营销的过程，通过构建客户管理系统，将线上"粉丝"客户化，实现客户群体划分，为精准营销提供基础。

(5) 增值化

流量分发和流量增值功能是智慧化的 DMS 应该具备的功能特征。据相关调查显示，去哪儿、携程、途牛等线上旅游服务平台每日流量排名在全国旅游类 APP 中名列前茅，同时，OTA 和旅游信息供应商的旅游产品目的地化趋势明显，加之在移动终端和 PC 端表现形式的多样性，为目的地营销系统提供了机会。由于当前 DMS 普遍存在过分依赖渠道而导致目的地旅游信息不能有效满足游客需求，最终造成 DMS 流量增值空间不大的问题。旅游目的地系统通过与 OTA 和旅游信息供应商衔接合作，达成双方共赢的局面。

(6) 位置化

在传统的 DMS 中，旅游企业的营销和目的地的形象宣传一直局限于 PC 端，但智慧化的 DMS 将 LBS（位置服务）融入旅游信息中，通过对游客的实时准确定位，让游客随时可以了解到自己周围的旅游产品信息，方便游客做出最优选择，同时也帮助旅游企业找到最可能实现消费的旅游者。

(7) 关联化

智慧 DMS 是以形象宣传、信息供给、产品营销为核心的流量分发与增值，以串联上下级目的地营销系统为纵向的协同关联，以链接 OTA、旅游信息服务商、移动终端等渠道为横向的导流和互动，建立纵横交错的关联化旅游目的地营销系统，实现数据信息的互通共享。

(8) 大数据化

由于传统数据存在主观性较强、误差较大、成本较高等缺点，导致信息供给与游客获取的不对称性，旅游企业经营具有盲目性、经验性等问题，而"大数据+旅游"时代的到来实现了旅游智慧化，利用大数据对游客进行多维度分析，包括客源市场定位、旅游市场细分、旅游营销诊断、项目可行性推演等，提升精准营销能力。大数据还可以对旅游舆情进行监控，通过对全网关注度、影响力的声量诊断，对传播路径监控分析，研判网民情感倾向，分析舆情参与者人群特征等，提升游客服务质量。

(四) 智慧旅游目的地服务

以旅游者为中心，为旅游者提供全方位、全过程、智能化的旅游服务，是智慧旅游目的地服务的主要目标。智慧旅游目的地服务至少应包括以下方面[179-180]：

(1) 信息发布

旅游者在进行旅游决策之前，旅游信息的获取是将其旅游需求转变成旅游活动的催化剂。智慧旅游目的地通过信息发布功能，全面整合旅游产品信息、旅游企业信息、旅游促销信息和旅游设施信息。以文字、图片、多媒体和虚拟现实技术为旅游者提供个性化的

"吃、住、行、游、购、娱"方案。旅游者可以随时随地登录网站了解详细的旅游产品服务信息，进行信息搜索查询，辅助旅游决策。在网站中，可以用论坛、留言板、机器客服等形式实现和顾客的反馈交流。

(2) 在线交易

智慧旅游目的地电子商务网站的在线交易模块主要是为旅游者提供在线预订等业务。首先网站可提供会员注册功能，同时接受网络预订、订单确认和网络支付。通过在线交易模块，使交易操作程序简便，交易环节合并压缩，交易成本大幅节省，形成量的优势。

(3) 投诉反馈

投诉反馈是旅游者认为旅游经营者损害了其合法权益，要求对双方发生的争议进行处理的行为。如果旅游者的投诉反馈没有得到妥善解决，就会使旅游者自身或影响他人不再对旅游目的地所提供的产品和服务进行购买。因此，投诉反馈模块能及时高效地接受旅游者的投诉建议，提醒旅游目的地管理组织及时响应处理，以达到消除旅游者不满的目的。

(4) 移动信息服务

游客在旅游目的地开展旅游活动应及时获得高品质的服务。通过移动信息服务更加便捷、迅速、人性化和品质化的服务，至少应包括旅游公共基础设施、基于LBS的旅游交通信息、旅游购物信息、旅游餐饮信息、酒店信息、旅游导览信息、旅游虚拟服务体验等，使旅游者通过智慧旅游服务更好地获得目的地旅游体验，延长旅游者的消费环节和消费时长，达到提升对旅游目的地的满意度和强化旅游目的地品牌意识的效果，实现旅游者和旅游目的地双赢。

二、智慧旅游目的地系统设计

(一) 系统设计原则

系统总体设计应充分考虑到旅游目的地的需求和有效地进行系统集成，实现各子系统的管理和信息最大程度的共享，便于今后系统的扩充及增容等，预留未来的功能扩展接口。在安全防范系统中所选用的各个功能子系统设备都应具有开放的通信接口。每个子系统以各自的主控系统为中心独立工作，同时通过集成与其他子系统有机地协同工作、联动防范，构成一个完整的旅游管理与服务体系。由于智慧旅游目的地系统具有功能的特殊性、联动的复杂性、集成的层次性等特点，因此必须考虑各子系统之间的开放性，实现智慧旅游目的地系统以及更高层次的系统的深度集成功能。总体设计原则可概括为：

先进性：在技术上应具有一定超前性，采用国际或国内通行的先进技术，以适应现代科学技术的发展。

成熟性和实用性：采用被实践证明为成熟和实用的技术和设备，最大限度地满足本项目现在和将来的业务发展需要，确保耐久实用。

开放性和兼容性：采用高度模块化设计，可与未来更换扩展的设备具有互联性和互操作性。

安全性和可靠性：智慧旅游目的地系统必须具有高度的安全性、可靠性和稳定性，包括系统自身安全和信息传递的安全以及运行的可靠性。

经济适用性：设备选型和系统设计要在确保满足用户需求、系统集成要求的前提下具有良好的性价比。

系统设备控制需要高效率、准确及可靠。应通过中央控制系统对各子系统运行情况进行综合监管，实时动态掌握各类信息。另外，系统的综合统筹管理可使设备按最优组合运行，在最佳情况下运行，既可节能，又可大幅减少设备损耗，减少设备维修费用，从而提高监管力度与综合管理水平。

（二）智慧旅游目的地总体设计

智慧旅游目的地主要包括办公及管理业务系统的电子政务平台、集旅游信息资讯和商务交易为一体的电子商务平台、应用集成和系统管理的综合管理平台及旅游综合资源数据仓库（数据中心）等。根据实际应用与业务需求，将各平台进行有机整合，实现资源有效利用与调度[181]。

1. 智慧旅游目的地建设主要目标

智慧旅游目的地建设做好三个服务：服务游客、服务主管单位、服务企业，从而提高旅游业务的综合管理和运营能力，创建优质的旅游生态环境，提升旅游的服务品质，进而推动地区旅游经济的快速、健康发展。

（1）服务游客

通过智慧旅游目的地建设，对旅游带动地区经济发展所涵盖的六大元素（行、食、住、游、娱、购）进行有序的整合，为游客提供便捷的服务，使旅游经济效应最大化。

（2）服务主管单位

通过智慧旅游目的地建设，提高旅游生态环境检测和保护能力，提高对游客及工作人员的安全检测和保护能力，提高对景区综合管理监控能力，提高旅游业务的营销和服务能力。

（3）服务企业

通过智慧旅游目的地建设，将企业经营与地区旅游进行有效结合，拓展企业的营销宣传渠道，为企业发展创造更多机遇。

2. 整体建设框架

智慧旅游目的地是全面推进旅游信息化建设实现跨越式发展的关键项目和基础工程，它涵盖了"三网一库"以及政务网站、电子商务网站等用户交互界面构成业务。从框架结构上看，智慧旅游目的地建设分五个层面（图5-5）。

数据采集层：主要由用户操作终端、物联网设备及旅游信息输入设备组成，为综合系统研判和处理提供数据来源。

网络通信层：负责前端设备与系统服务端的传输与通信。

数据分析处理层：作为综合数据库存储信息数据，同时对各类综合数据进行分析处理，形成有价值的参考信息。

信息展现层：作为信息数据的表现形式和管理形式，为用户提供使用平台。

业务应用层：为不同使用对象提供业务功能。

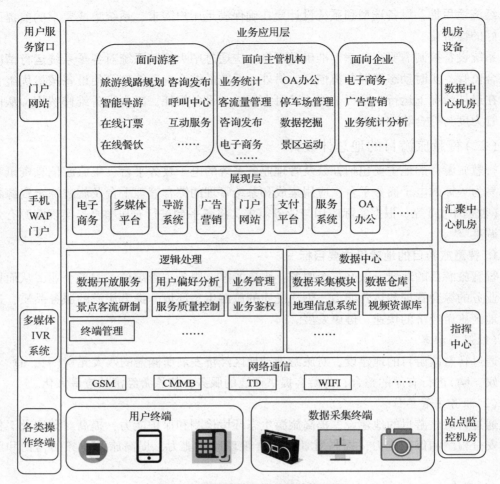

图 5-5　智慧旅游目的地整体框架图

3. 业务应用关系

智慧旅游目的地系统由主管单位办公网、业务管理网、电子商务网和游客服务系统四部分组成，围绕这四部分，构成了智慧旅游目的地电子政务网、电子商务网（以资讯和产品为核心）、旅游体验网（以景区为核心）三大主网以及围绕智慧旅游目的地工作重点和结合当前用户的迫切需求而衍生出来的招商引资网、旅游诚信网、节庆活动网、教育培训网和旅游人才网等，各网之间通过后台运营管理中心进行统一维护与管理（图 5-6）。

4. 总体应用结构

智慧旅游目的地系统通过政务内网、政务外网、管理业务网、交互/展示平台、综合资源数据库以及配套的支撑设施，为游客、旅游企业、投资者、主管单位提供配套的业务支撑，促进地区旅游经济的发展（图 5-7）。

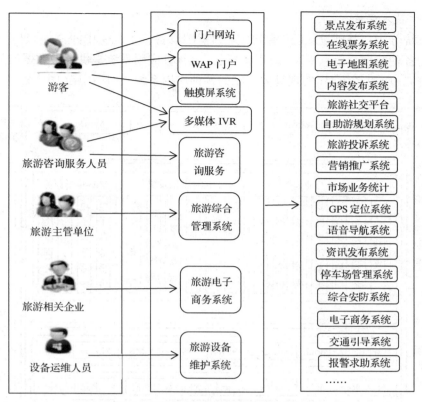

图 5-6　智慧旅游目的地常见应用关系图

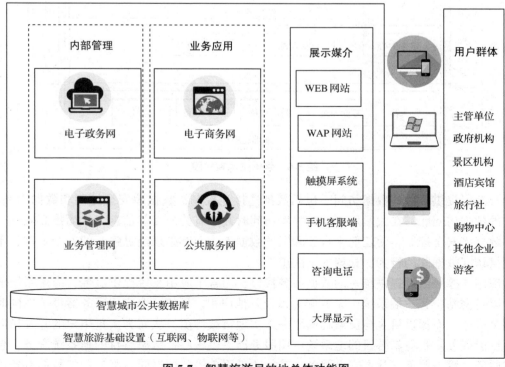

图 5-7　智慧旅游目的地总体功能图

(1) 整体技术架构

整体系统分为：基础设施层(系统所需的基础设备、系统、中间件等)、资源层(实现具体功能的各种数据与信息库)、应用支撑层(对所有应用系统提供各种数据访问功能的中心服务系统)、应用系统层(实现具体功能的各种应用系统)、应用层(图5-8)。

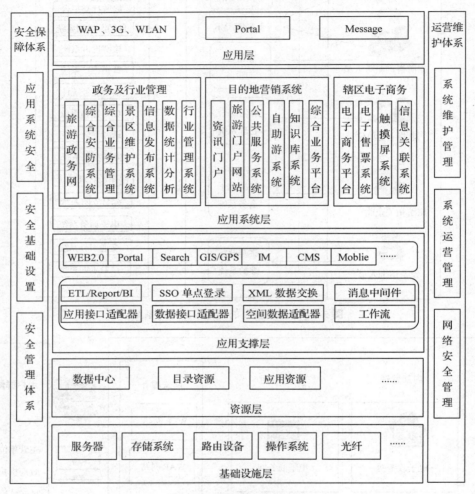

图 5-8　整体技术架构图

资源层提供集中的数据访问，包括数据连接池控制、数据库安全控制和数据库系统。集中的数据访问能够在大量用户同时并发访问时共享有关连接等信息，从而提高效率，集中的数据库安全控制，使任何来自互联网的数据库访问都必须经过强制的安全管理，不允许直接访问数据库的行为，杜绝安全隐患。

应用支撑层通过提供统一的数据服务接口，为各个应用系统提供服务，应用系统的表现可以是网站、客户端系统、Web 服务以及其他应用。任何一个应用服务器都可以同时启动多个服务，而通过目录与负载均衡服务来实现负载均衡，从而为大量用户的并发访问提供高性能服务。智慧旅游目的地系统应用服务器提供核心智慧旅游目的地系统服务，包括数据服务、管理服务、基本安全服务、其他业务服务等；数据同步服务器将数据有条不紊地同步到各个数据库;系统更新与版本升级服务器提供各个系统的版本升级管理,使任何一个系统都保持最新版本;Web日志分析服务提供用户访问分析,提高网站后期修改、维护、更新的针对性。

(2)网络拓扑结构

智慧旅游目的地系统网络设计采用应用数据、内部服务与外部服务分离的原则,系统的网站服务器、商务系统WWW服务器部署在防火墙的停火区(demilitarized zone,DMZ)、数据库服务器、政务网应用服务器、内部办公服务器等部署在防火墙的非军事区,严格设计访问规则,并配备入侵检测系统,以确保系统的安全(图5-9)。智慧旅游目的地系统集有关旅游信息的收集、加工、发布、交流和实现旅游的网上交易、拍卖和服务全程网络化为一体的综合性、多功能网络系统。参与各方为:政府主管部门、旅游企业(宾馆、酒店、旅行社、餐馆酒楼、娱乐场所、景点公司、票务公司、租车公司等)、游客(网站会员、访客、旅游客户)、银行和其他机构和个人。

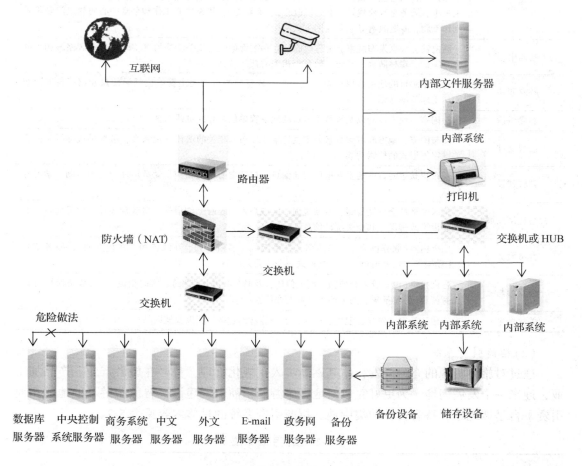

图5-9 网络拓扑结构图

(三) 功能目标及内容

1. 政务及行业管理系统

(1) 政务公开系统

政务公开模块以信息发布为主,通过栏目管理功能实现栏目的自定义建设,并且可以为每个栏目进行个性化的页面定制,通过用户和权限管理,对应的部门可以管理各自的栏目,信息发布和初审在部门内部完成,经过终审后进行发布,这样一方面可以保证政务公开的准确性,同时可以保证内容更新及时。政务公开模块包括的主要栏目见表5-1。

表 5-1 政务公开模块

栏 目	主 要 内 容
政务动态信息	重要活动(重要会议、领导活动等)、应急管理(突发事件处置、防灾减灾宣传、典型案例)、人事信息(人事任免、招聘招考)、网上直播(新闻发布会、重大活动、两会等)、监督检查(环境保护、公共卫生、安全生产、食品药品、产品质量等)、政府建设(职能转变、管理创新、民主决策、服务型政府建设、软环境改善)、专题专栏(围绕中心工作和公众关心的热点问题策划制作专题,专题具有导航和返回主页链接)
新闻中心	面向社会公众发布国家、地方政府信息和主管单位的相关新闻信息,以及与地区旅游相关的生态保护、森林防火、科研、教育等相关的新闻信息
政府职能	智慧旅游目的地主管单位组织机构图;智慧旅游目的地主管单位领导信息介绍;各部门职能、工作范围介绍
领导讲话	包括国家、地方政府以及智慧旅游目的地主管单位领导的讲话内容
法规文件	发布国家、地方政府和智慧城市主管单位发布的相关的法律法规条文,可提供按标题、内容关键字等形式的检索功能
党群建设	发布智慧旅游目的地主管单位党建信息,包括党委组织结构、党员培训、党委活动、学习等信息
社会经济发展	地区经济社会发展规划、专项规划、区域规划和政府工作报告,财政预决算、项目建设、城乡建设、改善民生和相关统计信息
办事服务	服务内容(服务目录、办事指南、办事流程、表格下载、在线咨询、在线查询)、服务整合(主题服务、快速通道服务、场景式服务、公共服务)
公众参与	咨询投诉(设立管委会信箱、网上信访,及时公开办理结果)、实时交流(可设置访谈栏目)、民意征集(意见征集、网上调查、网上评议)
关注民生	发布地区教育、医疗、卫生、保险、公益等基础建设情况以及地区精神文明建设的相关信息

(2) 招商引资系统

通过对旅游资源的充分开发,使其逐渐步入正规化管理,势必在旅游产业、产品加工业,迎来一个发展高峰。为更好完成对地区旅游的招商引资建设,智慧旅游目的地的招商引资平台是展现地区特有资源的集中地,招商引资系统的具体内容见表5-2。

表 5-2 招商引资系统

栏 目	主 要 内 容
投资环境	对地区历史、文化、自然、地理、旅游等相关优势环境的介绍。对地区招商的支持、优惠政策、经济、产品、销售等相关信息的介绍
招商项目	实现对地区招商项目包括对新招商项目的发布,对下线项目、招商成功项目、长时间未响应项目和新公布项目的管理和统计分析,并为招商规划调整提供依据

(续)

栏 目	主 要 内 容
优惠政策	国家、地区招商管理法的发布与维护,以及地区招商的优惠政策,工商、税务等相关部门对招商项目的法律法规
招商规划	与地区的发展规划相结合,对未来的招商项目进行整体规划、定义以及分类管理,根据规划要求,可以分门别类定义招商项目的框架结构,并重点突出项目建设的意义、开发时间以及预期效果
投资保障与成本	有关地区招商引资在地价、供水、供电、供热、用工等方面的估算成本
咨询洽谈	方便地区招商方、投资方之间的沟通,通过政务网对地区的各类招商项目,实现双方的网上联系、预约以及在线洽谈等相关业务
投资服务	为满足地区招商的需求,向投资者提供投资指南、审批流程、表格下载
项目库管理	**项目管理流程介绍**:对招商项目管理流程进行介绍,项目模板的下载 **项目申报**:招商项目在线填报,下载填报 **项目管理**:针对招商项目的项目查询、项目修改、项目删除,资料上传、下载、打印、文件上传、批量文件上传、文件下载、打印报表 **项目入库**:招商项目资料入库管理与备案 **项目统计**:对招商项目进行统计 **项目公开**:对招商项目可公开名录和内容进行公开

(3)旅游行业管理系统

旅游行业管理主要针对地区旅游从业单位、各景区及配套设施单位进行有效管理,为各单位办事提供便捷通道,及时获取行业信息与通知(表5-3)。

表5-3 旅游行业管理系统

栏 目	主 要 内 容
机构职能	旅游委员会、各景区公司、车辆公司、文化公司等介绍
旅游规划	规划动态、法规标准、规划概览、旅游资源、旅游项目、通知公告
政策法规	部门规章、地方性法规、规范性文件、行业标准、相关法规
行业管理	A级旅游景区评定、工农业旅游示范区评定、星级酒店评定、创建中国优秀旅游城市、旅行社管理、导游管理、相关手续在线申请
宣传促销	国内营销、国际营销、节庆会展
旅游统计	旅游预报、统计信息
教育培训	经理培训、导游培训、其他培训、考试查询
旅游投诉	投诉须知、投诉流程、投诉电话

(4)地区文化宣传系统

作为智慧旅游目的地系统应有一定的篇幅展现地区旅游资源,对地区历史文化、民俗风情、民间工艺、特色美食、绘画摄影、地方特产重点加以宣传(表5-4)。

表 5-4 地区文化宣传系统

栏目	主要内容
历史文化	介绍地区历史、民俗风情、文化产业、文艺作品、文化遗产、名人、地貌等信息
区域概况	介绍地理位置、生态环境、自然资源、历史沿革、基础设施、经济社会发展状况
景区景点	对主要景点景区以图片、视频、文字等方式展现给公众，吸引更多的游客前来参观
民俗风情	在系统平台上打造几条精品旅游线路推荐给公众，包括"吃、住、行、娱、购、游"一体化的旅游线路
特色美食	介绍地区的饮食文化以及特色美食，如菜系特点、地理位置、菜品等相关的信息
地方特产	介绍地区的土特产品、加工产品，可以与电子商务平台数据共享或直接跳转到电子商务平台供广大游客选购

（5）品牌宣传系统

品牌宣传系统具体内容见表5-5。

表 5-5 品牌宣传系统

系统	主要内容
旅游信息发布系统	旅游动态、旅游公告、行业信息、政策法规等多种分类信息发布，可自定义分类或无限级别设置，支持文本、图片、动画、视频等多种表现形式，各类信息内容可体现在任意网站频道或页面，前台发布十分简易，并灵活设置审核、发布模式
景区景点展示系统	按照景区的划分或推荐的旅游线路详细展示景区内各景点的风景特色、历史渊源以及文学典故等，支持文本、图片、动画、视频等多种表现形式，不拘一格。景区、景点展示不是一味平铺直叙，还可以与景区公告、相关游记、风景图片、经典视频甚至门票预订、特产购买实现同步互动，为游客提供最便捷的浏览操作和最具体的景点印象
景点导航演示系统	以全景式动画的表现手法，直观而生动地向游客演示整个景区的地理位置、景点分布及简短文字介绍等，从而能够让游客对整个景区的景点形成全面的了解
诗词游记管理系统	自定义分类或无限级别设置，各类专辑可体现在任意网站频道或页面，发布十分简易，并可设置指定游客或所有用户前台提交、审核、发布的机制。许多名山大川、古迹名胜往往都和许多令人回味的诗词歌赋、游记散文联系在一起
风景图片展示系统	全面展示景区美妙绝伦的风光照片，自定义图片无限分类形式，重要页面有幻灯片播放功能供选，更适用于让部分游客或所有用户上传自己的精彩作品，甚至可以专辑、专栏的形式推出，可同步进行图片文件的尺寸、大小、审核、发布等细节设置

（6）系统分析模块

系统分析模块具体内容见表5-6。

表 5-6 系统分析模块

系统	主要内容
游客流量预测系统	依据历史游客数据，根据景区接待量、游客流量走势、天气预报、国家法定节假日、民俗节日、宗教节日、景区节日等诸多因素，并参考门票、酒店、餐饮、导游、停车位的预订量，通过一定的模型预测出未来某月、某周、某日的游客高峰流量及低谷流量

(续)

系 统	主 要 内 容
系统流量统计模块	统计分析年、月、日、时段智慧旅游目的地系统的整体访问量，统计分析各平台的访问量，统计分析全球来访IP的区域，统计分析各主要搜索引擎对网站的搜索频率及相关地址，所有统计分析数据皆以统计图表的动画形式体现； 通过流量统计分析可判断网站知名度、分析网站影响范围、分析访问者关注重点，为进行各平台改版、内容调整提供重要的原始依据
系统调查分析模块	关键词分析功能； 多功能多项目调查功能； 搜索引擎提交到多个搜索网站功能； 访问日志分析

（7）办公自动化系统

为了更好地提高办公效率，节约人力资源，规范业务流程，应建立以企业为主体的办公自动化系统，旨在实现信息获取快速化、办公过程自动化、业务流程规范化、数据处理分析智能化、数据传输网络化、资源利用共享化、辅助决策科学化、信息发布现代化。

在一个办公流程中，文档、信息或任务等根据一组设定的规则在参与者之间自动传递，以实现整体的业务目标。通过引入办公自动化系统，帮助公司规范作业流程，减少差、误、漏，减免重复劳动，加快流程处理速度，提高工作效率和市场竞争力；增加对工作流程的控制，便于流程的整合，提升决策质量与正确度，从而达到提高效率和科学管理的目的。常见功能包括：规范业务流程、电子邮件、工作日程安排、资源管理、会议通知、公文传递、新闻发布、信息交流、横向联络、垂直指挥、车辆调度、视频会议、办公流程跟踪监控。

2. 游客电子服务系统

（1）游客公共服务系统

游客公共服务系统具体内容见表5-7。

表5-7 游客公共服务系统

系 统	主 要 内 容
交通信息查询系统	航班、列车、汽车等到达目的地的交通线路及信息查询，提供按出发地、目的地、出发日期及时间、到达日期及时间、航空公司、列车班次等多种查询方式
天气预报查询系统	检索查询景区或指定查询部地区的未来天气状况预报信息，为游客出行提供必要的天气参考，系统数据可依据网站定期自动或手动更新或由专业数据提供商提供并自动更新
在线旅游咨询系统	无论是普通游客还是景区的客服人员或是提供相关服务的商家，都能在这个平台上进行充分交流和良性互动，最终形成以人性化服务提供为宗旨，使咨询系统更具有服务价值
在线帮助查询系统	提供游客所关心的常见问题的分类检索及查询，可自定义信息分类或无限级别设置，可灵活实现多种关键字段的前台检索。系统查询数据初步由主管单位和各景区收集录入，系统运营后将在线咨询中陆续收集的各类型问题同步提交到查询数据库，不断更新的数据又将为游客提供更完善的查询支持，实现内容更新的有机循环
游客投诉反馈系统	游客可自定义投诉表单内容，后台统一发布，智慧旅游目的地系统任意页面体现，表单内容自动发送到指定职能部门的邮箱，也可存入数据库供后台查阅。游客的投诉信息可多个表单内容反馈到一个部门，也可以单一表单内容反馈到多个部门，完全由表单定制时决定

(2) 游客电子商务系统

游客电子商务系统具体内容见表 5-8。

表 5-8 游客电子商务系统

系　统	主　要　内　容
游客自助旅游系统	系统提供游客自定义旅游路线功能，当游客进入自助旅游系统，系统将通过电子地图展现区域内所有景区情况。点击任一景区，系统将显示该景区内各景点位置，及其周围住宿、餐饮、购物中心、停车场等的分布，游客可以根据这些信息自定义旅游路线，安排具体行程。当游客生成行程规划后，可通过行程路线各结点，实现景区订票、酒店订房、餐饮订餐等在线服务功能
景区网络订票系统	经过安全认证服务后可直接与景区自动售票服务器进行数据对接，网络订购门票功能，在购买流程中加入客户能自主选择路线并能自主选择喜欢的旅行社
酒店预定管理系统	与酒店使用的管理系统远程网络连接，使游客可在系统平台根据自己选择和调整的旅游线路预订便捷的酒店
餐饮预订管理系统	提供地区餐饮商户网站频道，体现商家的简介、资质、特色菜点、相关荣誉，甚至内设或房间的全景式动画展示，并能够在指定频道发布可预定的套餐规格、就餐人数、详细菜谱、价位、折扣方式、预定开放时间、每天预定的数量等信息。游客在填写身份信息后，可选择订餐日期及时间、套餐规格、详细菜谱、就餐人数等，最后进行费用的在线实时支付环节。收到预订信息后，商家将及时通过必要的联系方式与游客进行反馈或确认 经营餐饮的商家除了可以为游客提供餐饮预订，还可以提供住宿预订、会议预订、停车位预订等服务。餐饮预订管理系统极具运营意义。在传统的餐饮运营模式基础上，积极拓展网络空间，以打造地区旅游品牌为宗旨，以服务地区旅游为目标，以智慧旅游目的地门户网站为平台，充分整合当地的餐饮资源，创造互惠互利的网络经济模式，带动旅游相关产业经济的增长
会议预订管理系统	以公司库的形式分类管理规模不等的会议场所经营机构，以专门的网站频道体现会议场所的位置、环境特色甚至会场内设的全景式动画展示，并能够在指定频道发布可预定的会场数量、会场规模、会议时间段、价位、配套服务提供、折扣方式、预定开放时间、每天预定的数量等信息。客户在填写身份信息后，可选择会议预订日期及时间段、会议类型及主题、参会人数、所需配套服务等，最后进行费用的在线实时支付环节。收到预订信息后，商家将及时通过必要的联系方式与客户进行反馈或确认 经营会议场所的商家一般除了可以提供会议预定，还可以提供住宿预订、餐饮预订、停车位预订等服务
特产购物系统	系统可为游客提供地方特产展销平台，游客可根据需求按商家或商品类型进行搜索和挑选商品，再通过购物车环节进行费用的在线实时支付。在线订购商品后，商家进行核对、发货环节，游客收到商品后进行最后的确定，完成整个购买过程。交易流程中每个环节的变化，游客都会收到站内短信、电子邮件甚至手机短信等多种方式的同步通知，实现透明化、人性化的交易流程。通过一定的商业运营模式，积极推销当地丰富的土特产，对于造就智慧旅游目的地系统门户的品牌价值和带动地区相关产业的经济增长具有重大的现实意义

(3) 游客自助咨询系统

旅游咨询系统通过文字、图片、声音、视频等多种形式，生动翔实地向游人展示风景区秀丽的自然风光、人文景观、丰富的动植物资源、完善的旅游服务设施、项目以及多姿多彩的民风民俗，方便快捷地向游人提供旅游实时信息及"吃、住、行、游、购、娱"六方面信息的即时查询服务，同时具备投诉申告、旅游调查等旅游信息反馈功能。

旅游咨询系统采用多种技术手段，把分布在不同地点的服务终端——触摸屏等接入到数据中心，在风景区的游客集中地每天 24h 为游客提供双向资讯信息、消费和各种娱乐服务，成为游客了解风景区各种旅游信息的好助手。同时提供便携式电子导游，游客可在旅游咨询服务中心借用各景区的电子导游工具，当游客进入特定区域，系统将自动进行播报。旅游咨询系统和旅游咨询服务中心应建设在各旅游集散中心，以及风景区内的各大售票大厅、宾馆、酒店大厅等。其主要功能如下：能适应游客使用触摸屏进行浏览的方式，实现旅游咨询的互动反馈；采用网络化的发布方式，支持远程浏览及远程控制、自动更新；建立统一规范的后台数据库，对系统所使用到的各种资源按类别、功能等通过数据库进行使用及管理；建立系统后台管理程序，系统各部分内容的更新、添加、发布等操作均通过后台管理程序完成，并支持远程管理；支持不同角色、不同权限用户的使用和管理（游客、旅游咨询服务人员、公司管理层、系统管理员）。

3. 企业综合应用系统

企业综合应用系统为各景区、各商业企业、旅行社等提供在线服务和电子商务应用功能，以保障地区旅游资源的有效整合。

(1) 企业会员管理系统

管理人员加密锁认证机制，企业与主管单位可在线签订合作协议。协议签订后，经审核确定，系统自动发送消息到申请单位，主管单位向申请单位发放加密锁，企业可通过加密锁和专门的数字安全系统对接实现。

(2) 旅行社佣金管理系统

与在线订票，客户服务中的价格以及所选旅行社进行挂钩，并能自动统计各旅行社的佣金、打折、奖励等经费，经过核算通过后，可通过网络银行确认实现直接支付。

(3) 团队预订管理系统

以公司库的形式分类管理规模不等的旅行社经营机构，每个商户都有专门的网站频道体现商家的简介、资质、经营特色、相关荣誉、企业文化等，并能够在指定频道发布可预定的旅游线路、组团方式、出发/返回日期、价位、折扣方式、预定开放时间、每天预定的数量等信息。游客在填写身份信息后，可选择某个旅行社的旅游线路，确定出行日期、出行人数、出行天数等细节，最后进行费用的在线实时支付环节。收到预定信息后，商家将及时通过必要的联系方式与游客进行反馈或确认。

团队预订管理系统在传统的旅行社运营模式基础上，积极拓展网络空间，以打造地区旅游品牌为宗旨，以服务地区旅游为目标，以智慧旅游目的地系统为平台，充分整合当地的旅行社资源，创造互惠互利的网络经济模式，带动旅游相关产业经济的增长。

(4) 景区营销管理系统

景区营销管理系统是智慧旅游目的地营销体系的核心，为景区市场营销和销售活动提供信息化管理平台，采用业界先进的以客户关系管理(CRM)为核心的商业营销理念。基于环境和生态保护为基础，支持以市场和客户价值为导向的业务流程，有效掌握客户需求、市场需求、提高对市场的快速、准确反应能力，加强对营销网络的管理，建立和完善集中、统一、高效的营销网络，同时进行准确的市场定义、市场划分、市场分析和营销决策，进而巩固和扩大景区旅游市场的份额，最终为实现景区的社会效益、经济效益和生态效益奠定坚实的基础。

对景区的营销业务工作的支持作用有：为支持营销业务工作提供全面、集中、统一的营销基础数据，包括合作伙伴信息（旅行社、酒店）、客户信息（高价值客户、团体客户）

等；提供市场营销活动的管理，包括市场营销战略、制定市场预算、市场目标、进行成果确认，计算预计利润等；提供销售活动管理，覆盖旅行社销售、VIP客户销售，包括销售计划管理、从商机到订单的整个销售过程管理、销售周期分析、景区旅游产品价格管理等；提供客户/合作伙伴的服务管理，客户/合作伙伴的服务反馈记录和跟踪处理，根据客户/合作伙伴的价值，提供关怀服务。

（5）旅游信息发布系统

旅游信息发布系统的主要功能包括景区概况、重点景致、旅游服务、旅游资源、旅游产品、动漫天地和电子期刊、自由行、在线调查、链接和共享以及其他功能等，主要服务对象为各景区管理与经营单位。

景区概况：包括景区概述、旅游形象主题、宣传语言和形象标志、音频和视频旅游宣传制品等。

重点景致：包括经典景观、主要景点、美景图库等。

旅游服务信息：包括票务、客运、交通指南、宾馆酒店、旅游向导等。

旅游资源：包括景区景观、河流、森林、度假村等景区环境和生态资源的介绍。

旅游产品：包括旅游服务设施、旅游线路信息等相关产品信息发布等服务。

动漫天地和电子期刊：是网络整合营销的有效传播方式。风景区可以凭借自己或第三方的创意策划能力和设计制作能力，为自己的旅游产品量身定做多款网络动漫传播内容和电子期刊，通过风景区信息门户进行发布。

自由行信息：包括自助旅游线、自助手册、旅游须知等。

在线调查：以客观问卷的方式收集游客对风景区的产品、服务等方面的意见，以便持续改进。

（6）电子商务管理平台

电子商务管理平台，将互联网络变成将一个可收益的销售和沟通渠道，实现各企业的网上营销和网上销售，给地区旅游产生更多的收益。

网上营销：通过网络平台发现更多需求商机和分析客户忠诚度，可以为各类型客户提供个性化的景区旅游服务，提供便捷互联网体验和相关的信息。主要功能包括旅游产品目录管理、内容管理、个性化、营销活动管理、客户细分等。

网上销售：网络销售功能使整个销售流程在网上运行。通过网页、流畅的销售和运营流程，能够向客户提供个性化、交互式、易于使用的销售和自助服务工具，确保从产品服务选择到订单确定到支付的处理过程通畅。主要功能包括报价和订单管理、购物篮管理、价格管理、交互式销售和旅游服务定制、网络支付等。

网上信息服务功能：使客户能够查询订单状态，获得订单跟踪信息，并且及时研究和解决交易过程发生的问题。主要功能包括知识管理、订单状态查询、实时客户支持、客户自助服务、投诉和退订管理等。

（7）业务渠道管理系统

为旅行社提供渠道管理平台，对旅行社渠道进行有效信息化管理，实现景区和渠道伙伴紧密协作，优化渠道的运作过程，提高旅行社渠道对景区的盈利贡献。主要包括渠道管理和分析、渠道营销、渠道销售、渠道服务和渠道商务。

渠道管理和分析：渠道管理指在旅行社作为景区合作伙伴的整个生命周期中，管理公司与作为渠道的旅行社之间的合作伙伴关系，掌握"合作伙伴是谁，他们卖什么，在哪里卖，卖给谁"。规划、分析渠道业务，提供所销景区旅游产品和辅助性服务。主要功能包括合作伙伴生命周期管理、合作伙伴规划、合作伙伴细分、合作伙伴培训和认证、渠道合作伙伴评价，以及合作伙伴和渠道分析。

渠道营销：渠道营销可以通过旅行社合作伙伴收集景区旅游产品需求。提供相关信息、统一品牌运作和激励机制来吸引旅行社成为合作伙伴。企业推动其旅行社合作伙伴销售其景区旅游产品和服务，与合作伙伴一起开展市场营销，激发市场需求。主要功能包括线索管理、景区旅游产品目录管理、内容管理、担保管理、营销活动管理等。

渠道销售：渠道销售可以推动旅行社合作伙伴更有效地销售更多的景区旅游产品。向旅行社合作伙伴们提供与自己销售团队相同的知识、工具和专家建议。深入了解所有销售渠道的需求，对未来业务发展做出准确预测。主要功能包括账户和联系人管理、活动管理、商机管理、价格和合同管理、互动销售和旅游产品定制、报价和订单管理、佣金管理、销售跟踪和预测等。

渠道服务：渠道服务可以向合作伙伴提供维护客户关系所必要的工具和技能。主要功能包括合作伙伴知识管理、服务请求管理、实时合作伙伴支持等。

渠道商务：渠道商务可以将合作伙伴（包括分销商、经销商、代理商、零售商）加入自身的电子商务策略中，实现跨越企业界限的协作式销售。为渠道合作伙伴提供电子商务平台，在线向最终用户销售产品。主要功能包括协作陈列室、分布式目录和内容管理、分布式订单管理、托管式订单管理、托管式合作伙伴站点等。

（8）电子门票销售平台

景区电子门票销售平台一方面实现了面向游客的景点电子门票销售；另一方面完成来自旅行社合作伙伴、电子商务平台、呼叫中心电话销售各种渠道的销售订单，根据订单生成和交付电子门票。景区电子门票销售平台在实现上需要通过应用集成技术，集成数字营销体系应用和运营服务体系应用，以实现市场营销、销售活动、门票服务的流程自动化。

对于游客景点电子门票销售管理，利用运营服务体系中的电子门票门禁系统来实现的散客门票销售，通过部署在各景点的售票终端，游客可以选择旅游景点购买电子门票、套票，同时这些销售信息通过数据接口传送到营销管理系统和商业智能分析系统。

对于旅行社合作伙伴、电子商务平台、呼叫中心电话销售各种渠道的销售订单，由指定的服务部门根据订单内容，利用运营服务体系中的电子门票门禁系统完成电子门票的制作，并交付给客户/旅行社，同时并将订单完成的信息通过系统接口传送到各个渠道服务系统和营销管理系统。

（9）酒店综合管理系统

酒店综合管理系统以酒店的日常经营管理为核心，以提高酒店服务的速度和精度，改善游客服务的亲善程度和减少工作差错为目标，同时为加强内部管理提供良好的技术装备，为酒店经营管理的提升提供信息化管理平台。加入智慧旅游目的地计划的酒店全面部署酒店综合管理系统，并都能在互联网上进行预订及相应收付款业务。酒店综合管理系统的数字化改造至少包括如下内容：

数据库整合：在资源整合前各酒店的管理系统是独立运行的，每个酒店、宾馆都拥有自己的信息管理系统，相互之间无法进行数据共享。酒店管理系统改造的任务之一就是整合这些酒店的数据，使它们集中到一个统一的数据库中，为实现酒店信息的共享奠定数据基础。

资源共享：在数据库整合的基础上，实现各酒店、宾馆的资源共享。至少实现异地查看客房状况、异地提供订房服务以及对酒店宾馆经营状况的综合查询统计。

接口：酒店综合管理系统需要向集成管理平台提供数据和应用接口，允许授权用户访问。同时，酒店管理系统还需要向呼叫中心、咨询系统等提供信息服务，接受相关的旅游咨询。

4. 智慧旅游目的地监管中心

(1) 景区视频监控系统

为营造安全、舒适的旅游目的地，通过现代化信息手段更好地方便游客、服务游人，展示和提升风景区的信息化建设水平，在景区游人集散中心、风景区主要交通要道、风景区出入口、自然遗产重点保护区域、事故高发地带(防火、防洪、人员密集)、停车场等地建设数字监控系统。对主要风景区要道、重点区域实施全方位 24h 监控及人员流动的记录，达到加强现场监督和安全管理，提高服务质量的目的，使工作管理更加规范化、科学化、准确化、智能化、信息化，为旅游区的安全工作做好有力保障。

安全防范系统为分布式网络结构，以视频监控系统为中心，采用集中管理、分布控制、前端独立的集成方式，在网络环境和安全防范集成系统服务器图形化信息管理平台，通过信息共享、信息处理和控制互连实现对各子系统的集成管理和监控操作。

各系统之间通过风景区的内部网络平台(采用 TCP/IP 协议)相互连接，建立起各子系统之间的联动链路，使得本系统的授权用户能通过统一的操作界面掌握各子系统的资源，同时，通过子系统之间的联动控制提升系统整体的性能和功能，以提高技术防范工作的自动化程度和处理效率。其应用功能具体内容见表 5-9。

表 5-9　景区视频监控系统

功　能	主　要　内　容
景观监控	要求清晰监控到重要景观。能够适应低照度或夜间的监控要求，摄像机应具有高清晰的画面和宽阔的动态范围，能全方位无盲区的监看景点情况
森林防火、防洪监控	要求清晰监控到周围的森林、河流状况。摄像机应具有高清晰的画面和较宽阔的动态范围，能全方位无盲区的监看，并能观察到细部情况。具有红外热像仪等感应设备，实时感应物体(如森林、草场)的温度灰度值，如超过系统设置的报警温度可自动报警
查票情况、游人集散地监控	要求清楚、及时地将画面返回监控中心。实时掌握游客或查票情况，防止意外事件的发生，并能观察到细节情况，监控要求全方位、无盲区
景区交通危险路段监控	要求能实时、清楚地监控。由于是用于危险路段的监控，所有必须实施 24h 全天候定点监控。及时掌握危险路段的行车情况和山体情况，及时排除交通事故和山体塌方、滑坡等危险情况
进出口要道和门禁监控	要求全天候 24h 对各景区出入口和检票口的车辆、人员出入情况实行定点监控。随时掌握各点情况，为相关部门管理提供有效支持

（续）

功　能	主　要　内　容
重点景点保护监控	对于景区内重点保护的景点进行24h监控，防止因人为因素造成景点的破坏
游客集散中心监控	要求在室内对售票情况和候车人员情况实行定点监控，为相关部门管理提供有效支持
停车场监控	要求全天候24h对停车场停放和出入车辆情况实行监控，保证在低照度或夜间的监控。停车道进行固定监控，停车场全景监控要求全方位、无盲区
视频传输部分	考虑到前端监控点分布得比较分散，而且距离还比较远，所以在视频图像传输上建议分别采用光传输设备 **视频存储设备部分**：采用高性能的存储设备，要求具有存储容量大、存储信息多、信息管理与查询灵活、快捷、方便等特点，实现与网络连接，允许授权的多媒体工作站通过视频管理服务器进行实时图像观看、历史图像查询等操作。图像须保存1个月，重要地点的图像须保存半年以上，而且录像文件可以导出 **防雷**：由于系统的前端主要分布在室外，而且海拔还比较高，防雷是监控系统正常安全运行的关键。既要防止直击雷（依靠合格的避雷针（带）系统），也要防止感应雷及雷击电磁脉冲（采用完善的综合防雷手段和安装电涌保护器（SPD）系统），二者有机结合，相互补充，构成一套完整的防雷体系 **全数字化**：IP化的前端数字摄像机采集的图像通过光纤系统传回站点机房，通过网络提供给需要的工作站，满足用户网络化要求。所有前端图像，直接通过网络存储到服务器，服务器直接与网络连接，视频管理服务器满足用户在网络上查询 **网络化**：授权用户可通过网络观看每个前端摄像机的实时、历史图像，以及实现对前端摄像机的控制 **分布式存储，集中化管理**：所有前端摄像机都直接进入各站点机房，在各站点机房进行分布式存储，有效节约网络带宽。指挥中心通过网络系统和集中管理平台软件能统一控制所有摄像机，并且能任意调用各站点存储数据 **模块化**：指挥中心视频切换矩阵需要采用模块化设计，可根据实际情况来配置系统大小。包括操作权限管理、操作权限按照操作员职能进行划分、管理员可对各分控中心的操作权限进行划分可对摄像机进行分组显示、分组控制

（2）呼叫接警中心系统

对于风景区的地理位置来说是地质灾害、森林大火等易发地区，作为高智能化风景区指挥中心应该具备应对突发事件的应急处理能力。

"呼叫中心"接处警系统是指专号联网建立的统一报警服务系统，目标是实现类似110、119、122三台合一功能，接处警的集中接警、统一指挥、快速反应和信息共享的指挥及综合管理系统。

系统以计算机网络系统为基础，以有线和无线通信系统为纽带，以接处警系统为核心，有效集成了警用地理信息系统、GPS全球定位系统、数字录音/录像系统、监控系统、LED显示系统等，将各信息系统高度集成，有效地提高了系统快速反应、协同行动和决策指挥的能力。系统可以以有线电话、无线寻呼、SMS短信等方式，及时集结有关的执勤力量进行快速处警，从而真正实现快速反应的要求。其应用功能具体内容见表5-10。

表 5-10 呼叫接警中心系统

功 能	主 要 内 容
接警	系统的登录和退出 报警电话信息显示、地图定位、报警信息记录 话务转移 重复报警处理 特殊电话号码报警、恶意电话锁定、多方会议
处警	话务处理 接警信息查询显示 处警 在岗人员查询 电台呼叫点名 重复报警处理
有线/无线 通信调度	强插、强拆、监听 呼入呼出 呼叫排队 多方会议 呼叫转移 无线通信的有线集成
基于 GIS 电子 地图的辅助接 警和指挥调度	综合管理：查询、统计系统管理 预案管理 数字录音 网络信息共享 报警联动
决策指挥功能	大屏信息显示 信息综合应用 智能化辅助决策
报警联动	支持技防报警系统、旅店业报警系统的报警接入，以多种方式支持公民报警

（3）GPS 车船调度系统

智慧旅游目的地 GPS 车辆、船只调度系统是智能指挥调度系统的重要组成部分，它由指挥中心、通信网络、智能车载、船载终端设备组成，是集车辆、船只调度管理、GPS 定位跟踪于一体的综合监视调度网络系统（图 5-10）。

GPS 系统通过 3 个模块来满足数字化风景区的调度需求，即定位监控、指挥调度（可包括有无线通信调度、网络调度）、综合查询管理（表 5-11）。车辆、船只定位监控调度系统功能包括指挥中心和移动车载终端两部分。移动车载、船只部分主要实现 GPS 卫星定位、车载电话、遥控拨号、GPRS 传输等功能。

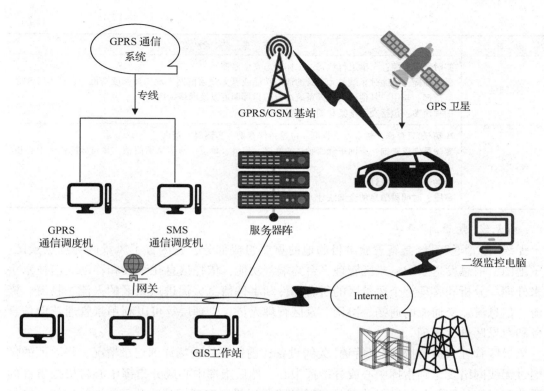

图 5-10　GPS 车船调度系统构架

表 5-11　GPS 车船调度系统内容

功　能	主　要　内　容
GPS/GPRS 监控功能	监控功能主要包括信息的获取、显示、传输、开关量控制 **信息接收**：位置信息接收、指令信息接收、车辆状态信息接收和报警信息接收，车辆位置信息、超速、超时数据的接收可由中心设置时间间隔、控制限值并自动回传 **地图显示**：支持上述车辆监控信息基于地理信息的显示 **区域设置**：设置车辆行驶区域，当车辆驶入或驶出时自动回传位置信息 **显示控制**：系统通过特定的标识和方式显示监控信息，显示模式可进行设定，对于报警信息可采用声、光、电报警提示 **显示信息设置**：中心可任意选定、生成、编辑维护信息显示内容并发送给车载单元 **通话设置**：中心可设置车载终端通话功能，模式包括设置制定数量的可通话号码、可任意拨打 **监听**：中心可对车载终端进行语音监听，监听用户可任意设置 **开关量设置**：中心可对车辆远程无线进行中控锁开关、断油、断电、防盗开关等开关量设置 **数字化录音**：中心设立数字化录音系统，对指定的语音监听通道进行数字化录音
地图功能	车船自动定位 **显示控制**：电子地图的放大、缩小、分层、刷新 **地理信息查询**：地图点击查询、文本输入查询、缓冲区查询、关键字模糊查询、面积与长度量算 **路径分析**：借助于最短或最优路径分析算法，进行行进路线的优化分析 **轨迹记录**：保存所有在网车辆的运行轨迹数据；可选定车辆、时间段回放轨迹数据，并基于电子地图重演 **地图打印输出**：支持上述地图数据的编辑、打印、输出

（续）

功能	主要内容
指挥调度	**实时状态监控**：车辆运行状态、工作状态安全监控 **通信指挥**：可通过车载单元本身的通信功能或有无线通信网实现指挥调度功能，包括 GPRS 通信指挥、与用户其他通信指挥系统结合的指挥调度以及网络指挥等 **指挥预案**：包括文字预案和图形预案
查询统计	**车辆/船只查询**：位置点击查询、位置条件查询、车辆属性查询 **驾驶员信息查询**：查询车辆驾驶员的姓名、年龄、单位、通信录等信息，并与指挥调度中心相联，实现直接调度； 出勤信息查询统计 路段、时间段信息的查询统计

（4）无线"景管通"系统

无线"景管通"系统是智慧旅游目的地的重要组成部分，它内置了风景区各景点景区、电子地图、信息发送系统、景区管理平台终端等功能，依托信息化手段和移动通信技术手段来处理、分析和管理整个风景区的所有部件和事件信息，促进风景区的人流、物流、资金流、信息流、交通流的通畅、协调。景区管理人员、管理层等可以利用景管通获取信息服务和对景区进行管理。

风景区管理人员会携带"景管通"无线设备，前往事件现场详细记录情况，将取证的信息通过无线网络发送到指挥中心或分指挥中心，然后指挥中心或分指挥中心将根据事件的性质调度相应的职能部门进行处理。"景管通"是风景区实现智慧旅游目的地管理的重要根据。在数字化管理流程中，通过信息化技术的应用，实现了现场信息的实时传递，减少了中间环节和管理层级，实现了管理的扁平化，极大提高办事效率。

无线"景管通"以手机为原型，是管理人员对现场信息进行快速采集与传送的专用工具，具备接打电话、短信群呼、信息提示、图片采集、表单填写、位置定位、录音上报、地图浏览、单键拨号、数据同步、邮件收发等功能，可以在第一时间、第一现场将景区管理问题的各类信息，实时发送到指挥中心，实现对各景区问题的快速反应；同时指挥中心可以利用 GPS 技术和手机定位技术，实现景区管理问题的精确定位和对景区管理人员的科学管理。无线"景管通"所使用的智能手机，不需要专门定制，只需要开发手机专用"景管通"程序，连同基于 GIS 平台的风景区电子地图一并植入通用手机中，再结合"景管通"服务器端程序和移动 GSM 网络，就建立起无线"景管通"平台。其主要功能见表 5-12。

表 5-12　无线"景管通"系统

层面	主要内容
考勤管理	景区管理人员上班时，在"景管通"上注册后方可使用，交班时注销退出，以便指挥中心随时了解管理人员的工作动态
景区管理	景区管理人员对事件现场进行拍照，根据事件的性质填写相应的表单，然后将图像和表单发送给指挥中心或分指挥中心，在指挥中心大屏的电子地图上显示事件发生的位置，同时显示出现场照片及情况说明； 各景区管理部门可根据需要配置"景管通"，实现对突发事件（如山体滑坡、交通事故）、日常管理事件（如河道监测、垃圾处理、游人中心等）的信息采集和上报

（续）

层　面	主　要　内　容
移动办公	管理人员可通过系统直接接入指挥中心，查看有关情况，下达管理指令，同时可以登录内部管理系统，获取相关信息，处理邮件、报告等普通公文； 内置风景区 GIS 电子地图、景点引导系统、旅游指南手册、信息咨询等数据库； 能够处理图像、音乐、视频等多媒体形式，提供包括网页浏览、电话会议等多种信息服务

（5）智能集成管理系统

集成管理平台是智慧旅游目的地集成指挥调度和管理平台。集成管理平台实现对智慧旅游目的地各应用系统的集成，利用景管通和有线/无线调度系统实现对景区管理事件的接入和指挥调度，对事件各环节责任人员进行监督和评价，在基于 GIS 的统一界面下实现对各应用系统如监控、门禁、网络、LED、车辆识别、车辆调度、旅游咨询等的信息获取、操作控制、信息发布、信息、统计分析等，同时提供对集成统一平台的管理功能，包括平台配置、权限管理、日志安全等。其主要功能包括：

①利用"景管通"作为景区管理事件的接入和调度为数字化风景区提供有线/无线集成的指挥调度手段。

②对事件处理各环节进行全面记录，并依据这些记录对相关人员进行监督和评价。

③与智慧旅游目的地各应用系统互联，获取景区图像、车辆定位、LED、设备设施、报警等信息，并在基于 GIS 的管理界面上展示。

④与智慧旅游目的地各应用系统的联动控制，实现对景区监控摄像机、GPS 车辆、LED、触摸屏、无线景管通设备等的远程操纵、控制和管理。

⑤基于 GIS 的显示和管理，实现包括漫游、查询、导航、路径分析、定位等功能。支持在 GIS 界面上对景区信息的直接操作。

⑥对景区各类数据的综合查询统计，包括客流量数据、经营数据、设施数据等，并以图表的方式进行展示。

⑦实现基于智慧旅游目的地数据仓库的联机分析技术（OLAP）和数据挖掘，为景区的经营管理提供决策支持，对景区异常情况（如游客拥堵、自然灾害等）进行分析与报警。

⑧为智慧旅游目的地各应用系统（如 LED、游客咨询系统等）提供统一的信息发布手段，并提供个性化的信息定制功能，满足各应用系统的需要。

（6）电子门票门禁系统

智慧旅游目的地电子门禁系统是以当代数据技术与通信技术为基础，结合智能门票与身份识别技术作为主要手段的高科技信息化综合处理系统。景区采用先进的电子门票系统，其管理更加方便快捷，也将使整个景区实现了售票电脑化、验票自动化、数据网络化、管理信息化的高科技管理体制。系统包括门票与密钥生成管理系统、电子门票初始化系统、售票系统、验票系统、信息统计及查询系统。

风景区的电子门禁及报警子系统主要包括电子门票管理系统、车辆管理系统。它主要担负两大任务，一是完成对进入景区的游客进行识别、记录、管理的功能；二是对整个风景区的门票、车辆管理提供一个快速、实用、统一的平台，还可与监控子系统、集成系统或其他系统实现联动。

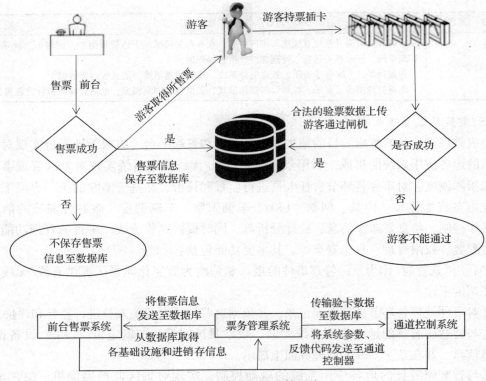

图 5-11 电子门票门禁系统

根据风景区的实际情况，分别在各游客集散中心以及各大景区入口设置售票窗口，同时在游客比较多的入口处设置柜员式自动售票机以及设置远程售票窗口，也可以支持网上购票。同时各大景区入口设置电子门禁系统，对门票进行自动查验和放行。电子门票门禁系统主要包括售票、制票单元；检票单元；车辆管理单元；中央管理、软件单元（图5-11）。电子门票最常见的有光盘形电子门票、磁卡（IC卡）形电子门票以及条码型纸制（塑料）电子门票。而识别系统主要分为数字指纹技术、射频识别技术及条码识别技术。通道控制系统可分为自动控制通道、人工扫描识别通道等。

售票、制票单元由若干台计算机售票工作站和若干台电子门票打印机以及远程售票系统、自动售票柜员机组成。它主要完成电子门票的售票功能及与中央控制系统的数据通信功能。这里面的核心是电子门票的制作。

检票系统：由计算机监控工作站和若干个与电子门票配套的电子门票通道控制器以及临时人工验票机（PDA）组成。它主要完成验票、对通道控制器的实时监控及与中央控制系统进行数据通信功能。这里可以根据不同需求设计不同类型的通道，如散客通道、团体票通道、工作人员通道、残障通道等，还可在通道前加设红外对射设备，对儿童（1.1m）进行测量。

中央控制软件单元：由服务器与若干台计算机管理工作站以及管理软件组成。它主要起管理、决策和财务核算作用，以及实现与安防服务器联动等功能。

（7）户外大屏幕显示系统

LED 彩色户外大屏显示系统主要由中心控制计算机及应用软件、显示板、控制器、支架、光传输设备、通信控制系统、配电箱、供电系统、避雷、接地系统构成。

智慧旅游目的地的 LED 彩色户外大屏显示系统分别部署在各景区入口或景区途经重要路口处。智慧旅游目的地所有的 LED 大屏显示系统由数字化指挥中心控制，可自主显示数字化风景区的相关信息内容：

综合信息：公路的交通信息、停车场、酒店信息、运营指令、路面情况、气象资料等综合信息。

景区旅游服务资讯：介绍景区各旅游景点，发布天气预报、交通信息、医疗救助等服务信息。在黄金周等客流量高峰时期可实时播放重要景点的视频、客流统计数据等，为游客合理调整旅游路线提供参考。

公益宣传：播放景区生态资源保护知识、精神文明建设公益宣传片等，提高游客的资源保护意识，树立良好道德风尚。

景区推介宣传联播：提供与建设部的信息共享接口，实现景区之间的信息共享。

（8）公共语音广播系统

智慧旅游目的地整体规划立足于先进、灵活、耐用，以智能化为主。背景音乐消防广播系统的设置可以使整个景区智能化提高到一个新的高度。背景音乐消防广播整体设计既可以播放背景音乐，又可以发布日常信息、紧急广播、火灾报警。这套系统为整个建筑群提供良好的娱乐、休闲环境。其主要功能是：

①可以对整个规划区域的公共走道、办公区域、设备机房、各娱乐景区、业务开展广播和通知，进行紧急消防广播。

②可以根据需要对各自分区播放不同效果的背景音乐，以满足功能需要。

③设置分区呼叫站，可以对每一区进行广播，并可设置不同输入信号的优先等级，满足各自广播需求。同时呼叫站具有预录信息和提示音监听功能。

④提供扬声器线路的自动断路、短路的实时检测。

⑤系统设备之间的连接采用冗余总线结构，在某处电缆出现故障时仍能正常工作，并指示该出错位置。

⑥紧急广播配置备用功放，并能够完成火灾自动报警联动切换控制，完成 $n-1$、n、$n+1$ 消防联动方式。

⑦主机、功放具有自检功能，同时监听扬声器工作状态。

⑧功率放大器配置热备份功放，当某台功放故障时可以自动切换。

⑨可通过外接 PC 及管理软件对系统进行监视，并记录系统各组成单元的运行状态。

（9）停车场管理系统

在各风景区建立旅游集散中心、各个景点或相关景点联合建立停车场管理系统，方便计时收费、方便查找进出车辆数据，且能统计出停车场的车位情况，通过网络系统将信息发布到景区交通要道的 LED 大屏幕，方便游客提前做出停车目的地选择。

基本功能：停车场管理收费系统可以完全解决停车场繁琐的人工收费管理；可以实时收集进出车辆数据；随时查询停车场状况；随时生成各种报表。

车辆管理系统：车辆进入车场时系统便开始计时，出车时，系统根据出车时间与进车时间计算停车时间，再根据收费标准计算应收费用，值班人员按屏幕显示的金额收费。

免票车辆全自动管理：根据车场需要，可向某辆入场车发放免票卡，并将记录自动记入电脑数据库中，以便统计与查询。

严格收费管理：对于目前的人工现金收费方式，一方面劳动强度大、效率低，另外一个不足是财务上造成很大的漏洞和现金流失。使用停车场管理系统的收费都经电脑确认和统计，杜绝了失误和作弊，保障了企业的利益。

卡车对应：一张卡只能存放一辆车或只能开出一辆车，同时车辆型号、车牌号会显示给值班人员。当卡所对应的车已进入车场或已开出车场时，此卡将不能用来再进车或再出车。

失效提示功能：当读卡后不能进出车时，系统会显示卡失效的原因，如该月卡已过期、该月卡已出车、该月卡已进车、该月卡已挂失等。

停车场信息提示功能：系统随时会将车场相关信息显示给值班人员，如存车数、临时车数、该值班人员收费总金额等。

防砸车功能：在前边有车通过而杆正在下落或还未开始落时，栏杆自动上升。

剩余车位统计功能：有效的统计出剩余车位信息，通过网络系统传输到景区要道的LED大屏幕显示出来，方便自驾游客能提前选择停车目的地。

（四）系统软件平台建设规划

系统软件平台包括基础数据库、中间件系统、地理信息系统（GIS）平台、应用集成平台，为五大应用体系提供基础软件支撑，为数据资源的一致性、安全性、完整性以及共享性提供保障，为各应用系统的GIS展示提供基础数据和服务。

1. 基础数据库

（1）数据库软件要求

关于智慧旅游目的地数据库软件的规划，对数据库软件有以下要求：

①高效性：数据库系统平台的选取必须能够满足高效地处理超大容量数据的需要。

②安全性：数据库平台的设计必须满足数据安全性的需要，不会因一台主机停机或某些硬盘损坏而影响到数据的安全性；选择数据库必须考虑到数据库的安全备份机制。

③可移植性：数据库必须具备对数据强大的移植功能，数字化景区信息系统的数据库必须能够保证原有系统数据的平滑移植。

④可操作性：终端用户必须保证可以方便地使用数据库所提供的有效工具访问数据库和管理数据库。数据库的控制台必须为系统管理员提供一个直观的图形用户界面，使得系统管理员能够对整个数据库运行环境进行集中式的控制和管理。

⑤扩展性：数据库不但能支持本次工程的数据处理能力，而且有很好的扩展能力和数据转换能力，能使用户平滑地过渡到未来的工程而无须进行数据迁移，应提供有效的数据库技术方案，包括支持现在的及未来的扩展方案。

（2）选择数据库应遵循的原则

针对以上大型数据库的建设要求，选择数据库应遵循以下原则：①先进性与实用性相结合；②标准化程度高，连接功能强；③支持多种软硬件平台，以便充分利用原有设备，方便将来可能的系统升级改造；④可靠性高，可用性好，可恢复性强，系统维护方便；⑤能提供先进实用的开发工具，特别是具有丰富的运行服务程序和实用软件包的开发工具；⑥具有分布式处理能力；⑦在本地区能提供良好的技术支持和售后服务能力，性能价格比高，升级方便。

尤其需要注意，最初的数据库系统配置是至关重要的，因为数据库的安装及构建质量会直接影响到系统的性能、日后的维护工作，以及系统的长期稳定性。高质量的数据库系统可以确保系统的性能优化，安全升级，易于维护，并能获得最大的灵活性以适应未来的发展。

2. 数据仓库

在数据中心的架构中，数据库和数据仓库设计是一个非常重要的工作。数据仓库是实现商业智能的基础，为了实现对管理服务、市场营销、生态保护应用体系的数据进行智能数据抽取和分析，对景区的管理指挥、市场营销策略、客户关系管理、旅游产品调整等提供决策支持。数据仓库系统包括四个重要层面(表5-13)。

表 5-13　数据仓库

层　面	主　要　内　容
数据集中层	通过数据库系统的数据集中层将数据从各个业务子系统整合，利用数据仓库管理工具对整合的数据进行抽取、转换、装载和调度处理，然后加载到数据仓库中
数据仓库层	数据集中处理之后，形成数据仓库，这些数据是面向主题的、综合的、不同时间的、稳定的数据集合，用于支持生产经营管理中的决策制定过程。它是一个处理过程，该过程从历史的角度组织和存储数据，并能集成地进行数据分析 数据仓库层是整个商业智能系统的核心，数据按"主题—维"的星形模式存储，存储形式包括关系存储和多维存储。数据仓库层提供关系查询、OLAP 查询分析和数据挖掘服务，提供复杂的统计分析功能和数据挖掘功能。通过对数据进行预汇总、预计算、预存储等预处理手段，来满足前端用户对查询分析性能的要求
数据展现层	数据展现层为用户提供基于数据仓库的数据访问服务，包括定制报表、即席查询、OLAP 分析等。用户可以利用分析查询工具直接访问数据仓库，也可以利用应用服务器和 WEB 服务器实现基于浏览器的分析查询
元数据管理层	元数据管理层是整个系统的监控维护模块，通过元数据的集成，对数据集中层、数据仓库层和数据展现层进行监控和管理。提供集成的图形环境的单点控制功能。创建元数据模型来表示企业内部信息的使用及相互间的关系
数据仓库的选择	数据仓库实现中所面临的一个主要的挑战是需要对相互独立的产品进行集成，创建一个完整的解决方案。集成过程中的一个障碍是大量商业信息工具之间缺少公共信息的通信标准。元数据标准将定义一个交换关系型数据库模式信息、多维模式信息、数据仓库过程信息以及其他信息的通用方式。在景区规划中，数据仓库的选择应该完全遵循 CWMI 标准。数据仓库管理应具有以下功能： ①数据集成监管功能，通过数据集成平台实现企业范围内的统一数据视图； ②日志功能，跟踪数据仓库的状态，通过读取数据采集和整合处理的日志文件，获取数据仓库操作的状态，以监控数据采集、整合处理和在线分析处理数据加载的运行； ③数据仓库参数设置功能，包括内存分配设置、多线程设置、缓冲区设置、调度时间表设置、用户权限设置等，通过这些设置的优化，实现数据仓库的有效运行； ④利用数据仓库产品提供的管理工具，管理数据仓库的数据库服务器，包括数据仓库数据同步和定时调度、数据自动加载等任务； ⑤集成数据采集工具，包括基础数据统一编码和格式管理

3. 地理信息系统

智慧旅游目的地的概念是在智慧地球概念的基础上，根据景区规划与管理、保护与发展的需要而提出来的。它基于地理信息系统技术，结合 GPS、RS、计算机网络、监控检测等多项技术实现景区的保护、管理、服务、发展等工作，最终实现景区工作的信息化、数字化，实现景区资源、信息共享，通过景区运营过程的有效管理和严密监控，变分散管理为协同联动，变粗放管理为精细化管理，最终实现景区的可持续发展。

4. 系统特点

①采用统一的平台，使管理、规划、展示融为一体。

②突破了空间和时间的藩篱，能在更广袤的范围、任何时间、任何地点上网浏览景区，利用方便。

③能对数字资源(包括文字、图像、声音等)进行整合、加工、提升和频繁更换，并运用多媒体手段营造逼真、形象、生动的展示效果，使提供的知识、信息丰富多彩。

④能弥补不同阶层、不同专业背景和知识程度的人们在对景区整体规划、效果和管理上的认知差距，使大家能直观有效地了解景区的布置及运作。

⑤提供给决策者和管理者实时三维空间表现及人机结合的操作模式，方便决策者做出正确的决断，方便管理者准确有效地管理。

⑥能在满足培训的需求，配合多媒体教学资料，进行网络远程教学，使知识的学习更为方便深入和系统。

⑦由于没有物理空间的限制，能在不同栏目和页面之间穿梭连接，无论是参观展览，还是浏览新闻、活动资讯或是参与学习讨论，都非常方便，有绝对的自主权。

思考与练习题

1. 智慧旅游目的地的管理体系包括哪几个方面？
2. 智慧旅游目的地营销系统与传统的目的地营销系统相比有什么优势？
3. 阐述智慧旅游目的地系统总体设计的主要内容。

第六章

智慧旅游企业

导 读

在信息技术出现革命性进步背景下，其应用已经渗透到社会经济发展的方方面面，深刻影响和改变着产业的经济运营结构，使旅游企业不得不推出新的商业运营模式去适应经济发展的趋势。2017年，国务院印发了《新一代人工智能发展规划》，将人工智能提升为国家战略，成为国家经济社会发展的新动力，其中"加快推进产业智能化升级"的重点服务领域就是智慧旅游，旨在利用人工智能、物联网技术的应用全面改善和提升景区现有旅游环境，大幅度提升景区管理效率和游客体验，减轻景区管理上的负担，提升景区的个性化服务水平，提升景区旅游的便利性、安全性和幸福感。酒店智能化是一个不断丰富、发展的领域。酒店需要应用互联网思维和以互联网为基础的现代信息技术，推动酒店管理和营销模式变革，重塑酒店供应链和价值链，实现信息技术与酒店运营深度融合，提升智慧旅游时代酒店服务能力，创造更高的客户满意度。随着市场和游客群体的变化，传统旅行社角色和地位变得模糊，旅行社的生存环境日益严峻。智慧旅游对运营模式单一的旅行社形成强烈冲击，传统旅行社面临着巨大变革。智慧旅行社依托云计算、物联网等新技术，通过互联网、移动互联网，借助便携的终端上网设备，将旅行社资源的组织、游客的招揽和安排、旅游产品开发销售和旅游服务等旅行社各项业务及流程高度信息化和在线化、智能化，实现高效、便捷和低成本规模化运行，创造出游客满意和旅行社企业盈利的共赢格局。

学习目标：

1. 智慧景区建设的总体框架
2. 智慧景区解决方案
3. 智慧酒店的建设
4. 智慧旅行社的表现

核心概念：

智慧景区
智慧酒店
智慧旅行社

一、智慧景区

(一) 智慧景区概述

1. 智慧景区的定义和内涵

智慧景区是以人工智能、大数据、物联网、云计算和多媒体技术为基础,以现代通信网络(特别是5G的应用)为纽带,对景区地理事物、自然资源、旅游者行为、景区工作人员行迹、景区基础设施和服务设施进行全面、透彻、及时的感知,对游客、景区工作人员、景区环境实现有效管理,为游客提供全面智能化、人性化服务,同旅游产业上、下游企业形成战略联盟,实现景区智能化运营,促进景区环境、社会和经济的全面、协调和可持续发展[182]。

智慧景区可以从狭义上和广义上来理解其内涵。狭义的智慧景区强调技术因素,认为智慧景区是数字景区的完善和升级,指能够实现可视化管理和智能化运营,能对环境、社会、经济三大方面进行更透彻的感知,表现在运用3S技术、三维仿真及VR虚拟现实等技术,对旅游景区实现超高分辨率、多维时间与空间和多种类应用的信息模型建模,并对旅游景区的地理空间、大气及水资源、物理自然环境、建筑及信息基础设施、游客咨询及互动和各种配套服务等众多软、硬件环境数据进行全面数字化及网络化,以实现可视化展现及智慧运营和维护,更广泛的互联互通和更深入构建智能化的景区;广义的智慧景区内涵涉及技术应用、运营模式、组织方式、管理理念、目标等多个方面,认为智慧景区是指科学管理理论同现代信息技术高度集成,实现人与自然和谐发展的低碳智能运营景区,能够更有效地保护生态环境,为游客提供更优质的服务,为社会创造更大的价值。因此,广义的智慧景区内涵更为丰富,具体表现在:①通过信息基础设施对景区全面、透彻、及时地感知;②对景区实现可视化管理,实现智能化运营;③利用科学管理理论和现代信息技术完善景区的组织机构,优化景区业务流程;④发展低碳旅游,实现景区环境、社会、经济的全面、协调、可持续发展[183]。

2. 智慧景区应用技术

信息技术的发展为智慧景区规划提供了技术支撑。GPS/北斗/GIS与共享经济结合,创新的滴滴拼车/共享单车等,解决游客出行最后一公里。技术的发展使得清洁、环保、低能耗的景区、景点卫生间的出现成为可能。生物降解新技术与"吃、住、行、游、购、娱"全要素结合,为景区带来创新机遇。旅游产业广泛应用VR等技术带来的旅游体验提升为客人提供更加个性化的服务,机器人进驻酒店,实现了无人值守的酒店前台。借助RFID等技术更好地管控入园闸机,借助实体机械、摄像头、手机等提升了景区管理的科学性和效率。目前常见的智慧景区应用技术主要有[184-188](表6-1)。

表6-1 智慧景区应用技术

技术类型	技术释义和应用
机器人技术	机器人是自动执行工作的机器装置,更多应用于旅游网站客服系统、话务、餐馆迎宾、旅馆接待、旅游培训、康养旅游等领域,如两家位于日本青山县历史悠久的酒店,推出了人工智能聊天礼宾机器人BEBOT,可与游客互动,帮助寻求旅游灵感的游客得到自己想要的信息

（续）

技术类型	技术释义和应用
可穿戴设备（人体增强技术）	人体增强（human enhancement）是指借助技术手段克服人体局限，提升体能的各种设备和技术，人体增强技术涉及的学科广泛，包括神经学、计算机、基因治疗以及纳米技术等，如奥迪汽车公司和Noonee研制的随时随地可以坐下的椅子。旅行者随身佩戴此类机械护具可以在旅途中随时放松肌肉，恢复体能。松下研制的轻便版外骨骼支架，可以广泛地应用在景区游客休憩中
无人机技术	无人驾驶飞机简称"无人机"，英文缩写为"UAV"，是利用遥控设备和自备的程序控制装置操纵的不载人飞行器，由计算机操作自动飞行。通过无人机航拍获取地理信息数据，如地图、地貌、地形等可用于旅游规划、旅游开发、景观设计、配套服务设施规划等方面。无人机航拍实时播报景区路况、景区的拥堵程度、景区的火险火情等，为旅游管理人员提供科学、有效的决策支持数据
VR 技术	VR 技术主要用于景区导览、景点导游、游戏及红包活动营销等版块
VR 无人机观光技术	放飞无人机后，游客只需要戴上 VR 眼镜，就能通过无人机提供的视角进行飞行观光体验。市民通过这种方式观光游览，能获得极佳的视角，领略景区整体风貌
光影技术（全景、VR/AR）	全景技术又称 360°全景，是一种将静态图像在微机平台上展示，使拍摄目标 360°全方位无死角呈现的图像处理技术
谷歌地图/百度地图	用户搜索特定的目的地，即可探索街区的示范步行路线，了解更多关于地标的历史信息，并查看热门景点和街道的三维图像，来一场虚拟旅行
二维码技术	游客掏出手机扫描即可获取景区介绍、导游导览图、旅游纪念品网络售卖、附近公交车站、公共卫生间位置等。同时游客的地理位置信息也会发送给景区主管人员，方便景区管理人员掌握游客流量和拥堵点等信息，起到提示和预警的作用
近场通信（RFID Ibeacon）	智能手环在经过 RFID 技术改造后，可解锁酒店房门、餐厅和纪念品商店购物时的信用卡。手环配一个手机 APP 使用后，可以帮助游客轻松掌控在景区里游玩的路线、定位家人在园中的位置，防止父母和自己的孩子走散 Ibeacon 技术是一种低耗能蓝牙技术，由 IBeacon 设备发射信号，装有 10S 的设备定位接受反馈信号，执行相关各种命令。Ibeacon 技术可基于地理位置和互动属性进行计算，用于为游客提供定位、导航、语音导览、自主求助等服务
GPS 与 GIS 技术	在编制智慧旅游规划过程中，规划团队利用 GPS 技术支持的手机 APP，对景区实施达到厘米级精度的测绘。利用游客手机 GPS 定位数据，获取过去一年的游客画像，对客源地、游客年龄、性别、团队、游线有充分的了解 GIS 和旅游产业结合紧密，由此诞生了非常专业的旅游地理信息系统，运用系统工程和信息科学的理论和方法，综合动态地获取、存储、管理、分析和应用旅游地理信息的多媒体信息系统
人机交互与协作共融技术	其核心技术：智能交互技术、触屏交互技术、人工智能技术 智能语音交互技术能够通过下达语音指令完成原本需要手动操作的事项，实现服务和体验提升，主要用在旅行车载语音系统、旅行智能住宅、智能设备语音交互系统等 触屏交互技术主要应用于所有可视化、数字化操作，现阶段的应用范畴多为触屏手机、公共场所（如景区景点）信息查询终端、全息交互系统等 人工智能技术在游客识别、旅游自动规划、旅游信息智能搜索、旅游翻译、智能控制、语言和图像理解等方面都有很强大的能力或发展潜力，主要应用于掌纹识别、视网膜识别、人脸识别
人工智能驱动的机器翻译	Google Translate 整合了 Word Lens 技术，可以高速扫描并翻译路牌和印刷文本，支持翻译多种文字。当游客在餐馆就餐时，可以对着手机点菜，服务生的回应也可以自动翻译成游客的语言
大数据和云计算	利用大数据和云计算技术挖掘景区数据资源，刻画游客画像，为景区管理和营销制定准确的方案

(二)建设总体框架

智慧景区的总体建设包括智慧景区的整体技术架构和应用系统架构。

(1) 整体技术架构

智慧景区的整体技术架构包括信息基础设施层、资源层、应用支撑层、应用系统层、应用层五个层面。基础设施层提供前端感知数据的采集及传输,资源层实现包括数据中心、目录资源及应用资源的数据访问集中化,应用支撑层提供各种应用支撑服务,应用系统层有效分配资源池中的共享信息,从而提高整体访问效率。应用层的建立前提是提供统一的数据接口服务。应用系统层包括政务及行业管理、目的地营销管理及辖区电子商务,通过负载均衡实现用户并发访问,而景区核心系统服务由应用服务器提供[189]。

(2) 智慧应用系统架构

智慧景区整体可以分为"三层两中心"的建设,即基础设施层、景区应用及平台层、景区综合业务层和运营中心、数据中心。智慧景区应用系统的总体架构如图6-1所示。

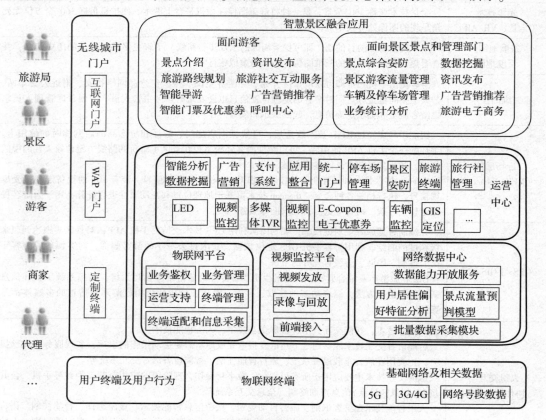

图 6-1　智慧景区应用系统架构

资料来源:管菁,管清宝.旅游景区可持续发展之路——"智慧景区"规划设计[J].智能建筑与智慧城市,2020(8):13-16.

①基础设施层:基础设施层包括用户终端及用户行为、物联网终端、基础网络及相关数据。其中基础数据包含3G/4G/5G数据、GIS数据、音视频数据、GPS数据;基础软件

含操作系统、数据库及指挥平台、GIS 平台；基础网络包括通信网络设施、物联网软硬件系统、数据中心及大屏幕显示系统等。

②应用及平台层：应用及平台层包括物联网平台、视频监控平台及面向景区的智能化及信息化系统等；以提升管理为目的线上线下一体化系统；面向日常经营管理的 OA 办公系统、规划管理信息系统、视频监控系统、电子门票系统、LED 大屏幕信息发布系统等；以及面向产业发展的电子商务、进销存系统等，面向游客服务的信息呈现和互动系统。

③业务层：业务层包括面向业务的智慧管理、面向公众的智慧服务、面向行政的智慧营销三个方面，是景区运营管理的重要体现。

④运营中心平台：作为智慧景区的核心平台，其主要功能是实现景区各系统的统一组织协调以及管理资源的有效整合，主要应用包括：

GIS 地理信息系统：将多媒体技术、网络传输、现代通信技术及 GPS、北斗定位技术和遥感测量技术等整合为一个可视化管理平台。

一体化平台：基于线上线下一体化平台的旅游电子商务、互联网营销和旅游电子票务。

客流统计与预警系统：通过预定分流、票务分流和交通工具分流等三级分流措施，缓解景区出入口及内部交通拥堵、实时监测及诱导游客均衡分布，确保游客的游览质量。

智能化系统：包括智能化系统集成、安全防范系统、LED 信息发布系统、楼宇设备自控系统等。

⑤大数据处理中心：大数据处理中心则实现各业务系统数据的统一采集、传输、运算、管理、存储及共享，产生的数据包括 GIS 数据、GPS 数据、媒体数据、游客数据等。

智慧景区综合管理平台可实现旅游景区从业人员特别是运维管理人员通过移动端（包括智能手机、PAD、单兵通信仪等）对景区各类环境及设施在线实时现场采集及查询，并实现各项旅游数据统计、分析应用及大数据展示与应急指挥调度，以满足景区运营管理部门及上级主管部门实时动态掌握景区的运营状态，促进旅游管理水平的智能化与信息化，提高管理人员的工作效率，提升游客满意度。

（三）智慧景区解决方案

1. 智慧景区应用场景分类

如图 6-2 所示，建设智慧景区的应用系统，主要从面向游客、面向景区、面向商家及面向管理部门四个方面考虑。

2. 面向游客的智慧服务

面向游客的智慧服务应该在满足游客对信息服务基本需求的基础上，进一步拓展游客个性化的需求服务。

（1）旅游电子商务

景区旅游电子商务网站利用现代网络信息技术实现门票、车票、船票、宾馆、农家乐（渔家乐）、旅行社、导游、餐饮、特色旅游产品、旅游线路等旅游产品的网上预订和网上交易，提供景区与商户票务、优惠券的验证、统计与分析报表等服务。通过景区 APP、微信公众号、小程序、二维码、手机验证等多种接入方式，以线上线下一体化应用为基础，提供智慧化预订及信息查询服务，实现旅游产品的网上统一展示预订和支付，使在线营销

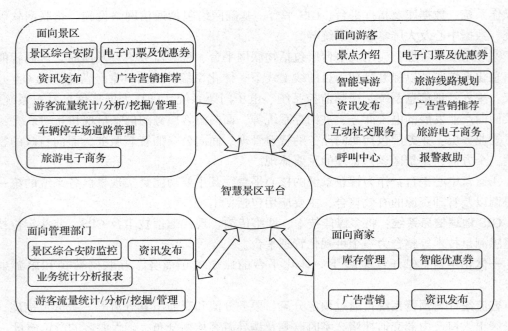

图 6-2 智慧旅游景区应用场景

资料来源：管菁，管清宝．旅游景区可持续发展之路——"智慧景区"规划设计［J］．智能建筑与智慧城市，2020(8)：13-16．

成为旅游营销的重要手段。

(2) 智慧导览服务

智慧景区建设的一大特色应用就是解决景区导览短缺问题。游客可通过扫描二维码等方式下载定位导航客户端。客户端为游客提供室外景区基于 GPS 及北斗卫星，室内景区基于 WiFi 及蓝牙的定位、导航、紧急报警等服务。衍生服务则包括周边配套设施搜索、最佳旅游线路推荐等。通过导览设备、手机 APP 等方式接入导览应用，游客在游览过程中可以自动定位及播报参观景点的音视频信息，图文并茂全面讲解景区特色(图 6-3)[190]。同时也提供多国语言服务等，避免导游服务水平参差不齐等问题，做到了为游客服务的流程化、规范化(图 6-4)。

(3) 互联网虚拟旅游

游客可以通过景区 APP、WEB、微信众号等方式接入景区智慧旅游平台，还能实时动态掌握景区的景色、天气和客流情况，并可观看景区的音视频介绍，观看景区不同季节、不同时间的风景，实现虚拟旅游。互联网虚拟旅游能起到很好的景区宣传效果，对用户的冲击力远胜文字，且支持大流量、大进发量、高分辨率的视频图像展现。

(4) LED 信息发布

通过实时流量统计，当某景点出现客流量激增、人员密集报警后，智慧景区平台需要借助景区设置的 LED 信息发布屏、移动端信息推送等方式进行游客流量引导。

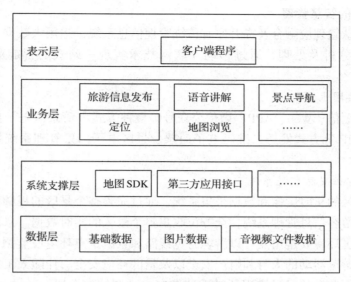

图 6-3 智慧景区导览系统架构体系

资料来源：王波．基于智慧旅游的智能景区导览系统研究与设计[J]．喀什大学学报，2018，39(3)：66-70．

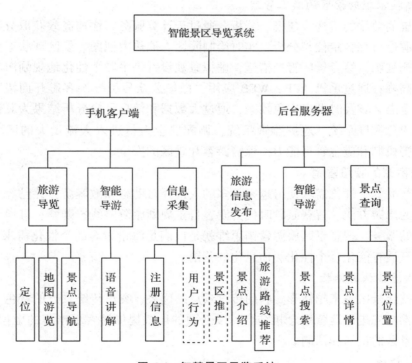

图 6-4 智慧景区导览系统

资料来源：王波．基于智慧旅游的智能景区导览系统研究与设计[J]．喀什大学学报，2018，39(3)：66-70．

3. 面向景区的智慧管理

面向景区智慧管理应融合及提升原有传统管理信息系统，运用大数据、云计算技术进行数据的整合、分析及处理，通过移动互联网技术实现一站式的智能服务，主要内容如下：

(1) 景区门票网上预订

游客可通过短信、Web、APP、微信公众号等多种方式申请景区电子门票，平台通过短信、微信或 APP 等方式发送二维码电子门票。景区电子门票管理系统提供了多种预定形式、支付方式。

(2) 景区全方位安防监控系统

建立覆盖景区的实时影像和数据采集系统，通过完善整个景区的视频监控系统、环境数据监测系统、游客信息管理系统，全方位收集整个景区的实时数据。景区监控系统从确保游客安全、景区环境安全出发，以游客游览线路和景区重点环境段监测为安防重点，保障游客在景区内游览活动的人身和财产安全以及景区环境安全。伴随人工智能和物联网技术发展，现有视频监控技术已实现从被动监控向主动监控的发展，通过 AI 智能安防、智能视频分析技术、自动探测技术，可以实现对景区人员活动轨迹和环境变化实现全程监控及临界预警等。

(3) 信息技术辅助景区的游客管理

基于收集的数据的清洗、建模、分析，通过云计算服务，快速高效获取分析结果，根据多通道信源进行综合定位与分析，实时绘制园区人流热力视图、景区现状态势视图以及客流拥堵预测视图，结合景区管控措施、虚拟景观设置等手段个性化地规划游客引导方案以避开客流高峰；通过手机 APP、WEB 应用、微信公众号引导游客避开拥堵区域，提醒管理人员对重点区域及时做出应急预案；通过大数据和信息平台分析结果为其他系统提供决策，通过应急调度系统、巡护监管系统，调配安全人员进入人流量大的区域，加强巡视，提高预警机制和应急管理能力，保障游客和景区的安全。

4. 面向商家的智慧营销

对旅游产品的个性化需求使得越来越多的人选择自助游和散客游，并已经成为旅游市场一种主要的出游方式。智慧旅游时代为游客自主规划旅游路线、购票、订房等提供了可视化、便利的服务。智慧景区旅游营销思维就是以满足海量游客的个性化需求为目标，更加便利快捷开展智能化、个性化、信息化的营销。

(1) 提供虚拟旅游体验

信息科技让景区越来越精彩。利用传统景点的优势、突出传统景点的特色，运用最前沿的信息技术与先进的运营理念相结合，以新颖的形式提供游客更丰富的虚拟旅游体验，强化游客对景区的认知和认同。

(2) 广告营销

开展多渠道多方式的营销，通过 B2C 官网购票，B2B 分销，OTA 对接，进行线上线下(O2O)无缝对接，达到无时间、无区域平台的限制进行票务销售，同时支持支付宝和各种网银付款，为用户创造自己的平台，实现飞机票、火车票、景区电子门票等的游客自助购票功能。

(3) 与上下游企业开展合作

利用广告营销功能可以与商家组成联盟，共同开拓和分享旅游产品的销售。与酒店、租车公司、餐饮企业开展合作，推出优惠合作项目，实现企业互惠共赢；多渠道发布企业名片，为商家(餐饮、购物中心、娱乐等)量身打造"企业名片"，发布服务促销信息。

5. 面向旅游管理部门的智慧监管

(1) 应急处理

建立应急指挥调度管理系统，开展景区运行状况的监测、调度及分析，利用基于 GIS 的综合应用管理平台在指挥调度大厅大屏上直观展示运行状况，并能够实时调度指挥处理景区紧急状况。

(2) 游客流动态监测

构建基于基站的旅游客流动态监测系统，分析客源分布状况，能够分省、地市显示客流的动向。对游客行为分析进行分析，例如，频次、停留时间，通过大数据分析，部署下一步景区景点规划，从而提升经济效益。

(3) 行业监督管理

建设统一的行业监管服务平台，合理设置旅游行业监管流程，开展基于物联网技术的景区运行活动监管，提高旅游监管水平。

(4) 景区综合管理

构建智慧景区综合信息管理平台，基于实时、动态的大数据采集、数据分析处理及标准化接口，通过物联网、云计算及大数据分析，实现对游客、景区软硬件资源等数据的实时掌控，以提升景区的信息化管理水平，提升景区管理效率和游客体验，为精准营销及可视化运行维护提供全方位支持。

(5) 疫情下的景区管理

2020 年年初的一场疫情席卷全球，景区在防疫期间的智慧管理就显得非常重要。智慧景区可以通过大数据、云计算、AI 人工智能等现代信息技术，并运用热成像、人脸识别、视频智能分析等技术的景区疫情智慧管理平台，对景区防疫期间进行智慧化管理。该平台支持历史数据回溯、数据分析等功能，为追溯疑似患者、亲密接触人员提供视频数据支持，让疑似患者、亲密接触人员及时隔离，为减少病毒传播扩散、遏制疫情蔓延提供有力保障，具体方案见表6-2。

表6-2 疫情下的景区管理具体应对措施及原理

措　施	原　理
体温检测	热成像人体测温摄像机采用红外非接触式体温检测，可实现快速体温筛查，进行远距离、大面积检测，降低交叉感染风险。在 30~45℃测量范围内，测温精度高达±0.3℃，一旦发现异常体温人员，系统自动预警，并启动复查方案，做到早发现、早隔离、早治疗，有效控制传染源
智能安检	智能温感人行通道及安检门通过高精度热成像技术进行人体测温和人员识别。遇到体温异常人员时，闸机自动关闭，避免疑似患者误入，大幅提高景区出入口防控力度，防止病毒扩散的同时，也大大节省了人力、物力投入

（续）

措　施	原　理
基于AI的体温预警系统	系统以专用红外热成像体温筛查仪为主要前端工具。该前端专门针对人体测温区间进行精确校准，能够适应人体健康检查的各种应用环境，能够有效针对人体温度分布区间进行高精度温度识别，特别适用于景区各类人员聚集区域、公共场所的人员健康情况管理。利用5G技术，同时结合生物识别技术、热成像测温技术、视频智能分析等技术手段，助力疫情防控，也是联通疫情防控AI全息掌控系统的主要构成部分
自动识别未戴口罩人员	景区入口处，通过设置具AI功能的人员卡口摄像机，可自动识别未戴口罩人员，实时语音劝导，纠正危险行为
客流分析系统	实现对景区客流的在线统计分析及实时人流量告警及应急指挥。通过景区内各路口设置带有客流分析功能的摄像机，实现人员限流管控，严控游客流量，确保游客健康安全

资料来源：王波. 基于智慧旅游的智能景区导览系统研究与设计[J]. 喀什大学学报，2018，39(3)：66-70.

（四）智慧景区建设规范

为了推动区域智慧旅游健康、持续发展，各地相继出台了智慧景区建设的指导性规范。例如，江苏省在2019年，江西省在2020年分别颁布了本省的智慧景区建设指南（规范）。江苏省在《江苏省智慧景区建设指南》中给出了智慧景区建设中的术语和定义、总体要求、基础设施、数据资源、支撑平台、智慧应用和实施保障，下面对其进行介绍[191]。

1. 总体要求

（1）应按照"统一设计，分步实施，集成应用，持续发展"的原则，制定智慧景区建设总体规划，与区域信息化发展规划进行有机结合和衔接，指导智慧景区的具体建设。

（2）应根据景区的区位分布、资源特色、业务流程和客流特征，构建符合景区自身需求的业务系统和服务系统。

（3）应建立景区各信息化系统之间的数据共享与业务协同，实现景区管理、服务、营销信息的集成应用。

（4）应充分发挥传感网、互联网和移动互联网作用，及时感知景区环境、设施设备、客流、业务流、物流、资金流等信息，实现信息流转的动态化、管理服务的智能化、应用平台的移动化。

（5）应加强传感网、移动通信、云计算、大数据、人工智能、虚拟现实、智能机器人等现代高新技术在景区中的创新应用，推动景区线上线下相结合的运营和服务模式创新。

2. 基础设施

智慧景区基础设施建设规范具体内容见表6-3。

表6-3　智慧景区基础设施

类　型	具　体　内　容
电力设施	景区中与日常运营核心业务、游客应急服务相关的软硬件系统应配置4h以上备用电源，确保景区应急通信、指挥调度、公共广播、视频监控功能在主电路停止工作后能正常运行
通信设施	应保障景区游览区域范围内和大密度客流情况下稳定的无线通信能力，能提供稳定的语音通话、网络通信服务； 无线宽带网络应能有效覆盖景区主要游览区域，包括景区出入口、主要景点、游客中心、交通枢纽地带和事故多发地，能提供免费、稳定的上网服务，同时应符合《互联网安全保护技术措施规定》的要求，实时监测相关信息

(续)

类型	具 体 内 容
物联网设施	景区出入口、主要景点、人员密集区、交通枢纽地带、事故多发地应安装视频监控设备，关键区域应布设红外、云台监控、高空瞭望，支持客流数据采集和危险监测； 景区工作人员、大巴、观光车(船)、重点旅游古迹、重要设施设备应建立基于室内外定位技术支撑的位置动态监测网络； 景区可与环保、气象部门合作，安装空气质量、水质、噪声、温度、湿度、风力环境监测装置，自动探测与对外发布相关环境指标； 声光设施、出入门禁、温湿控制设施设备应根据环境变化实现智能开启、关闭和调整，并支持人工远程智能管控
信息发布设施	景区出入口、主要景点、交通枢纽地带应布设大屏显示设备； 景区游客中心应布设触摸屏、平板电脑、智能旅游机器人等信息查询设备，可布设虚拟现实体验设备
应急指挥设施	景区应建设应急指挥中心设施设备，包括指挥大厅、指挥大屏、视频会议设备、会议扩音设备、无线对讲设备、救援电话，支持值守人员开展快速高效的旅游应急指挥工作； 景区出入口、主要景点、交通枢纽地带、安全隐患地带应部署求助呼叫装置
机房设施	应按照景区规模的大小、信息化建设实际需求，建设景区专用机房，配置数据存储、服务器设备，确保景区软硬件系统正常运行，机房的设计、施工、环境要求均应符合 GB 50174—2017 和 GB 50462—2015 的规定； 可采用托管、租赁等方式，利用政务云、公有云资源，减少通信线路、网络环境、机房环境的建设与维护成本； 应布设网络信息安全管理设备，关闭设备不必要端口和控制口，对所有设备进行端口绑定，以防止非法接入

3. 数据资源

（1）数据资源建设应依据 GB/T 16766—2017、LB/T 019—2013 等相关国家、旅游行业标准规范，统一景区数据分类、结构、编码和描述。

（2）应建设景区地理信息数据库，包括景区旅游资源、交通路网、商业网点、服务设施、土地利用地理空间数据。

（3）应建设景区管理类数据库，包括景区售检票、客流、停车场、视频监控、财务经营、应急指挥、投诉建议等业务管理数据。

（4）应建设景区服务类数据库，存储景区虚拟旅游、旅游活动、旅游舒适度、通知公告、停车位数量等对客服务信息。

（5）应建设景区营销类资源库，对接运营商大数据、互联网大数据、电商大数据等相关数据资源，存储景区客流数据、客源数据、营销活动数据、网络舆情数据等。

4. 支撑平台

智慧景区支撑平台建设规范具体内容见表6-4。

表6-4 智慧景区支撑平台

类型	具 体 内 容
数据交换与共享平台	应根据景区业务运行和服务需求，结合国家、行业、地方标准和主管部门规定要求，建设标准统一、资源开放的数据交换与共享平台，实现景区旅游数据的统一集成和管理； 应建立规范通用的数据共享接口，确保景区各信息系统之间的信息共享与传递； 可实现与政务大数据中心、旅游大数据中心等平台的数据交换，并按照规定要求实现各类信息的定期自动报送

(续)

类 型	具 体 内 容
统一身份认证平台	应建设统一身份认证平台,实现所有信息系统用户的集中认证和单点登录; 应统一管理景区系统用户、角色和权限资源
旅游地理信息平台	应建设景区旅游地理信息平台,实现景区静态、动态地理信息数据的采集、处理、集中存储和组织管理; 应基于2/3维地图、遥感影像、实景影像等显示旅游资源、环境资源、商业资源、服务设施的空间位置分布,可动态展示景区设施设备、工作人员、旅游者、车船等的实时位置信息; 应实现景区多尺度地图浏览、空间与属性信息查询、路径分析、专题地图表达、时空分布分析等功能; 应提供地图数据接口和地理分析服务接口,供景区业务系统和服务系统开发调用,为景区管理和导游服务提供基础支持

5. 智慧应用

(1) 智慧管理

智慧应用中的智慧管理具体内容见表6-5。

表6-5 智慧管理

类 型	具 体 内 容
日常办公	应建设景区OA、ERP、财务管理、资产管理等日常办公系统,实现日常办公事务在线处理; 日常办公系统可对接景区业务管理系统,实现日常业务指令的下达、无缝流转与状态查询等功能
资源管理	应围绕景区旅游资源、商业资源、设施设备、人力资源的管理需求,建设相应的信息化系统或模块,实现景区各类人、财、物资源的有效管理; 应实现景区旅游资源的信息化管理,对景区内的遗产资源、文物资源、建筑景观、自然景观资源进行信息记录与监控; 应实现景区项目、合同、客户关系的信息化管理,能动态查看项目进展、参与人员、日程安排信息; 应实现景区经营资源的信息化管理,能查询和统计景区内的住宿、餐饮、购物、娱乐商铺的租赁、经营情况; 应实现景区设施设备的信息化管理,能动态掌握强弱电、给排水、园林绿化、环境卫生、特种设备、消防控制、娱乐游憩、演艺、游客引导等旅游设施设备的运行状态,支持资料信息查询、巡检管控、故障在线报修、维修信息记录功能; 应实现景区厕所的信息化管理,能查询景区厕所的空间分布,实现厕所卫生环境的动态监管; 应实现景区人力资源的信息化管理,包括但不限于人力资源规划、考勤、招聘、培训、绩效管理、薪酬福利管理等,可对接到景区OA系统
运营管理	应围绕景区售检票、停车、投诉建议、咨询讲解、车船管理、游客接待(公务接待、团队接待、散客接待)、园林绿化与卫生管理、设施运维、演艺等常态业务运行管理需求,建设相应的业务系统或模块,实现业务协同、部门联动; 应建设景区售检票系统,加强二维码、身份证、手机、旅行年卡、人脸识别、指纹识别等电子门票的应用,提供自助购票与取票服务,形成全电子化的自动售检票工作模式; 应建设统一收银系统,能对景区所有的商业服务实现统一收银,支持银联卡、微信、支付宝等电子支付方式; 应建设智能停车场系统,有效控制车辆出入,记录车辆出入时间、来源地等信息,自动计算收费金额,支持车牌识别、停车引导、反向寻车、自助缴费等功能; 应实现投诉建议的信息化管理,构建多源渠道投诉建议内容的接收、登记、处理、归档、查询及统计分析等功能; 应实现讲解员的智能调度与绩效管理,提供人员排班、动态调度、讲解服务评价、绩效统计等功能,可通过显示屏显示讲解员实时位置、讲解员工作状态和游客等待时长;

(续)

类型	具体内容
运营管理	应实现车(船)的智能调度,可对接景区视频监控系统、客流采集系统,结合实时客流情况,实现车(船)的位置监控、动态调度、运行轨迹查询、保养提醒、安全预警、绩效查询等功能,能实现与行业主管部门监管平台的对接; 应实现公务接待的信息化管理,提供公务接待申请与审批、接待任务安排与协同、接待信息记录与归档等功能,可与景区讲解员、车(船)智能调度、售检票、OA对接,提前预订讲解员和车辆; 应实现景区卫生状况的信息化管理,可对景区环卫人员、环卫车辆(洒水车、垃圾车等)、果皮箱、垃圾桶、转运站等进行统一的平台化管理和调度; 可实现景区舆情监测,对数字媒体、论坛、博客、微信、微博等互联网平台上与景区相关的舆情信息进行动态监控与预警,可定期自动生成舆情报告
安防管理	应围绕景区安全管理、客流监控、预警预测、消防控制等需求,建设相应的业务系统或模块,形成景区常态化的安全监管体系; 应建设景区电子门禁系统,能对景区工作人员、游客、车辆进行区域进出限制,支持身份识别、实时监控、异常报警等功能; 应建设景区视频监控系统,能全天24h对景区出入口、客流集中地段、事故多发地段等重点区域进行实时视频监控,支持闯入告警、远程监控、录像检索与调看等功能; 应实现景区客流信息动态采集,支持客流信息查询与发布、监控与预警、预测与分析等功能; 应实现景区电子巡更巡检,可支持巡更线路设置、巡更信息点设置、巡更时间安排、巡更记录获取、巡更员排班等功能,能对接应急指挥平台; 可实现景区环境监测与灾害预警,对地质、气象、水文、噪声等环境数据进行采集和分析,支持灾害监测与预警; 可实现景区消防管理监测与预警,对消防栓、消防站等消防设施的运行状态和信息进行管理,支持消防预警

(2)智慧服务

智慧应用中的智慧服务具体内容见表6-6。

表6-6 智慧景区服务

类型	具体内容
信息服务	应建立基于互联网的大屏、广播、门户网站、触摸屏、微信、微博、移动APP、手机短信等多种旅游信息发布渠道; 应通过门户网站、微信公众号、移动APP、触摸屏等提供景区基本介绍、开放时间、门票优惠、游览线路、重大活动、宣传视频、官方攻略等信息查询服务; 应在景区出入口、游客服务中心通过大屏实时显示景区各景点的客流最大承载量、在园人数、游览舒适度、天气状况、空气质量、节目演出场次和注意事项; 应在景区停车场通过大屏显示实时剩余停车位数量信息,可提供反向寻车、自助缴费服务; 应在景区游览车登车等候处、讲解员服务咨询处显示服务等候时间; 应在门户网站、微信公众号、移动APP提供景区景点门票、游览车票、讲解员票、住宿餐饮在线预订,需要控制客流量的景区可提供游览时段预约; 应在门户网站、微信公众号、触摸屏系统等主要信息查询渠道提供多语种服务,至少支持英语服务
导游导览	应提供语音讲解器、移动APP、微信二维码等一种或多种自助导游讲解服务; 应提供基于景区电子地图的游览路径引导服务; 应支持景点和餐饮点、购物点、厕所、游客服务中心等服务设施的查询、定位与引导服务
虚拟旅游	应在门户网站、微信公众号、触摸屏系统提供景区虚拟旅游体验服务,可查看到景区重要的景观、名胜古迹、历史文物的全景图像或三维场景; 可在游客服务中心、重要景点提供沉浸式的虚拟旅游设备及其体验服务

(续)

类 型	具 体 内 容
救援服务	应在景区信息发布醒目处提供应急服务联系方式，信息发布系统应能够及时发布应急信息； 可在微信公众号、移动 APP、景区人流密集区、主要景点、安全隐患处提供一键救援服务，并自动上传救援位置、类型等信息； 可通过微信公众号、移动 APP 快速接收应急指挥中心提供的救援响应信息，查询和求助周边救援人员
投诉服务	应通过门户网站、微信公众号、移动 APP、触摸屏等多种方式提供游客满意度在线评价服务； 应建立电话、邮件、门户网站、微信公众号、移动 APP、触摸屏等多种投诉、建议受理通道，同时可实现后台的信息快速录入、自动分发与分级处理； 可通过门户网站、微信公众号、移动 APP、触摸屏等多种方式在线查询投诉的受理状态和处理结果

（3）智慧营销

智慧应用中的智慧营销具体内容见表6-7。

表6-7 智慧景区营销

类 型	具 体 内 容
自媒体营销	应建设景区自媒体营销平台，包括门户网站、微信公众号、微博、移动 APP 等，提供景区介绍、在线预订、活动推荐等服务； 自媒体营销平台应定期发布景区动态，开展线上活动，保持活跃度
第三方营销	应建设景区第三方营销平台，可与电商平台、互联网门户网站合作，开展营销信息宣传； 高等级景区应加强国际营销，可依托国际知名的网络媒体平台，开展旅游营销信息发布和营销互动活动
营销管理	应实现景区营销计划、活动方案的信息化管理，实现营销活动和业务的在线审批和营销信息的统一发布； 应整合景区门禁、票务、停车场等客情信息，结合运营商大数据、互联网大数据、电商大数据，开展精准营销，监测景区营销效果
电子商务	应依托国内主流的旅游电子商务平台，实现景区门票、旅游产品、商品的直销与分销； 可建设景区电子商务平台，依托门户网站、微信公众号、移动 APP 等渠道，实现门票、特色商品、纪念品的在线销售

（4）集成应用

智慧应用中的集成应用具体内容见表6-8。

表6-8 智慧景区集成应用

类 型	具 体 内 容
综合管控	应建设智慧景区综合管控平台，实现景区各业务系统集成，形成智慧景区综合管理门户； 平台可支持桌面端、移动端、大屏端等一种或多种形式； 平台应根据用户权限差异，建立动态配置的应用界面，满足不同部门、不同用户角色的业务运行管理需求； 平台应实现跨部门、多用户角色的信息共享与业务协同
应急指挥	应建设景区应急指挥平台，接收电话、移动 APP、微信公众号等多种渠道的应急信息上报，并与旅游、公安、交通等系统实现对接； 平台应建立应急预案库和应急事件审核机制，可自动根据应急事件的类型、位置、等级信息，及时启动对应的应急预案，实现多部门应急联动； 平台可实时对接景区各业务系统和服务系统，及时发布预警和应急疏散信息，同时实现应急处置过程监控和归档，评估应急处置结果

（续）

类 型	具 体 内 容
决策分析	景区面向部门运营管理的各业务系统应建立相应的业务统计分析、绩效评价分析和预测预警分析功能； 　应整合景区各业务系统、服务系统中的相关数据，建立统一数据决策分析平台，实现不同业务数据的组合、对比与关联分析，为景区的经营、营销、规划提供数据支撑和决策服务； 　应利用景区营销管理数据、电子商务数据、客情数据等开展客源市场分析、消费市场分析与营销活动分析，可结合公开发布、互联网抓取的周边区域与行业市场数据，建立景区市场发展潜力分析与市场预测预警机制； 　应利用景区售检票系统、通信运营商、视频监控、移动 APP 等各渠道获取的旅游者数据，建立客源结构、客流变化、游客行为等综合分析； 　应利用景区财务系统、统一收银系统等获取的收入、支出数据，建立景区营收结构、盈利能力的综合分析； 　应利用应急事件、处理流程、处理结果等数据，提供事件分类分级分析、处理质量效率分析，可结合景区旅游地理信息平台开展应急事件的时空分布分析； 　可利用投诉建议、互联网舆情、网络关注度等数据，实现景区的形象分析、质量分析与关注度分析； 　可利用各类服务设施、各部门工作人员空间分布数据，结合旅游地理信息平台，开展服务资源配置与人员配置优化分析

6. 实施保障

（1）应成立专门的智慧景区建设领导小组和景区信息化管理部门，负责监督和推进不同阶段智慧景区建设。

（2）应设立智慧景区专家咨询委员会，为智慧景区建设提供决策咨询。

（3）景区各部门应安排专门的信息化协调员进行业务协同，确保景区智慧化工作各项措施的落实。

（4）应建立智慧景区建设专项引导资金、运维资金长效投入机制。

（5）应有计划地进行智慧景区信息化人才培养和引进，定期开展景区管理人员、业务人员的信息化培训工作。

二、智慧酒店

（一）智慧酒店概述

1. 智慧酒店的定义

智慧酒店是指利用物联网、云计算、移动互联网等新一代信息技术，通过酒店内各类旅游信息自动感知、及时传送和数据挖掘分析，实现酒店服务的电子化、信息化和智能化，最终为旅客提供舒适便捷的体验和服务。智慧酒店的本质是通过数字化与网络化实现酒店信息化服务，是一套完善的酒店智能化体系，是酒店产业商业运营模式的创新及产业实现转型升级的路径与抓手[192-193]。

2. 智慧旅游时代酒店业的变革

（1）酒店业生态圈的变化

酒店业已经由原来的工具化逐渐演变为平台化，酒店业经营从关注自身转变为对酒店业生态圈各种资源的整合利用，在生态圈中占据有利的"生态位"，才能在竞争中获得生存

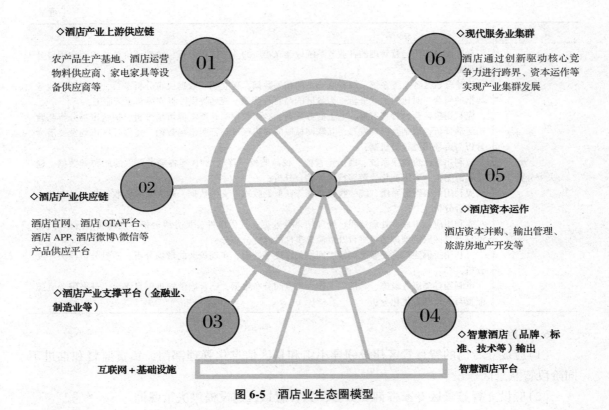

图 6-5　酒店业生态圈模型

和发展(图 6-5)[194-195]。

(2) 消费者行为发生较大变化

随着国民经济的持续发展，大众旅游、商务旅游、自助游的浪潮涌来，由此而带来的游客、住客对酒店服务的要求亦水涨船高，而且需求各异。如何满足海量的个性化需求，是各酒店管理者普遍面临的一个新课题。仅仅依靠传统思维和模式显然无法满足复杂的个性化和多样化需求，显然必须利用现代科技手段加以创新，将出行目的地的吃、住、行、游、购、娱、商等各类信息进行整合，向住客提供各取所需的系统服务，才能实现酒店管理和服务上的革命。

(3) 酒店管理模式的变革

信息技术飞速发展和酒店生态圈结构变化使酒店管理模式面临重大调整，需要将信息技术妥善运用到酒店的经营管理工作中运用互联网技术，利用线上和线下资源和手段有效整合酒店内部的各项生产要素，再造客户营销与管理流程，全面实现智能化集成，提升酒店自身的创新力和管理能力。

3. 智慧酒店功能

酒店作为直接面对客人提供服务的场所，应充分考虑个人隐私、个性化的需求，以及感受到高科技带来的舒适和便利。同时，酒店物耗、能耗、人员成本也应考虑降到最低，创造效益。智慧酒店至少应该包含以下功能：

(1) 智能门禁系统

智能门禁安全管理系统是新型现代化安全管理系统，它集微机自动识别技术和现代安全管理措施为一体，涉及电子、机械、光学、计算机技术、通信技术、生物技术等诸多新技术，是解决重要部门出入口实现安全防范管理的有效措施。

(2) 智能取电开关

通过采集取电开关卡片信息进行插卡取电、拔卡断电功能，未经授权的卡，拒绝取电。

(3) 交互视频体系

交互视频系统也经历了一个发展过程，2013年以前基本还是视频点播系统，起视频点播的作用。视频点播只是现在视频交互技术的一个基础，而不是全部。许多酒店在淘汰楼层服务员之后，很多饭店的客人不适应，在这种情况之下，引进交互式的视频技术，既可以达到提高效率的目的，又可以实现管理成本的降低，更重要的是可以使酒店形成一个比较好的数字化品牌。

(4) 电脑网络体系

入住酒店多为商旅人士，这个群体对电脑客房的需求率占95%，而出行愿带笔记本电脑的客人仅占10%左右。客房需备有电脑网络功能，满足客人进行互联网冲浪、收发邮件、Office软件办公、QQ/MSN聊天、股市行情、网上订票等需求。

(5) 展示体系

展示体系分为两类：一类是向客人展示自己酒店的资料与服务，如酒店的发展历程、分支网络、企业文化、酒店服务、特色菜系，方便客人了解；另一类是向客人展示当地的地方特产、风土人情等城市信息，节省客人查阅的时间。

(6) 互动体系

互动体系即客人能够在客房内与前台服务员进行互动，如前台服务员发布信息客人立刻就能在客房内查看，客人也可以在房间内进行点餐、订票、租车、退房等请求服务。

(7) 信息查看体系

客人在房间内可实现信息查询，如天气、航班动态、列车时刻、轮船时刻、客车时刻、市区公交、高速路况、市区路况等。

4. 智慧酒店的特点

(1) 人性化

智慧酒店的人性化建设，需要从提供人性化的酒店设施、经营管理、酒店服务等多方面入手，以高科技为依托，在信息化、智能化建设中，充分考虑住客需求体现人性化，更好地满足客户个性化和体验多样性的需求。

(2) 重视高科技，提高智能化

科技在酒店业的应用主要体现在三个方面，第一是顾客体验的智能化，如推出客房的智慧导航系统、VIP快速通道、电视门禁系统自动窗帘、雾化玻璃等；第二是与顾客交互的智能化，包括订房、身份识别、会议自动签到、客人车辆识别等；第三是内部管理的智能化，包括设备管理、员工管理、流程管理等。智慧酒店应拥有一套完善的智能化体系，能够带给客户更加智能化的体验。智能化体系包括酒店智能管理系统、智能娱乐休闲活动、智能信息服务、智能客房服务等，是一个依托现代技术的全方位智能化系统。

(3) 节能绿色环保

智慧酒店的绿色环保是其重要特征之一，也是酒店建设需要考虑的要点之一。酒店通过无纸化办公、环保办公用品的使用等，实现内部系统的绿色环保，通过能源运行监测与控制系统实时动态监测、分析并精确控制酒店电力、燃气、热水、暖气等能源系统的运行，减少酒店能源的无谓消耗，通过采用节能型设备，降低能耗，例如采用节能的 LED 照明系统、地源热泵等新技术，从而降低能耗。

(4) 信息化

智慧酒店不仅要通过信息化的方式和技术平台实现酒店的信息化管理，更重要的是要通过酒店 ERP 系统、OA 系统、酒店中央预订系统、自助登记入住系统、客房自助服务系统、智能点餐系统等，为游客提供高效、人性的信息化服务，让住客得到充足、便捷的信息服务。

(二) 智慧酒店建设

1. 智慧酒店建设的关键因素

(1) 智慧酒店规划

智慧酒店的建设是一项长期而艰巨的系统工程，它所涉及的不仅是技术问题，更是管理问题。不仅是短期建设问题，更是长期运营问题。在智慧酒店建设中，应统筹考虑客户群体、系统功能、实际需求、资金投入、投资模式、建设和运营模式、投资回收周期等事项，做好总体规划，确定建设与运营方案、分步实施方案，然后根据方案来规划系统建设。需要理性选择适合的智慧方案，既能满足客人的服务体验，又能有效地控制酒店的投资和成本。酒店要关注的是产品和服务的品质，放弃某些无用的智能设备[196]。

(2) 智慧酒店建设标准

由于酒店的智慧化建设投资大、成本回收周期长，需要依据行业的智慧酒店标准有序施工建设。在酒店的管理和服务系统方面，也要制定智慧化的建设标准，有利于智慧系统的高效使用。在智慧酒店建设过程中，实行行业认证管理，制定统一的智慧酒店标准规范和等级，统一对智慧酒店内涵的理解，规范 IT 公司在智慧酒店和酒店信息化中的技术开发标准，使本系统既能够保持系统自身的安全性，又能够与外部系统进行兼容[197]。

(3) 智慧酒店产品和服务

酒店产品和服务必须以满足客户的需求为主，应清醒地意识到智能化产品和服务的关系。必须深入研究客户的真正需求，通过智能化产品和服务满足个性化需求。智慧酒店的智能产品设计是以客人的方便、智能化体验为核心的。客人通过使用智能手机 APP 就可以完成酒店的预订和入住、住店期间的智能服务、智能消费等，通过融入个性化的服务理念，给客人带来全新的感受[198]。

(4) 智慧酒店信息

智慧酒店的发展不应是孤立的，可积极地融入智慧旅游与智慧城市的建设中，实现平台共享，既吸收外部的最新信息，又共享酒店整合的信息资源，从而推动酒店的信息化建设，这就需要在系统的软硬件标准和设施的建设中做好细致的规划。

(5) 智慧酒店人才

在传统酒店管理过程中已经建立了相关制度，形成了一定结构稳定的人才队伍。在智慧酒店实际工作中需要专业素质较高的优秀人才，但这些从事传统业务的人才不一定适应智慧酒店建设要求。因此，必须培养高素质的智慧酒店人才队伍，需要阶段性针对管理人员进行专业知识以及先进技能的培训，使工作人员掌握智慧旅游酒店的管理方式，以提升各方面工作水平，从而在工作中更好地完成任务。

2. 智慧酒店建设要点

(1) 设备的有效链接

随着智慧化水平不断提升，酒店管理人员要根据酒店内部各项设备的运行情况，定期引进新型的设备设施。利用先进的网络技术，对酒店电视系统与客控系统进行全面改造升级，能够保证酒店内部的各项设备实现稳定链接，帮助酒店管理人员更加快速获取数据信息。利用互联网技术对酒店内部的电视系统进行优化改造，能够促进酒店宣传与客人之间的良好互动，取得较好的应用效果。

(2) 客人与酒店之间的有效链接

运用先进的信息技术，酒店应不断拓展营销范围，真正实现精准化营销。WiFi 作为酒店客人刚需，随着微信成为重要的沟通工具，酒店内部的 WiFi 已经不再是单纯的展示通道，而是能够与客人之间有效互动，促进酒店和客人间的良好交流。酒店可利用 WiFi 与微信，主动和客人取得沟通，利用社会化工具顺利完成营销，提升酒店营销的精准化水平。例如，利用 WiFi 能够进行点对点的信息传达，利用微信开展优惠券营销，同时制定抽奖互动等方案，提升客人满意度。通过利用互联网技术与社会化工具能够显著降低酒店的运营管理成本，大量发展会员，提高直销水平，产生更多的经济收益[199]。

(3) 生态圈的有效链接

在传统的酒店中，主要利用现有设施设备为用户提供相应服务。而"互联网+"背景下，酒店通过利用外部资源优化服务模式，给客人带来更多优质的服务体验。在减配置与减员的条件下仍然能够为客人提供良好的服务。建设智慧酒店的过程中，智慧酒店要保持开放思维，通过与周围商圈企业有效合作实现生态圈链接与整合，进行跨界营销，针对性地增加酒店服务项目。酒店也可与商场、景区与第三方服务企业取得合作，不断增加酒店业务项目，为客人提供更为完善的旅居服务，进一步满足客人的个性化需求[200]。

(4) 酒店管理平台的有效链接

通过利用先进的互联网技术，对酒店内部管理平台进行升级优化，保证酒店管理平台的稳定连接。移动互联网的出现，能够促进酒店业的可持续发展。移动管理系统的构建能够保证智慧酒店业务服务水平得到显著提升，优化酒店管理流程。例如，深圳圣淘沙酒店通过利用互联网技术，将酒店内部的管理平台有效链接，缩短客人退房时间，由之前的 8~15min 缩短为 3~5min。虽然酒店利用物联网技术能够为客人提供更加多样化的智慧服务，但是由于客人知识水平与受教育程度的不同，酒店还要针对此部分客人，制定出独特的服务模式。不断优化智能终端，在满足客人实际需求的同时，简化操作步骤，从而推动智慧酒店的稳定运行。

3. 智慧酒店建设规范

北京市提出了《智慧酒店建设规范》，下面对其内容进行具体介绍（表6-9）[201]：

表6-9　智慧酒店建设规范

建设项目	建设内容及要求
供电、网络与通信	供电应采用多路冗余方式供电，能为旅客提供多种物理接口和电压，并提供不间断电源； 固定电话应提供叫醒服务，权限可区分市话、长途、国际长途，详单应可在前台打印，固定电话交换机应可接入SIP终端，可从电脑、平板电脑上发起呼叫，固定电话机应提供一键式接入服务； 客房应配有有线和无线网，互联网出口应具有链路冗余，互联网具有带宽管理的技术手段和多种计费方式，对为保证旅客上网安全应具有防病毒和木马的手段，具有上网行为监控功能，上网日志记录功能，能分析主流协议，对于敏感信息能报警； 移动运营商信号应能覆盖饭店的所有公共区域和客房，手机能进行顺畅的语音和数据通信
饭店管理	应有ERP系统，应包括物资管理、人力资源管理、财务管理； 应有PMS系统，应包括预订、查询客房状态、留言、出账管理、报表、夜审等功能，并方便与其他系统对接； 应有CRM系统，应包括客人回访、建立客人档案、满意度调查、投诉处理等功能，并能对各类数据进行挖掘分析，应能通过多种方式进行在线预订
会议设施	灯光能分区控制，亮度可调节，隔音效果好，有同声传译功能，有会议投票、表决、主席控制系统，有电视电话会议功能，有多媒体演讲系统，会议室内任何角落都应能听到清晰的语音，无杂音，会议室应提供无线网络覆盖，有远程会议系统，能通过网络或者智能终端设备进行预订
广播电视系统	应能收看适宜数量的中文节目和外文节目，具有视频点播功能，配备有线和卫星电视。饭店公共区域应能播放背景音乐
智能停车、电梯与监控系统	智能停车系统应提供智能卡计时、计费或者视频车牌识别计时计费，车库入口显示空闲车位数量，提供电子化寻车定位导引； 电梯应给客人配备身份识别卡，进入电梯识别客人楼层可自动点亮该楼层，无卡者进入电梯，可拒绝其任何按键操作，电梯应配备盲文，可供盲人操作； 监控系统应具有防盗功能、防破坏功能，视频清晰度高，能在黑夜环境中识别车牌号码，可设置电子围栏，对超过围栏的，可进行提醒，图像信息可供其他系统调用，能识别火灾并与消防系统联动
网站服务	应有品牌集团网站或者单体饭店网站，应支持多语言
智能信息终端	客房信息终端应支持多种形式（电视、电话和移动终端），支持多种功能（包括音视频播放、全球定位功能、带有便携式操作系统、能进行高速无线通信、能进行触摸控制、支持无线网、支持视频通话、具有较高的分辨率），支持多种语言
智能控制	客房智能控制应设置控制单元，网络通信方式支持TCP/IP方式传输数据，可扩展性好。智能终端应可控制空调、灯光、电视、窗帘等，并具有模式（睡眠、舒适等）设定功能。客房内应具备有效的节能措施
智能云服务	**智能云服务应提供丰富的信息呈现**：能显示北京市天气，能显示房间温度、湿度、空气质量，能显示饭店介绍、饭店公告、饭店特色餐饮、会议设施介绍、特色服务介绍、服务指南，能进行客房展示，能显示航班信息、火车信息，能显示周边信息，即客人周边三公里"食、住、行、娱、游、购"信息，能进行地图查询，能显示景区信息，能显示北京地铁线路图，能显示旅客消费明细，能在各个界面以明显方式发布广告及公告，能显示北京市PM2.5，能运用三维全景实景混杂现实系统技术使客人实现以第一人称视角虚拟漫游饭店，向客人展示完全真实的三维的饭店景象 **智能云服务应提供丰富的功能**：借物品服务，客房服务，点餐服务，查看前台留言，通知退房，提供用户投诉窗口，提供满意度调查 智能云服务应可根据对游客评价，形成上报信息形成报表；后台应能采集饭店已入住客房内温度、湿度等数据，对饭店客房舒适度数据进行集中收集和管理；后台应能进行商业智能分析，客户行为分析，饭店经营数据分析，并生成报表

(续)

建设项目	建设内容及要求
智能云服务	**智能云服务应提供丰富的电子商务服务**：可为饭店内的餐饮、商店提供菜品、商品预览，连接饭店收费系统，直接将消费账合并到客房计费，可预订周围餐厅，可预订旅游线路，提供叫车服务，提供酒店预订功能。餐厅应提供平板电脑智能点餐服务
公益文化	网站或者智能终端中应设置公益募捐宣传栏目，可进行电子化募捐，设置节能环保、中华文化、城市文化、政策法规等宣传栏目
创新项目	鼓励饭店在管理、客户服务、节能减排等方面创新，并在本规范中设置评定项目

三、智慧旅行社

(一) 智慧旅行社概述

1. 智慧旅行社的定义

智慧旅行社 (intelligence travel agency, ITA) 是利用云端计算、物联网等新技术，通过互联网/移动互联网，借助便携的终端上网设备，将旅游资源的组织、游客的招揽和安排、旅游产品开发销售和旅游服务等旅行社各项业务及流程高度信息化和在线化、智能化，到达高效、便捷、低成本规模化运行，创造游客满意和旅行社企业盈利的共赢格局。

相对而言，在线旅行社 (online travel agency, OTA) 是智慧旅行社的基础，在线旅行社主要突出在线方式。智慧旅行社是在在线旅行社的基础上，强调技术升级，更加人性化，强调与环境的互动，它的服务是个性化和有记忆的。智慧旅行社不仅能够让游客更加科学、快捷的自主选择旅游服务商、旅游产品，更能实现移动化、虚拟化旅游行程规划，提升游客出游前的体验度。同时，在旅游过程中，游客能够享受到全程定位、安全预警、紧急救援、移动终端查询与预定、在线支付、电子行程单及电子合同下载、智能导览等服务。此外，游客还可以通过社区游记与照片的分享、行程满意度评价等完成反馈过程[202]。

2. 智慧旅游时代旅行社变革

智慧旅游时代旅行社面临着产业结构、产品创新、行业平台、产业体系等多方面的变革[203-205]。

(1) 旅行社产业结构变迁并形成新的商业模式

在西方国家，旅行社的发展经历了由"小而全"进化为由批发和零售形成的垂直分工体系，随后通过旅行社间的横向和纵向兼并，形成一体化形态的寡头垄断的产业格局。而在中国，由于特定的制度背景和历史原因，旅行社长期以来以水平分工为主，并缓慢地向垂直分工过渡，旅行社也一直因为其"小、散、弱、差"的特征而广受诟病。

智慧旅游时代旅行社产业结构的变化可以用经济学的理论加以解释。根据斯密定理，市场范围限制劳动分工。从空间上看，一般而言，旅游供应商靠近旅游目的地，而旅游零售商靠近旅游客源地，旅游批发商将目的地和客源地串联起来。在产业发展初期，市场的需求有限，只能形成单一的旅游服务商来提供旅游服务，但同时旅游产品的价格也相对较高。随着需求的上升，分工开始出现。旅游批发商通过大量采购旅游供应商的单项产品和服务降低平均成本。在构建专有销售渠道费用太高的前提下，旅游批发商将委托旅游零售商销售其旅游产品。随着需求的进一步扩大，一方面，旅游批发商和旅游零售商有着进一步扩大规模（横向兼并）降低成本的动力；另一方面，旅游批发商和旅游零售商也有着通过纵向一体化的方式降低信息费用和谈判成本，获得市场支配地位，获取垄断利润的冲动。互联网改变了交易场所，拓展了交易时间，丰富了交易品类，加快了交易速度，减少了中间环节。互联网时代的到来将加速中国旅行社的产业结构变迁并形成新的商业模式。在与互联网融合的过程中，中国也出现了一批如携程、艺龙、去哪儿、途牛、阿里旅行等在线旅行社。

(2) 产品创新成为旅行社的生存根本

在传统旅游业态下，旅行社通常扮演着中间商的角色。旅游业的资源和信息在旅行社汇集，旅行社赖此组织旅游营销和旅游服务。旅游价值链中的主要利益相关者交通运输、餐饮和酒店业、旅游产品或服销商等对旅行社的依赖程度较大，与消费者之间的联系一定程度上依赖旅行社，这为传统旅行社业的生存提供空间。但在智慧旅游时代，消费者开始居于价值链的中心环节，以往的相关利益主体与消费者间直接的信息交换和商业往来没有障碍，旅行社原有的地位被去居间化，在旅游业中易失去原有的核心价值，带来市场的持续萎缩。信息化和智慧化的发展，使消费者可以更加便捷地获得旅游产品和服务价格信息，传统旅行社逐步失去定价权。消费者为了获得理想的服务价格甚至可以绕开旅行社与目标直接进行交易。为了争夺有限的市场，传统旅行社大多采用低价竞争策略，导致旅行社不断降低运营成本，带来服务质量的不断下降，这又导致消费者投诉的增加，客户群的不断流失。这种恶性循环的低端运营模式下，传统旅行社的生存空间日趋受到压缩，生存环境日益严峻。目前超过90%的国内游客和超过70%的出境游客不是由旅行社提供服务的。因此，旅行社必须转变经营模式，紧紧抓住游客的需求，才能在市场上获得立足之地。依托各种智慧旅游数据开展旅游者信息甄别和有效分析，对旅游者的消费行为和兴趣爱好进行分类并对不同类型的旅游者进行数据分析，确定不同的细分市场，继而提供定制旅游产品，才能将旅行社潜在客户变成现实客户。

(3) 旅游产品销售平台化，旅行社的集中度将不断提升

传统的旅游产品通过旅行社的门市部进行销售，有旅游需求的消费者需要进店咨询工作人员获取旅游产品的信息。旅游产品属于无形产品，无法像有形产品一样直观体验其效用，因此需要向每个旅游者详细解释其产品的特征，这极大地增加了旅游产品的销售成本。而且在垂直分工体系尚未形成的前提下，每个销售门市都尽可能地销售自己的旅游产品。消费者想做到货比三家，需要辗转于多家旅行社之间，这使得消费者获取旅游产品信息的成本大增。互联网的出现从根本上改变了这一局面。通过网络销售平台（网页端和移动端），消费者可以随时随地、非常清晰地获得有关旅游产品的信息，也更容易实现多个旅游产品间的比较。门店的咨询工作也被类似于"24h"客户服务电话这样的服务所取代，这不仅节省了旅行社设置门市的费用，也使得旅行社的效率得以提升。旅行社通过平台销售旅游产品，具有典型的规模经济和网络经济特征，表现在供给侧平均成本随用户的增加而下降，需求侧消费的效用随用户的增加而上升。这种平台经济所展示的自然垄断特征是旅行社（特别是旅游代理商和零售商）集中度不断提升的内生动力。近年来，OTA的集中度不断提升的趋势非常明显。

(4) 垂直分工和纵向一体化将成为未来旅行社产业体系发展的两条主线

传统意义上，纵向一体化出现在垂直分工体系形成之后。而在中国，长期存在的水平分工体系，在互联网技术的推动下，一方面向垂直分工过渡，另一方面直接向纵向一体化过渡。如上所述，互联网平台具有典型的网络经济特征，即用户数量越多，平台的品牌价值越大，同时，平台的平均成本越低。因此，旅游产品的网络销售平台，有越做越大的内生动力。如今，作为旅游代理商的携程、艺龙，作为旅游垂直搜索引擎的去哪儿，作为旅游零售商的阿里旅行，企业规模增长迅猛。旅游零售商和代理商的做大做强，都是互联网技术不断促成垂直分工体系的产物。

互联网技术的推广和运用很大程度上降低了旅行社间纵向一体化的交易费用。通过对网络平台的建设、投资或并购，旅游批发商便不再受制于销售渠道，从而形成纵向一体化的旅游企业。因此，就旅游批发商而言，特别是形成一定规模的旅游批发商，通过后向一体化，扩大规模和延长产业链条，更加符合其利润最大化的发展目标。比较典型的例子是"众信"作为出境旅游的主要批发商之一通过上市以及对"悠游旅游网"的战略投资向纵向一体化的目标迈进。而传统的旅行社如国旅、中青旅，则直接建设其线上网站——国旅在线和遨游网，销售旅游产品，实现线上到线下的相互融合，完成互联网时代的一体化经营。由于互联网平台经济的独特属性，可以预见旅行社的垂直分工体系和纵向一体化将成为未来中国旅行社产业发展的两条主线。

(5) 旅游产品和服务质量逐步成为传统旅行社间优胜劣汰的决定性因素

互联网技术缩小了旅游者和旅行社之间的信息沟通成本，同样极大地降低了旅游者之间的信息沟通费用。传统意义上，由于旅游产品的购买先于消费，空间分割又使得旅游目的地的信息和旅行社的服务质量难以被消费者准确评估，信息不对称所带来的"逆向选择"给予大量低质低价的旅行社生存的土壤。而基于互联网技术，由游客制作的旅游攻略和游客参与的在线评价体系使得旅游目的地的信息更加透明，旅行中的猫腻和陷阱不断被揭示出来，旅行社的服务也被呈现于日光之下。在公平竞争的环境下，优质低价的旅行社终将脱颖而出，实现旅行社的优胜劣汰。

尽管互联网对传统旅行社的冲击巨大，但并不能取代传统旅行社。旅游归根到底是在异地的体验行为。旅行社线上的销售最终需要线下的服务才能落地。旅游者在旅游目的地的体验和感受取决于旅游产品的质量，在这个意义上，旅游业还是传统服务行业。互联网行业擅长通过网络经济和规模经济，将产品标准化以降低单位产品的成本。但随着收入的提高，旅游者的旅游需求越来越个性化和多元化，这决定了旅游产品越来越难以标准化。移动互联平台使信息愈加通畅，产品设计合理、服务质量好的旅行社必将脱颖而出。

实际上，旅行社下游竞争越激烈，中上游优质供应商和批发商就越有可能脱颖而出。与传统模式相比，互联网不仅提高了旅游者和旅行社之间的信息对称程度，更为重要的是，它还同时提高了旅行社产业链上、中、下游之间的信息对称程度，这意味着一些提供优质服务的批发商基于互联网平台的支持不再受制于销售渠道，从而实现盈利和增长。例如，欣欣旅游网吸引了近7万家中小旅行社加盟开设网店，利用旗下两个平台(欣欣旅游网及欣旅通)的优势资源互通成为目前国内最大的 B2B2C 平台，这在传统模式下是无法实现的。

（6）旅行社产业的边界将不断扩大

互联网极大地扩展了旅行社产业的边界，在携程作为一家互联网企业的发展之初，并不在《旅行社管理条例》的监管范围，而去哪儿网作为一家以垂直搜索引擎为核心竞争力的互联网企业，早已超越了传统上旅行社的定义。滴滴公司通过已经上线的"滴滴巴士"产品进入公共交通市场，再进一步开通景区的巴士服务就可以进入本地的"一日游"市场。所以说，互联网的技术革命带来的碎片化创新和产业间的跨界融合使得旅行社的产业边界越来越模糊，很难想象未来还有哪些企业以何种方式进入旅行社行业。

3. 智慧旅行社的主要商业模式

（1）传统旅游代理商融合为在线旅行代理商

在"互联网+"背景下，旅游代理商主要选择单项旅游产品通过网络进行代理销售。如携程近80%的收入来自饭店预订和交通票务代理，艺龙80%以上的收入来自饭店预订佣金。在这种模式下，在线旅游代理商专注于为用户提供更好的线上销售体验和售后服务。

去哪儿提供的垂直搜索引擎实际上也是在线旅游代理服务，其核心业务收入在于"按效果付费项目"（pay-for-performance services，P4P）的服务收入，服务业务的收费按照"点击成本模式"（cost perclick，CPC）或者"实际销售量成本模式"（cost persale，CPS）的方式计量。可通过跟踪每千条查询收入值的变化掌握系统将查询数转化成销售收入的效率高低。P4P服务占去哪儿营业收入的比重不断上升，从2012年的89.0%上升至2014年的94.9%。P4P只是一种计费方式，和佣金并无本质区别，在去哪儿的收入中，近90%来自机票和饭店的搜索业务[206]。

（2）传统旅游零售商融合为在线旅游零售商

"互联网+"传统旅游零售商融合为在线旅游零售商通过互联网销售平台销售旅游批发商的产品，就是几年前的"旅游超市"概念，由于长期难以形成垂直分工体系，导致"旅游超市"无疾而终。互联网从根本上改变了这一局面。阿里旅行本质上是基于互联网的旅游超市。入驻阿里旅行的每个旅游批发商需交纳1万元的保证金用于交易纠纷的赔付，并需按年交纳1.5万元的服务费，还需按照支付宝的成交额交纳2%的技术服务费。阿里旅行是一个真正意义上基于互联网的旅游零售商，其自身并不生产旅游产品，而是通过阿里巨大的流量入口和便捷的支付体系，出售旅游批发商的产品[207]。

（3）"互联网+"传统旅游运营商（批零一体化）融合为旅游O2O

从线上到线下模式（online to offline，O2O）便是传统旅行社（尤其是水平分工体系下的垂直一体化旅行社）与互联网相结合的产物。通过线上销售、线下体验实现线上线下的无缝衔接，专注于产品品质和提高效率。众信和途牛就是典型的例证，众信营业收入中80%以上都是出境游产品的批发和零售项目，而途牛的跟团游收入占全部营业收入的95%以上[208]。

4. 智慧旅行社的表现

根据旅行社的主要业务流程，智慧旅行社应主要表现在旅行社产品销售、旅行社内部资源组织、评价系统等方面，具体实现则要通过硬件要素、软件要素和功能要素来实现。硬件要素为智慧旅游旅行社提供了物质基础；软件要素通过应用"云计算"技术实现海量数据存储与处理，通过"物联网"技术实现旅行社应用的"线上""线下"融合，通过"移动通信"对以散客为服务对象的新型旅游方式提供技术保障;功能要素则实现了包括旅行社信息管理、旅行社营销、旅行社服务、旅行社智慧体验等功能(表 6-10)[209]。

表 6-10 智慧旅行社的主要表现

层面	硬件要素	软件要素	功能要素
通用要求	基础网络: 光纤接入覆盖 无线网络覆盖 扩大用户带宽 移动电话普及	云计算技术:实现海量数据存储与处理	网站平台、无线网络:了解游客需求变化; 云计算技术:提供及时有效的旅游信息咨询; 云服务平台:提供全面及时服务
质量要求	需通过国家产品质量安全的网站信息平台	信息系统:对海量信息进行采集、存储和处理	物联网技术:提供全程、动态、互动的服务
服务要求	物联网应用平台	物联网技术:实现旅游应用的"线上""线下"融合; 移动通信:提供多样化用户终端服务	物联网技术和应用平台:多部门集成和一站式服务; 物联网技术和网站平台:旅游产品信息进行整合推送; 移动通信技术:顾客预订、咨询和投诉
创新要求	云服务平台	人工智能	人工智能:创新性的智慧旅游服务体验项目; 无线网络:线上旅游分享与动态跟踪

智慧旅行社实现其主要功能基础上,还可以根据自身的实力及业务规划,实现结构和应用创新,使智慧旅行社更为完善。

(1)智慧旅行社结构要素创新

智慧旅行社结构要素创新具体内容见表 6-11。

表 6-11 智慧旅行社的结构创新

层面	创新类型	具体内容
通用要求	硬件	与公安、交通、工商、卫生、质检等部门形成信息共享和协作联动,结合旅游信息数据形成旅游预测预警机制,创建信息共享与互助联动平台
	软件	根据旅游者需求制定旅行规划,通过多种数据信息的整合技术,利用智能流程规划系统将多种消费者需求进行分类融合,整合分析处理,根据旅游线路、服务点数据库综合分析,制定旅行线路
	功能	实现旅行社基本服务的构建
质量要求	硬件	建立旅行社内部组织管理信息系统
	软件	建立仓库管理系统,根据需求设定材料采购,对物资进行智能化管理,减少资源闲置; 与餐饮、景点、酒店、交通等形成合作协议,减少采购成本。同时建立质量评级机制,严格材料质量管理,及时处理过期、损坏、不达标材料
	功能	保障人员、产品、安全、服务的质量要求
服务要求	硬件	建立评价系统,包括游客对导游人员、对旅行社的评价体系与旅行社对游客的表现评价与信用评估,在游客游览活动完成时,及时建立针对性的评价系统有助于旅行社对游客信息、对员工服务进行管理
	软件	通过多媒体体验分享系统,游客在旅行过程中可以随时通过视频、图片等形式分享、展示、推荐良好的旅游服务; 通过售后评价系统,游客可以对导游人员的工作态度、专业能力等进行评价,对旅游企业的管理安排进行反馈,将评价与反馈信息录入个人档案库,进行核查并及时改进
	功能	实现协同合作,在销售上实现人文关怀

(续)

层面	创新类型	具体内容
创新要求	硬件	建立游客信用评价系统，游客信用评价来源于两个方面，一方面是导游人员与同行人员的主观评价，在服务结束后，员工进行工作总结，对游客与自身表现情况进行反馈，查实后录入客户信用系统；另一方面来自游客信息系统的客观数据记录，依据为购买次数、购买金额、是否有违约记录等，通过信用体系的建立合理规范旅游行为，保障游客和旅行社双方的利益
功能要求	软件	智慧旅行社通过 3D 虚拟现实技术增强旅行社产品的有形化销售，利用移动数字终端向游客展示虚拟旅游产品，甚至创造 3D 虚拟场景，创建旅游产品画册和二维码地图等新媒体服务； 借助移动通信技术将产品、活动进行点对点地推送，实现旅游产品的针对性营销； 建立用户信息库，积累游客数据和旅游产品消费数据，根据客户信息资料、购买需求、购买习惯制定个性化产品，定期针对客户进行推送
	功能	通过评价系统保障双方利益。实现线上消费与线下消费相结合，满足不同需求人群的需要，线上消费包括自建的官网和其他在线旅游代理商，对旅游产品进行模块化分类，根据游客需求灵活地进行产品组合、推荐与引导

（2）智慧旅行社应用创新

主要包括软件应用和功能应用创新两个方面。

①软件应用升级

建设旅游电子合同管理系统： 旅游电子合同是以电子版的旅游合同为核心，实现旅游合同的在线填写、签署、修改、上传设备、统计分析、监督管理的安全流程，是服务旅行社、服务旅游者、服务管理的综合性平台。这种在线操作的合同签署，不仅能够控制流程，还能给游客提供新体验。

建立 O2O 售系统： 组团社利用 O2O 这种线上线下一体化的销售方式，实现自身的智慧营销。

建立 B2B 分销系统： 一方面，地接社搭建一个在线销售平台，实现在线产品的分销；另一方面，地接社与旅游业其他行业紧密结合，加强与酒店、景区等的合作，实现资源共享和资源整合。

完善服务质量跟踪及游客互动工程： 目前地接社大都建立了游客反馈平台，最常见的就是旅行社自身的官方微博、微信，以及行程结束后的问卷调查或评价，有利于旅行社对导游人员服务质量的管理和服务系统的完善。

建立 3D 体验店： 在传统的旅行社门店的基础上，通过最新的信息技术，以先进的业务系统为保障，建立游客的 3D 体验店，全面提升游客的体验感。游客来到体验店，能获得关于旅游线路和产品的虚拟体验，同时也能获得咨询报名—提交材料—付款—售后一条龙服务。有些游客可能不熟悉在线预订技巧，在海量信息中无法找到适合自己的产品，而在体验店，咨询者可以在工作人员的帮助下在互联网上万条线路中找到适合自己个性化需求的产品，同时游客也可以通过咨询专业领队获得最新鲜的一手资料。

建立旅行社 APP： 利用 APP 开展产品和线路定制服务。游客登录 APP 或旅行社网站，进行注册成为会员后，可以自由选择酒店、机票、景点、娱乐、餐饮、旅游包车、私人导游等产品，系统将游客选择的产品自动生成行程，并实现自动纠错功能，将之动态打包成一个整体产品，系统自动生成产品价格。游客通过网络支付平台支付，订单被支付完成后，系统会自动确认订单信息，待确认无误后购买即算完成。在游客出行时，网络私人管家会提供全程跟踪服务，以确保游客一路平安、玩得愉快。

②功能应用升级

提供一站式服务：报团、跟团、出团这一系列的服务都由一家旅行社来实施。旅行社和酒店、景区达成合作，游客的出游更加方便，实现旅行社基本服务的构建。

建立监控体系：建立质量标准体系和质量监控体系，对业务整个流程进行全程监控，掌握人员、产品、安全和服务的运行状态，保障人员、产品、安全、服务的正常运行。在必要时启动应急响应机制，保障各个要素的质量和安全及系统平稳有序进行。

保障游客的安全：这个"安全"包括身体安全、信息安全、隐私安全，如可以给上了年龄的游客佩戴可以感受自身身体能量和热量的手腕带，当游客身体不适时可以及时进行治疗，游客和旅行社签订的旅游电子合同必须有一定的防入侵功能，使游客的个人信息得到最好的保护。

具有人文情怀的销售功能：旅行社的营销策划不仅要达成自身盈利的目标，更需要从人文情怀出发，多从游客的角度思考问题，在营销方案中应多加入一些对老人、小孩、残疾人的内容。

（二）智慧旅行社建设规范及要求

北京市出台了《北京市智慧旅行社建设规范（试行）》，该规范从业务智慧化、管理智慧化和新技术应用三个方面对智慧旅行社的建设规范提出要求。其中，业务智慧化和管理智慧化是对智慧旅行社的基本要求，新技术应用则是对智慧旅行社的成长性要求（表6-12）[210]。

表6-12 智慧旅行社建设规范

项 目	内容和要求
信息收集与资源采购	智慧旅行社应实现对旅游资源供应商的统一在线管理，包括供应商基本信息、要素价格、合同记录及财务信息等。旅游资源供应商主要包括景区、饭店、交通工具以及旅游保险等
产品策划与发布	在实现资源采购的基础上，应可对收集和采购的信息实现在线策划，形成可以销售的旅游产品，并可实现在线定向发布
产品销售	应实现旅游产品在线广告宣传、在线展示与查询、在线预订及在线交易，实现多渠道同步发布和销售，建议提供电子咨询单和预订单；推荐实现电子合同管理
游客服务	应为游客提供便捷高效的呼叫中心服务，通过建设各类问题数据库，提供标准的信息咨询，接受意见反馈，并可提供游客关怀；推荐直接实现业务预订处理； 应通过网站等渠道收集游客的意见反馈，提供在线留言与评分，对收集到的意见和建议及时反馈；推荐提供旅游体验分享功能； 应实现客户关系管理，对所有游客基本信息进行在线收集和管理并进行统计分析
订单管理	应通过在线的方式提供电子预订单、电子订单、电子行程单、电子订单的结算单、电子导游领队任务单、团队地接任务的电子通知单，实现在线的订单流转，并可对上述电子单据进行数据统计和分析
团队管理	应实现通过ERP系统对所有团队、导游领队、旅游大巴的即时信息进行管理和查询统计，实现导游领队、旅游大巴的在线调度与在线监管
统计结算	应通过ERP系统对日常业务数据进行统计和结算，形成电子统计报表与结算报表，并可与财务数据进行对比分析；推荐实现业务数据与财务数据的无缝对接，直接生成财务报表

（续）

项目	内容和要求
内部管理	应可通过 ERP 系统实现对业务数据和财务数据的实时监控；推荐通过 ISO 质量管理体系认证实现业务流程和文档的标准化管理； 应通过 OA 系统对旅行社企业内部日常工作加以管理，包括行政事务、资源管理、会议管理等；建立完善的人力资源管理制度，实现内部业务流程垂直分工的企业组织架构；推荐实现 OA 系统与 ERP 系统的对接，从而实现自动化绩效考核； 应使用成熟的财务管理系统实现在线的收、付款与结算等财务管理，可在线自动生成财务报表和数据报告；推荐实现业务数据和财务数据的在线对接和财务数据监控
行业监管	应与旅游监管部门实现技术对接，实现旅游数据（团队、电子合同、游客和保险）的全面及时上报，配合旅游监管部门在线审批和监管，完成上下游信息的对接
技术对接	应在国内业务、入境业务、出境业务、单项服务、会议奖励等业务上实现在线操作，鼓励使用电子印章技术、射频技术和全球定位技术（可应用于旅游大巴管理、团队行程管理和身份识别定位中）。鼓励通过数据挖掘技术对业务、游客、供应商数据等进行挖掘分析，应用云技术实现资源共享和云服务。鼓励积极开发或引进新技术，并将新技术应用于旅行社业务

思考与练习题

1. 简述智慧景区建设总体框架的主要内容。
2. 简述智慧景区解决方案的主要内容。
3. 智慧酒店的建设要点、主要内容是什么？
4. 智慧旅游时代旅行社的变革体现在哪些方面？
5. 智慧旅行社的表现是什么样的？

第七章

智慧乡村旅游

导 读

　　物联网、云计算等现代信息技术的运用对乡村旅游产业进行了全方位、立体化、智能化的升级，打通了智慧乡村旅游发展新通道。这不仅体现在对旅游信息进行智慧化的收集和处理，同时还将信息化渗透到乡村旅游活动的各个环节，为塑造乡村旅游创意新形态、加大乡村旅游营销推广力度、创新乡村旅游投融资方式、提升乡村旅游品质等积蓄了发展势能。智慧乡村旅游基础服务系统结合各乡村旅游景点的特色，为游客们提供了低成本、高效率的智慧服务模式，促进了一体化、全方位的旅游新体验，较大程度提升了乡村旅游的品质。智慧乡村旅游关键在于充分发挥信息技术在乡村旅游前、游中、游后的优势，做到线上线下的高度融合，打造服务体验的闭环，形成旅游大数据生态链，最终服务于乡村经济的发展。智慧乡村旅游不仅止步于建设免费WiFi网络和微信、微博等平台，增强网络宣传、咨询、预订和支付等功能，还在于加强游客的交互体验，深层次引领游客进行消费升级。

学习目标：
1. 智慧乡村旅游发展背景
2. 智慧乡村旅游发展策略
3. 智慧乡村旅游建设规范

核心概念：
智慧乡村旅游
新农村建设
乡村振兴

一、智慧乡村旅游概述

(一) 智慧乡村旅游概述

1. 智慧乡村旅游的概念

智慧乡村旅游是以乡村社区为整个景区场所,以乡野农村独特的自然景观、人文景观、民俗风情以及传统的手工艺品等旅游资源为依托,以各种乡村旅游产品为载体,以现代都市人为主要客源市场,吸引游客注意力,满足游客休闲、娱乐等各方面的需求,以获取利益为目的的一种新型的旅游业态。

2. 智慧乡村旅游发展背景

(1) 乡村旅游产业变化

乡村旅游是旅游业发展新热点,是最具潜力与活力的旅游板块之一。当前,乡村旅游发展的总趋势表现为[211-214]:

游客更加注重体验:从乡村旅游到乡村生活的新理念。在注重用户体验的时代,游客的观念也发生了深刻的变化,乡村旅游更注重乡村旅游体验。一部分游客到乡村已不再是单纯的旅游,而是被乡村的良好的生态环境所吸引,并且能更好地亲近自然和享受有机生态食品,因而在当地较长时间地生活和居住,这种现象普遍存在于当前发达国家和地区。从乡村旅游发展到乡村生活,国外典型的国家之一是日本。日本的退休人士和一些在城市工作的人士,他们一年中有较长一段时间居住在乡村。

乡村产业向高效和高质量转型:从旅游消费的构成看,游客在注重品质时,情感消费需求增加,更多地追求能表达自我、彰显个性的产品和服务。乡村旅游作为生态旅游的重要组成部分,正走向一条更加贴近客户需求的高效、高质量的转型发展道路。如今许多地方往往共同规划、协调发展,以全村、全镇、全县范围来做乡村旅游。在推动乡村旅游的过程中,为避免同质化竞争、取得差异化优势,各个村镇实行诸如"一村一品""一户一业态"的差异化发展策略,深挖潜力,精心设计,打造精品,使乡村旅游呈现出全域化、特色化、精品化。农村的生产、生活资料转换成具有观光、体验、休闲价值的旅游产品,并且一定区域内实现差异化发展。

产品形态多样化:城市居民休闲多样化和需求的多样化促成了乡村旅游形式多样化,包括观光采摘农业、大棚生态餐厅、农家乐、农家大院、民俗村、垂钓鲜食等,带动了观赏经济作物种植、蔬菜瓜果消费、家禽家畜消费、餐饮住宿接待、民俗文化消费的全面发展。乡村旅游已超越农家乐形式,向观光、休闲、度假复合型转变。

乡村产业多样化:乡村旅游转型和产品多样化使乡村产业多样化,农民可以以旅游为主业、种植为副业,身份可以从务农转变成农商并举,农户可以独立经营,也可以形成私营企业,吸引农民大力发展观光农业、生态农业、精品农业,同时把第三产业引入农村,提升了产业附加值,赋予乡村文化多样化和现代感,如发展乡村牧场、乡村营地/运动公园、生态博物馆、乡村庄园/酒店/会所、教育农园、乡村博物馆/艺术村,提供更多的高附加值的产品等。

农村景区化:乡村旅游经营者用现代化的经营思想运营乡村旅游。以乡村风貌为旅游本底,用景观的概念建设农村,用旅游的理念经营农业,用人才的观念培育农民,将乡村打造成旅游度假胜地，乡村民居成为观光体验产品，乡村民居与本地资源及文化特色相结合，形成产业型、环保型、生态型、文化型、现代型发展思路。通过适当借鉴城市公园，在村民居住地旁，选择交通条件好、风景优美的地方建设乡村公园，通常也包括一部分乡居住宅和田园景观，使乡村旅游地不仅成为居民的美好生活家园，更成为游客向往的精品生态旅游景区。

(2) 新农村建设

乡村旅游和社会主义新农村有着紧密的联系，新农村的"新"主要体现在生产发展、生活宽裕、乡风文明、村容整洁和管理民主五个方面，而这些方面都和乡村旅游关系密切。总体来说，社会主义新农村建设能够极大地推动乡村旅游的发展，乡村旅游的发展又能更好地促进社会主义新农村建设，两者之间的有效结合和互动，能够形成新农村建设一种重要而且行之有效的模式，即以乡村旅游产业为导向的社会主义新农村建设。乡村振兴战略中就明确提出以互联网和信息技术为纽带推动乡村旅游高质高效发展，建设现代化的美丽乡村。

党的十九大报告中提出"乡村振兴"战略，认为农业、农村、农民问题是关系国计民生的根本性问题，必须始终把解决好"三农"问题作为全党工作重中之重，实施乡村振兴战略。乡村振兴的最终目标，就是要不断提高村民在产业发展中的参与度和受益面，彻底解决农村产业和农民就业问题，确保当地群众长期稳定增收、安居乐业。日前公布的《乡村振兴战略规划（2018—2022年）》，首次建立了乡村振兴指标体系，提出了推动城乡融合发展、加快城乡基础设施互联互通等政策举措。国家发改委、国家旅游局等14部委共同制定印发了《促进乡村旅游发展提质升级行动方案（2017年）》，该方案提出，促进"旅游+农业+互联网"融合发展，推动1000个乡村旅游重点村与旅游电商、现代物流等相关企业建立合作关系，持续推进"乡村旅游后备箱工程""一村一品"产业建设专项行动。鼓励和引导乡村旅游与互联网等现代信息技术相结合，发展智慧乡村旅游。随着旅游与互联网技术的深度融合发展，智慧旅游正引领着旅游业转型升级，为实现乡村旅游的可持续发展提供了新的动能。

(3) 智慧乡村建设的现实需求

新型城镇化发展已达到一定阶段，中国智慧城市建设方兴未艾，乡村建设逐步走向智慧化道路。智慧乡村是一个不同于智慧城市的新概念，它以现代先进的互联网技术为基础，旨在提高农民生活水平，建立智慧文化和产业价值体系，创造休闲旅游、文化体验、农耕养殖等多功能经营环境。智慧乡村建设特征表现为[215-219]：

空间形态——人+物+网的连接：互联网平台的出现打破了区域壁垒。来自不同专业技术背景的劳动人员从事在线合作，不再受空间距离的限制。在空间形式上，它呈现出一种分散的布局，通过网络将人与人、人与物联系起来。传统乡村单一的社会空间结构不再适应创客者的需求，未来乡村的工作环境呈现"创客+产业+价值流动平台"休闲化特征，工作环境、休闲空间和宜居空间通过合理的规划设计布局，将出现紧密联系的复合形态。

互动体验——参与和互动：互联网技术改善了信息流通，从单向到双向甚至多向。农村记忆文化的传承不再停留在走马观花层面，丰富的互动参与给游客留下了更深刻的印象，同时创造了一个数字化的文化体验空间。传统文化因子与现代技术的碰撞，构筑乡村与互联网的融合。

融合功能——跨界融合，连接一切："跨界融合，连接一切"是"互联网+"的精神核心内涵，如"互联网+金融"产生了众筹项目，"互联网+农业"实现了精准灌溉，互联网的出现使得其他产业跨界融合成为可能。新的产业将呈现出新的业态需求，以乡村农业生产、交通和居住三大传统空间为基础，在智慧乡村规划设计中纳入旅游休闲、创客物流和农田观光、田园综合体等新兴功能，打造产业复合，游、居、养完备的乡村综合体模式。

智慧乡村旅游是乡村旅游业高效、高质发展的必然途径和有效手段，随着乡村旅游已经成为乡村产业振兴的主要内容，智慧乡村旅游必将成为智慧乡村建设的重要组成部分。

(二)智慧乡村旅游发展的意义

(1)智慧乡村旅游打通了乡村旅游的新通道

物联网、云计算等电子信息技术的运用，对乡村旅游进行了全方位、立体化的智能化升级，打通了智慧乡村旅游的新通道。这不仅对旅游信息进行智慧化的收集、处理，同时还将信息化渗透到乡村旅游活动的各个环节，为塑造乡村旅游新形态、加大乡村旅游营销推广力度、创新乡村旅游投融资方式、大幅度提升乡村旅游品质等积蓄了发展势能。乡村智慧旅游基础服务系统，结合各乡村旅游景点的特色，为游客们提供了低成本、高效率的智慧服务模式，促进了一体化、全方位的旅游新体验，一定程度上提升了乡村旅游的品质。

"互联网+"乡村旅游，关键在于充分发挥互联网在乡村旅游游前、游中、游后的优势，做到线上线下的高度融合，打造服务体验的闭环，形成旅游大数据生态链，最终服务于美丽经济的发展。如在临安，市旅游局与国内知名在线旅行社展开特色目的地专项合作，与携程和同程平台达成一致，将临安的酒店、景区等产品整合形成"临安旅游主题页"，网罗境内优秀的乡村旅游资源。游客只需动动手指，就可轻松订购到临安范围内所有的景区门票、酒店、民宿和农家乐。在舟山嵊泗花鸟岛全面推行了智慧旅游，一条龙量身定制最佳行程，使用"一卡通"，通过手机 APP 自助导航、景点二维码导游、多媒体信息查询、实时安全监控、流量动态分析，实现智慧化订购、智慧化服务、智慧化休闲、智慧化管理，达到旅游服务的便利化。"互联网+"，让乡村旅游更加触手可及。不仅提供了全方位的智能化体验服务，还开辟了乡村旅游发展的新空间，释放了新动能，让人们对于乡村更加向往[220-221]。

(2)智慧乡村旅游平台拓宽了乡村产品的渠道

智慧乡村旅游不应止步于建设免费 WiFi 网络和微信、微博等平台，增强网络宣传、咨询、预订和支付等功能，还在于加强游客的交互体验，深层次地引领游客进行消费升级。如今，乡村旅游电子商务采购平台、旅游商品在线运营也在陆续建立，逐渐成为旅游业发展的主要阵地之一。通过各类电子商务平台的优选和推荐，乡村生态农产品再一次攫取了人们的视线，单一的农产品被赋予了新的内涵，走向了旅游市场，实现了旅游目的地商品的转换，成为农旅结合的重要载体，为当地农民拓宽了增收渠道。在松阳县大木山茶园附近的新天地度假酒店中，在丽水"百兴菇业"菌菇文化体验景区内，在丽水市农业投资发展公司办公楼里，一批被称作"丽水山耕农旅产品智能体验商店"的自动售货机闪亮登场。不仅如此，丽水还借助"淘宝丽水馆""赶街""一机游丽水"以及各农产品旅游地商品营销网店等，同步建立、拓展电子商务销售渠道。这样，经过"保鲜处理"后的生鲜和高山果蔬就可以通过四通八达的物流在最短的时间内发往上海、杭州、宁波等城市，保障农产品旅游地商品的长期销售。在全国乡村旅游创客基地之一的浦江新光村，通过互联网技术和大数据思维，打造了"旅游+创客+古村落+互联网"的乡村旅游新业态，借助浦江当地最具特色的非遗、书画、手工艺品、国学馆、花艺店、咖啡馆及个性化农产品等旅游创新产品，形成了线下体验和线上销售的发展模式。

乡村旅游为新零售提供了消费的新场景，而有温度的特定乡村消费场景体验也将进一步促进线上的二次和多次消费，这是线上线下融合发展的体现。互联网引领着乡村旅游发展的新风尚，生动地勾画出新时代智慧乡村旅游发展的新图景，为全域旅游添加了新的注脚。

(3)智慧旅游为乡村旅游发展提供技术手段

由于乡村经济基础和信息化建设水平限制，信息不畅、共享性差，宣传营销一体化程度低，游客互动性参与不足，对旅游供给服务难以实时掌握，资源有效配给难以保证，游客体验需求的精准对接更无从谈起。智慧乡村旅游好比多了一个"听诊器"，利用互联网技术实现旅游服务主体经营的数字化、服务管理的智能化和旅游消费全过程的电子化，对旅游者全过程信息进行收集，形成旅游大数据，并进行大数据挖掘分析，实现对旅游资源布局、旅游服务进行把脉，引导从事乡村旅游服务经营的利益相关者和投资主体围绕游客的需求调整旅游资源布局，主动联合旅游服务的上下游要素，深度挖掘农业、民俗、特产等各项资源。利用互联网技术与旅游、教育、文化、健康养老等进行深度融合，创新乡村旅游产品和服务提供方式，逐渐形成以旅游者需求为中心的创新产品业态和旅游产业体系，做到资源有效配给，服务提供精准[222-223]。

(4)智慧旅游是乡村旅游信息获取的重要渠道

互联网时代旅游者的消费模式和习惯发生了改变，他们在做出旅游决策前，会通过网络旅游平台和社交媒介，获取大量的旅游信息，并向旅游经营者进行咨询。同时，旅游者要求的信息及时、准确，在旅游过程中，随时获取信息，完成旅游活动。网上预订、在线支付、通信联络、行程信息查询、导航、导览、分享见闻等成为旅游中的常态。乡村旅游智慧化能够很好地满足游客的旅游习惯，同时也为旅游服务主体精准识别旅游者消费需求提供了有效渠道，通过互联网技术组织成庞大的信息网络，使信息以更加高效和无处不在、随时在线、随时互动的方式进行传播，提升游客体验水平，让旅游服务主体实时动态掌握旅游者旅游动向和旅游需求，为旅游宣传精准营销、精准服务提供更多可能[224-225]。

二、智慧乡村旅游发展

(一)智慧乡村旅游建设面临的困境

目前，在中国的大部分乡村旅游发展进程中，仍存在较多问题，尤其是在智慧旅游乡村建设中面临着多种制约因素，这些制约因素主要包括观念、人才、资金、信息化基础等方面。

(1)人力资本的制约

智慧旅游乡村建设对技术的要求较高，发展需要大量的信息技术专业人才和旅游专业的复合型人才。人才的短缺直接影响了智慧旅游的构建朝着更高层次迈进。当前，多数乡村没有配备专门的旅游信息技术人才，甚至没有专职的人员从事信息技术工作。有些旅游特色村的微信公众号由村官发起、运营与维护，有些则由村里懂一些电脑技术的人员兼任。由于缺乏信息技术人员对旅游信息网站、微信公众号的维护，信息更新、版式革新、新技术应用等都得不到保障，使得乡村旅游消费者无法通过网站或公众号获取最新的资料，甚至无法与这些旅游产品供应商们形成良好的互动。虽然现在有不少技术公司可以提供技术支持，但也正是因为人力资本因素和资金因素的制约，导致智慧旅游乡村建设的持续运营主体缺失。

（2）资金的制约

智慧乡村旅游的建设是一项系统性的社会工程，需要较为长期的大量资金投入。资金不足是智慧旅游乡村建设的重要制约因素。其一，前期智慧乡村旅游的基础设施搭建、乡村旅游相关产业互联网化改造、乡村智慧旅游系统及配套设施建设以及后期相关网络的实时维护和技术人才的培训等，不管对哪个乡村旅游地来说都是一笔巨额的投入。并且很多乡村旅游地处较为落后的偏僻地区，基础通信设施薄弱，需要更多的资金投入。虽然目前乡村旅游正在发展，但经济收入仍有限，乡村旅游管理机构和乡村旅游企业无力承担智慧旅游的建设。即使通过多种融资渠道获得一定的资金投入，但仍然存在盈利模式不明显，投入产出不匹配等问题。其二，对乡村旅游智慧化建设不了解，倾向维持现状。不少乡村旅游地信息闭塞、交通落后，对智慧旅游不了解，智慧化建设严重滞后于旅游者的需求。这除了与当地人的观念有关，还与经营者的利益有关。智慧化建设需要投入一定的资金，且这些投入通常无法获得立竿见影的效果，因此在未知收益的情况下他们更倾向于维持现状。

（3）信息化基础的制约

智慧旅游是旅游信息化发展的高级阶段，相较于经济发展与地理位置均具有优越性的城镇区域，乡村信息化的基础远不及城镇区域。智慧旅游建设需要应用大量新的信息技术，如云计算、物联网、全球定位系统、地理信息系统、虚拟现实技术、RFID 技术、智慧终端技术等，这些技术的革新对网络基础环境的要求也很高。此外，智慧旅游乡村建设必须要有真实准确的海量原始信息数据作为支撑。这就要求各地相关旅游主管部门应作为主导，联合其他相关政府管理部门、乡村旅游社区和乡村旅游经营业者共同配合，完整地采集并统一储存有关乡村旅游经营管理、景区景点资源、往年旅游信息等全方位的信息数据，从而建立智慧旅游乡村所需的旅游信息数据库。

（4）观念和认知的制约

智慧旅游的概念虽然已经提出若干年，但推广与实践时间还不长。在乡村旅游发展中，积极通过信息化手段和技术开展旅游业务、提高旅游营销效率的主要是一些大型的旅游企业及少量的乡土精英，他们具有较强的业务综合能力，对智慧旅游建设有较为深刻的认识。但大多数乡村旅游产品的供给者对智慧旅游的认识还不足，对智慧旅游的内涵、外延、发展意义、方式及运行缺乏系统认识。有些地方虽然建立起了乡村旅游网站或微信公众号，但却没有真正意义上实现智慧旅游，仅仅是电子化，收效甚微。目前主要存在五个方面的认识误区[226-227]。

网络建设延伸：打造城乡一体化信息基础设施。在各地引入的智慧城市或信息规划中，大多包括"建设城乡一体化信息基础设施"的任务。许多地方把"城乡一体化"理解为建设与城市同等水平的信息基础设施，没有考虑乡村的实际情况，将城市信息基础设施的建设思路延伸到乡村信息基础设施，一味追求信息基础设施的覆盖密度、设施种类的齐全及品质要求。因此，全国各地的运营商都开展了大规模的农村网络建设工作，一些一线城市已经实现了农村地区的宽带接入。然而，由于一些农村地区的应用滞后，大量的网络建设和资源维护被浪费，令人担忧。因此，就农村信息基础设施而言，建了不等于用了，用了不等于用好。

管理服务延伸：智慧乡村被冠以"智慧"二字，许多人便将其与智慧城市挂钩，按照智慧城市建设理念布局智慧乡村建设，并称之为利用信息化手段实现了"城乡一体化"。但农村并不是城市，很多智慧城市理念并不一定适合当下中国农村发展，还有可能适得其反。将城市信息系统管理服务延伸，忽略乡村旅游综合体和城市旅游综合体之间的差异及不同区域乡村发展现状及乡村旅游资源和发展目标、游客群体的差异性，使得信息系统管理服务水土不服，这种智慧城市简单延伸不仅达不到预期效果，反而使智慧乡村旅游效果大打折扣。

产业特色延伸：全方位大力推广"精准农业"。农业是乡村提供的基础产品，"精准农业"是解决现阶段农业产品类型单一、产品附加值低的有效途径。但乡村产业振兴绝不仅仅局限于发展农业，因此以"精准农业"定位智慧乡村旅游显然束缚了智慧乡村旅游发展模式和内涵及产品梯度链，不利于乡村旅游的创新。

投资模式延伸：社会力量投资的明显特征就是在短时间内追求利润最大化。相较于城市，乡村旅游基础设施建设滞后、产品的建设和运营周期长，乡村旅游客源不稳定且消费能力偏弱，加之乡村旅游发展所肩负的乡村振兴和扶贫等责任，使得大多数地区的乡村旅游难以短时间内迅速获得较大的利润回报。因此，以社会力量为投资主体，使得智慧乡村旅游发展资金争取难度大且稳定性差，常遭遇资金到位难且持续性差，而造成智慧乡村旅游发展半途而废。

产业发展阶段延伸：目前对智慧乡村旅游的基础理论研究缺位，对智慧乡村旅游没有统一、标准的定义，大部分地区仍对乡村旅游的信息化与智慧乡村旅游的概念区分不清。乡村旅游的信息化与智慧乡村旅游的最大区别就是旅游产业的智能化程度。在大部分地区乡村旅游信息化发展的过程中，旅游前有关景点特色、景区天气的查询系统、酒店宾馆住宿登记时游客的个人信息采集系统等都已建立，这些都是智慧乡村旅游赖以发展的基础。但上述平台存在的最突出问题就是各自分散，未能实现互联互通，导致互相之间信息无法共享，对乡村旅游产业智能化的程度提升力有限。而智慧乡村旅游首先要做的就是把现有的分散的平台实现互联，然后再根据智慧旅游发展的需要，补足信息化程度较低方面的短板，提升乡村旅游的产业能力和价值，最终实现传统乡村旅游向智慧乡村旅游的转变。

(二)智慧乡村旅游发展策略

1. 智慧乡村发展目标

(1)乡村旅游智能化

满足旅游者信息化需求，提高乡村旅游便利化水平和产业运行效率，熟悉旅游服务、管理、营销、体验智能化，实现旅游商品线上线下结合。

(2) 乡村旅游高效化

智慧乡村旅游可以打破传统所固有的效率低下的农业商务模式，带动乡村旅游信息化、高效化，为乡村发展旅游业打下坚实的基础。

(3) 乡村效益扩大化

通过智慧乡村旅游平台直接对接市场，找到产品销售的突破口，供需双方无须经由第三方中介，从根本上解决信息不对称问题，提高乡村经济效益和旅游收入。

2. 智慧乡村旅游的发展策略

(1) 开展智慧乡村旅游的顶层设计，从行业规范和人才方面保障智慧乡村旅游的开展

旅游业具有关联性强、涉及面广的特点。旅游者在目的地的活动涉及当地各领域各行业。发展智慧乡村旅游并不是将乡村旅游产品和服务进行在线化和数据化那么简单，而是要利用大数据、云计算、移动终端为核心的新一代互联网技术以及互联网平台服务于乡村旅游产业。应清晰地认识到互联网技术不仅仅是使用工具，而是将个人、社会、组织、旅游服务企业等有机结合起来，实现对乡村旅游管理、服务、营销等各环节的智能化提升，发挥"指挥棒"作用，引导和带动乡村产业链上各要素重新组合和乡村旅游资源有效配置。因此，要开展智慧乡村旅游发展的顶层设计，将智慧乡村旅游的发展视为系统工程，根据地域实际特征量身打造合适的智慧乡村旅游发展路径。做好智慧旅游总体定位、阶段目标及主要工作，着重提高规划的科学性，强化同一行政区域内的智慧乡村旅游的整体规划，在乡村旅游策划时联合多方资源进行战略规划，从业务、管理和信息技术等方面制定明确、细致的乡村智慧旅游相关行业标准和信息化规范要求，从法规政策角度为乡村智慧旅游保驾护航[228]。

乡村智慧旅游的建设内容繁多，且当前国内进行旅游信息化建设的专业企业还比较缺乏。因此，在乡村智慧旅游项目建设时应该组建包括旅游、信息技术、政策法规、电子商务、网络营销等多方面人才的专业团队进行开发和指导。农村的网络布局应充分考虑农村的市场需求，不应被迫达到城市的水平。即使要建设，也可以改造和支撑乡村旅游互联网转型升级，必须建立乡村旅游既懂信息技术又精通旅游业务的复合型人才队伍。一是吸引培养乡村旅游智慧化领军人才。要有意识地吸引高校的信息技术和旅游管理人才，联合培养适应乡村旅游业转型发展的信息化专门人才，储备能带领和满足乡村旅游智慧化发展的领军人才。二是有计划培育新型农村实用人才。要根据乡村旅游发展需要，把具有一定文化的年轻人充实到实用人才队伍中，有针对性地开展互联网应用技术培训，培养一批懂互联网应用、会操作、能运用、善营销的实用人才队伍。三是实施农民信息化培训的"互联网+能力"提升计划。通过数字电视、报刊、广播、农民培训等手段，提升农民对信息和互联网环境的认识，提高使用信息技术工具的意愿和应用能力。建立专门的信息服务培训中心，定期对经营乡村旅游的农民和经营者进行数字化平台操作培训，培养具有互联网思维并掌握信息化技术的新型职业[229]。

(2) 夯实乡村旅游智慧化基础

夯实乡村旅游智慧化基础需要从四个方面入手[230-232]：

一是在智慧乡村旅游的信息基础设施的政策方面，需要政府组织对云计算、物联网等

方面的直接投资、优惠政策招商或给予企业融资方面的支持。

二是在信息化和网络基础设施建设方面，加强信息基础设施建设。由政府牵头，建立网络基站、农村信息服务站，加快 5G 移动基站建设，实现民俗村、景点、休闲公共区域免费 WiFi 全覆盖，提升无线网的传播速度。对景点、道路、路标、停车场、餐饮、住宿等基础设施进行物联网建设，数据经过处理，可发送到各类导航系统，提高可进入性。可以使用从城市退休的一些网络设备，从而节省投资成本。建设信息基础设施应做好规划，根据财力确定好分期建设目标，使信息基础规划和建设不仅能够满足当前智慧乡村旅游的发展需求，也要为未来发展提供接口，满足升级换代的需求。现阶段应满足基本的智慧化设施设备配备，如 WiFi 覆盖、5G 网络覆盖、智能终端、旅游目的地资源位置导航应用等。在提供免费 WiFi 网络和微信、微博等平台基础上，增强网络宣传、咨询、预订和支付等功能，加强游客的交互体验，深层次引领游客进行消费升级。

三是政府引导旅游服务主体主动对接互联网企业。积极引导民俗户、休闲农庄、农业观光园、高端民宿、旅游景点等应用物联网新技术实现内部的数字化经营管理，为游客提供便利和全新的体验。

四是尽快建成区级旅游大数据中心云平台。政府牵头进行信息采集，包括地理信息、旅游资源信息等基础信息，该数据中心应与各类旅游网站、点评网站、门户网站实现数据连接，通过信息存储、云计算等形成大数据，为乡村旅游智慧化管理、营销、服务等提供信息服务，使游客在旅游前、旅游中、旅游后享受轻松获取资讯、规划出行、票务预订、食宿安排、消费支出等一站式或多站式服务。

（3）以市场为导向，以游客需求为服务导向

智慧乡村旅游策划要紧贴旅游者需求变化，并不断优化创新，开发功能强大、实用性强、休闲娱乐、方便易用的乡村智慧旅游产品。然而需要指出的是，智慧旅游乡村建设的起点与终点都应以市场需求为核心，特别是在资金、人才、信息化基础等制约因素交织的情况下，要达成智慧旅游乡村建设可持续发展的目标，应以游客的"真需求"为建设准则。仔细区分旅游消费中的真伪需求，满足其真需求是智慧旅游乡村建设困境的突破口之一。所谓的真需求是指智慧系统的应用切中消费者的真正需要，能为游客带来便利，提升游客体验感、获得感。伪需求则是指智慧系统的应用能给游客带来一时新鲜感，但不能准确识别用户行为背后的需要与动机，一旦新鲜感结束，这些应用便会成为鸡肋一般的存在。真需求来源于游客的内在需要，伪需求更多受外部刺激的影响，如在智慧旅游建设的大环境影响下，不恰当地追求信息技术的应用与革新。对真伪需求的错误判断，会造成智慧旅游乡村建设资源的浪费，阻碍乡村智慧旅游的发展。

如何识别旅游消费者对智慧化建设的真需求，让基础薄弱、资源有限的乡村旅游地突破困境？首先，识别共性的真需求。建设者需要清楚地认识到消费者进行乡村旅游的动机是什么？是为了休闲放松？是慕名参观？为了消遣娱乐？为了体验乡村原真性？哪些技术的使用能让消费者的动机得到满足，并带来便利、舒适与愉悦感，这才是满足游客真需求所必要的。其次，区别真需求里的差异性。乡村旅游的核心竞争力在哪里，能够提供什么样的差异化体验？通过应用智慧旅游技术强化这种差异化体验。不同类型的乡村旅游地有

不同的旅游体验，如观光游览式、度假休闲式、活动体验式等对智慧旅游需求的层次和侧重点有较大差异。观光式的旅游者可能偏重沿途导览与讲解，因此导览系统与解说系统是建设重点；休闲式的旅游者重视便利与舒适，提供联通便捷的通信以及管理、服务的智慧化是主导需求；体验式的则倾向原汁原味，对信息技术的使用应谨慎。最后，应结合旅游者动机与乡村旅游地的核心竞争力判断他们的真需求，智慧旅游技术的应用应以满足真需求为导向，从而逐步推动智慧化的建设[233]。

市场需求是智慧旅游乡村建设的内在动力，根据乡村旅游地的发展阶段满足游客真需求、摒弃伪需求是突破智慧化建设困境的有效渠道。真伪需求在不同历史阶段能够互相转化，现在的伪需求在未来可能成为真需求。但是就目前乡村旅游地的智慧化建设现状与基础条件来看，识别并满足现阶段的真需求应是走出困境的有效途径。以此为突破，让智慧旅游乡村建设从智慧潮流走向可持续发展。

（4）整合资源，丰富特色应用

对于农村市场，除了整合渠道资源开发用户、维护语音和短信服务、开发数据流量服务外，运营商还应整合其他资源开发特色应用。在挖掘智慧乡村旅游建设需求的时候，要把握两个方面：一是满足食品安全、产业发展、村民互动等硬性的信息化需求；二是要挖掘智慧乡村旅游建设带来的文化、环保等软环境的改变，如某村通过部署村务管理摄像头，不仅在村务安防方面起到作用，同时规范了农民随处便溺、乱扔垃圾等行为，改善人居环境，规范垃圾分类，创造一个更文明的乡村环境。

（5）深入挖掘乡村旅游内涵

提高旅游产品的内涵是智慧乡村旅游发展的基础。传统的乡村旅游多以"农家乐"、采摘、垂钓等为主，将农村自然风光及农家特色生活作为主要卖点。而智慧乡村旅游的开展除了要强调乡村旅游高度的信息化外，应深耕乡村旅游资源，迎合游客深度化需求，创新乡村旅游业态，更多的是能够深度体验乡村生态文化。一是挖掘打造文化品牌，丰富文化体验。运用互联网技术，通过对大数据信息的挖掘分析，寻找契合游客需求的，形成独特的生态农业体验主题和文化品牌。二是实施产品针对性开发。各旅游经营主体要善于抓住不同层次消费者的需求特点，结合乡村旅游资源特色，进行差异化开发，如突出各种主题的农业创意观光产品。三是智慧化农事体验。通过对种植基地的智慧化体验实现游客亲自种蔬菜、瓜果等。旅游结束回家后，还可以通过互联网平台，观察作物的生长。作物成熟后，可自动提醒客人前往景区采摘。更重要的是要找到乡村自然风光及特色农产品与信息社会和传统文化的结合点，注重打造特色乡村旅游品牌。如近年较为火爆的"褚橙""卖檬"等，就是将农产品与传统文化或互联网思维相结合，与受众产生了共鸣，从而取得了巨大的成功。因此，智慧乡村旅游必须紧跟时代潮流，将注意力集中到农产品创新上来，提高农产品转变为旅游产品的经济附加值，不但向游客推销实物，更要向他们展示一种创新的理念和一种积极向上的生活态度[234]。

（6）整合乡村旅游资源，形成乡村智慧旅游集聚区

要整合乡村旅游资源，大力打造乡村智慧旅游集聚区。乡村旅游资源具有天然分散的特点，上下游产业之间联系比较松散，集群发展难度较大。因此，必须利用信息技术大力

打造智慧乡村旅游集聚区，打通旅游服务的上下游产业链。要做到这一点需要政府切实起到组织协调作用，把分散的乡村旅游资源所有者组织起来，成立共享平台。加快配套产业建设，提供"吃、住、行、游、购、娱"一条龙服务。

促进智慧乡村旅游产业的发展，离不开信息共享平台的互联互通。首先，政府行政主管部门要充分调研，摸清分散的信息服务平台的底数。如景区内有多少商家可以实现游客餐饮数据采集，多少宾馆可以实现游客入住信息采集，多少景区可以对游客数量进行实时监控等。充分摸清分散平台的数量和信息化水平是实现分散平台互联互通的第一步，也是打造智慧乡村旅游的基础。其次，要充分协调各方利益，实现分散平台的互联互通和利益共享。互联互通平台建设的难点在于如何协调各分散主体的利益诉求。可以尝试共享平台建成后对原分散主体使用给予优先或费用减免等方式，提高他们建立共享平台的积极性。比如，在平台建立之后游客可以通过手机客户端查询某一时点整个景区所有酒店房间剩余情况，平台向游客提供查询服务的同时，可以优先推送部分符合条件的宾馆[235]。

(7) 以智慧搭台，完善面向游客的信息服务

针对旅游者出行对信息的需求，向游客出行提供全过程信息服务。一是搭建官方网络旅游信息平台。鉴于乡村旅游资源分散、经营主体个体化、营销能力薄弱等劣势，探索由政府助力搭台，第三方旅游电子商务平台接力引流，集区域宣传推广、住宿餐饮预订、在线支付、土特产在线销售、主题活动策划推广等功能于一体的乡村旅游区域电商平台运营模式，使全村居民成为经营及利益主体，共享旅游发展成果。乡村可以建立微信公众号或是旅游 APP，集成各类智慧化信息，为游客提供一站式旅游服务，方便游客获取乡村旅游地权威的旅游信息，包括地理位置、基础设施、乡村美食、风景特色、线路推荐、文化风俗等。借助物联网技术、智能识别技术、移动互联技术，使游客通过手机、iPad 等实时获取旅游地的客流、交通、天气等状况信息；利用定位技术，实现信息互动、呼叫中心救援服务等，并与互联网企业合作开发导览、导航等 APP 软件或者与知名的交通导航软件合作，便利自驾车游客实时导航。二是便利游客信息获取渠道和媒介。在公共活动场所、民俗户、旅游景区、游客中心等，提供 PC 端、平板、触屏等信息互动终端或是信息获取渠道二维码，方便游客获取需要的信息。加强与携程等知名电商的合作力度，实现景区门票、住宿餐饮、商品销售的线上线下无缝衔接。三是提供动态精准个性化信息服务。完善针对游客的个性化产品定制服务，适时引领和组织游客消费。个性化产品预订、支付都能在微信平台或开发的 APP 终端实现。为游客实时推送相应的个性化信息服务，重视游客的互动评价，完善个性化定制服务体系[236]。

(8) 强化智慧应用，创新升级乡村旅游营销模式

乡村旅游要重视宣传推广工作，创新营销模式。一是要多渠道开展立体化全方位宣传。创建乡村旅游官方网站、开通乡村旅游官方微博、微信公众号、开发乡村旅游 APP、开设乡村旅游社会性网络服务(social networking services，SNS)社区、对接第三方平台，如携程、驴妈妈等，利用微信、抖音、微视等新媒体工具丰富营销宣传渠道，以语音、视频、图片等媒介，形象直观地展示乡村的魅力。在宣传内容形式选择上，可以多选用微视频，形式新颖，传递信息形象直观，有利于建立品牌形象。要将传统渠道和互联网渠道相

结合，如电视、广播、各种网络终端、手机终端等，宣传推广乡村旅游地的多彩风光风貌、独特民风民俗、精彩故事传说、特色物产。实施"互联网+"营销，丰富信息宣传渠道。大力发展网上电子交易和客户关系管理，完善网上预订、支付、客服等功能，满足游客移动端出行需求。二是要积极利用大数据进行精准营销。要与信息科技企业合作，分析游客主要来源，进行市场调查，分析消费者行为。要利用大数据挖掘旅游热点和游客关注度，策划品牌营销主题。通过微博、微信、公众平台，推送信息和直接预订链接，游客手机端能够获取热点信息和需求，并实时互动和追踪服务。三是积极借助电子商务扩大特色农产品、手工艺品的销售渠道。可通过采取自建电子商务平台，在线支付，完善物流配送，便利游客网购。在农产品推广上，可借助互联网，将乡村农副产品的绿色、有机健康生活理念传递出去，创立自主文化品牌[237]。

(三) 智慧乡村旅游建设要求

为了促进乡村旅游的健康发展，北京市出台了《北京智慧旅游乡村建设规范(试行)》办法，对智慧乡村旅游的建设内容及要求进行了明确的规定，这一规范可以作为智慧乡村旅游建设的参考。其具体内容如下[238]：

1. 村级网站

(1) 应展现村级景观、餐饮、农产品、休闲娱乐信息，包括本村旅游项目图文介绍、360°全景旅游图片和旅游介绍视频等。

(2) 村级网站内容应支持在电脑、智能手机等显示屏上显示，实现多屏互动，便于用户随时随地浏览，同时支持点播观看。

(3) 应做到网页内容的实时更新。

(4) 在北京旅游网智慧旅游乡村频道发布网站信息。

(5) 能够通过微博等手段对外发布微游记、旅游攻略等文字、视频信息。

(6) 应可以在线支付，支持手机支付。

(7) 应实现对网站域下所有文字、图片、视频等信息的严格审查与发布，无色情与反动等信息。

2. 民俗旅游接待户建设

(1) 独立网站

应独立拥有介绍餐饮菜品、住宿房型、采摘项目和其他旅游项目的内容及价格的网站。

(2) 电子票

能够支持游客在网上购买电子票。能够扫描识别二维码电子票或其他形式的电子票。

(3) 电子身份认证

能够支持以手机识别游客的电子身份认证。

(4) 客户服务电话

应提供固定的联系方式，便于游客咨询服务，并保持畅通。

(5) 刷卡便捷服务

应可以提供借记卡、信用卡刷卡服务，方便游客消费，POS终端符合国家相关标准。

（6）手机支付服务

能够提供手机支付，要求符合国家相关标准。

（7）在线预订

应可以通过包括但不限于互联网在线预订、电话预订的方式，接受游客预订。能够以多种方式通知民俗旅游户预留房间、餐桌等，并短信通知用户。提前 1 天向用户确认预订结果。

3. 无线网络

（1）全村民俗旅游接待户客房、休闲渔场、观光果园和观光农园等各乡村旅游接待单位应实现室内有线网络的无线覆盖，并免费向游客提供无线上网服务。

（2）全村民俗旅游接待户客房、休闲渔场、观光果园和观光农园等应达到 10M 及以上光纤接入覆盖率超过 80%，20M 及以上光纤接入覆盖率超过 20%。

（3）村内的游客服务中心、小广场等游客聚集地点应实现无线网络（WLAN）热点覆盖，能够与室内无线网络无缝切换，双点畅游。

4. 智慧应用

（1）基于位置的信息服务

在旅游乡村出入口、重点旅游项目等位置利用位置服务的技术手段向游客手机提供各类旅游信息，包括民俗村信息，周边的餐饮、住宿、游玩项目等信息及其自助导览、导游。

（2）信息触摸屏

在游客服务中心、重点旅游项目等位置应设置信息触摸屏，提供自助导游导览信息、旅游资讯信息、地图交通信息、天气预报等信息查询、语音公用电话服务和免费上网服务。

（3）在线培训

能够为本村民俗旅游接待户提供农村政策法规、乡村旅游服务规范、智慧服务操作技能等互联网在线培训。

（4）视频安全监控

①在旅游乡村主要出入口、重点旅游项目等位置建设视频监控点。

②能够实现网络在线监控、实时远程控制与调度、集中上联，在保障乡村、景区安全的前提下，便于管理部门统计了解人流、车流情况，方便管理。

③能够通过视频监控系统实现对人员、车辆进行识别、统计，实现对旅游景区、民俗旅游户的人员安全监控、人车流量统计等功能，对安全风险服务进行提示，包括人车流信息情况通报、气象交通信息提示、安全信息提示等。

（5）农产品食品安全监控

能够对旅游乡村中休闲渔场、观光果园、观光农园等高端农产品的种植、养殖、生产等环节，采用先进的通信技术、物联网技术、视频技术等实现对农作物生长环境的监控，并集中展现，保障农产品有良好的生长环境，吸引城镇居民消费。

（6）农产品销售运输安全管理

对于智慧旅游乡村高端农产品销售应提供物流跟踪管理，通过 RFID 技术、全球定位技术对农产品运输全流程进行监控和跟踪,保障运输过程安全。

思考与练习题

1. 简述智慧乡村旅游的发展背景。
2. 智慧乡村旅游建设面临哪些困境?
3. 简述智慧乡村旅游发展策略。

第四篇

智慧旅游实践

第八章

智慧旅游案例

学习目标：
1. 大数据分析
2. 智慧旅游综合管理平台

核心概念：
特色小镇
大数据分析
智慧旅游综合管理平台

导　读

　　智慧旅游依托物联网技术、移动通信技术、云计算技术以及人工智能技术四大关键技术，通过感知化、物联化、智能化的方式，可以将旅游过程中的物理基础设施、信息基础设施、社会基础设施和商业基础设施连接起来，成为新一代的智慧化基础设施，使旅游业涉及的不同部门和系统之间实现信息共享和协同作业，更合理地利用资源，做出最好的旅游活动和管理决策，及时预测和应对突发事件和灾害。由于智慧旅游面向旅游者、企业、政府和居民，因此，其应用给不同的利益主体提供不同的价值，这些价值供给体现在智慧旅游的信息应用层面。智慧旅游如今广泛应用于酒店、旅行社、景区、特色小镇、旅游目的地建设中，是科技创新服务于旅游的崭新阶段，也是旅游业发展的必然趋势。

一、智慧特色小镇案例:翁丁葫芦小镇

(一)项目地介绍

翁丁葫芦小镇位于云南省临沧市沧源县城西南部 3km 处,涵盖翁丁片区、葫芦小镇片区、勐来小镇片区,是集"吃、住、行、游、购、娱"为一体全方位展示佤族风情习俗的特色旅游小镇,通过环线串联形成跨区域的组合型特色小镇。翁丁葫芦小镇旨在打造世界佤文化传承保护中心、全国一流的少数民族文化遗产研学旅游基地、云南文化遗产类发展的新兴增长极。2015 年 6 月翁丁葫芦小镇被评为国家 2A 级旅游景区,2017 年被列入云南省发改委公布的全省 20 个国家一流特色小镇创建名单。

在翁丁葫芦小镇里 180 栋红色弧形屋顶特色民居与文化墙、喷水葫芦、打歌广场、寨心砖、葫芦塔、佤王府等佤族特色建筑巧妙地融合在一起,形成依山傍水、景色秀美、浓郁的佤文化特色,在葫芦小镇上每年都会举行大型的"摸你黑"狂欢节、新米节、佤族音乐节等,来自四面八方的朋友聚集在此享受狂欢的节日盛宴,碰撞出激情的民族火花。

(二)项目内容

1. 项目简介

《翁丁葫芦小镇智慧文旅大脑平台客流大数据分析报告》(以下简称报告)是基于翁丁葫芦小镇智慧文旅大脑平台中的大数据整理分析得出结果。翁丁葫芦小镇智慧文旅大脑平台是翁丁葫芦小镇数字化项目的核心部分,以旅投公司为主导,解决文旅企业管理、运营、营销、服务四大核心问题,形成链接 G 端(政府)、赋能 B 端("吃、住、行、游、购、娱"六大业态企业)、服务 C 端(旅客)完整的案例链闭环系统,达到了数字化系统和文旅目的地运营高度融合,是智慧旅游目的地建设的重要表现,是数字化系统、文旅目的地运营、文旅 IP 三者的高度融合。项目涉及基础通信网络、建筑智能化、信息系统集成、声光电、互联网、物联网、人工智能、大数据、多媒体(VR、AR)、自媒体、360°全方位数字化技术整体落地解决方案(图 8-1)。

数字小镇建设总体架构

数字展厅

智慧票务系统

WiFi 覆盖

智慧厕所

信息发布系统

安防监控系统　　　　　　环境监测系统　　　　　　大数据展示平台

360°全景展示　　　　　　GPS 智能导航　　　　　　中心机房

图 8-1　翁丁葫芦小镇数字化项目成果

2. 数据报告

在该报告中，将人流量、客流量、客户数据、网络大数据等数据通过大数据及云计算多角度精准分析和呈现翁丁葫芦小镇智慧文旅大脑平台的各个细节。此报告对本景区整体数据、各区域数据做了详细的数据统计、对比和分析以及用户画像分析。

（1）报告说明

数据采集：翁丁葫芦小镇智慧文旅大脑平台在景区主要出入口、各区域部署数据传感器，实现场景全面覆盖。

数据来源：报告数据来自行业数据采集，以及诸多合作伙伴的数据交换，如互联网市场、专业线下渠道、运营商等多种不同来源的数据复合而成。

数据周期：2020 年 6 月 28 日至 8 月 18 日。

（2）报告名词释义

当前店内游客：指当前监测范围内的游客（进入景区的人）人数，为实时数据。

人流量：指经过景区以及进入景区的人数总和。

客流量：指进入景区的游客。

人客转化率：指进入景区的游客占人流量的比例。

跳出量：指进入景区后，停留时间小于 5min 的游客。

驻店量：指进入景区后，停留时间大于 5min 的游客。

驻店率：指停留驻店的游客占进入景区游客的比例。

新游客：指在统计周期内统计日当天以前没有出现的游客，统计日期当天进入景区的游客。

老游客：指在统计周期内统计日当天以前出现过的游客，统计日期当天再次进入景区的游客。

返店游客：当天出现 2 次及以上的游客。

停留时长分布：进入景区的游客在景区内停留的时间。

历史出现次数：自启用设备之日，游客出现的天数统计。

(3) 数读本景区

①168452 人次，总人流量即该时段内经过及进入的人员每日累加为 168452 人次；②100242 人次，总客流量即该时段内每日累计共有 100242 人次进入本景区；③11066 人，客流量即该时段内共有 11066 人进入本景区；④23.5min，平均停留时长即选择时段内游客平均停留时长为 23.5min；⑤85458 人，该时段内的 168452 人次客流中，首次出现的游客为 85458 人。

(4) 数据分析整体概况

数据显示，2020 年 7 月人流量达到 59545 人，为本报告期内最高峰；报告期平均人客转化率为 89.26%。

数据显示，2020 年 7 月 28 日出现人流量最高峰，其峰值为 3889 人，但是客流量却是在 28 日达到最高峰，其客流峰值为 3445 人，其平均转化率为 88.91%。

数据显示，2020 年 8 月 2 日出现人流量最高峰，客流量在 2 日达到最高峰，其客流峰值为 4136 人，其平均转化率为 89.57%。

数据显示，2020 年 7 的新游客最高，达到 45492 人；2020 年 7 月的老游客最多，达到 13936 人。本报告期内平均游客 42729 人，老游客 13393 人。

数据显示，2020 年 7 月的客流量是最多的，共 52854 人，深度游客有 11788 人，占到该时段客流量的 22.3%。

数据显示，2020 年 7 月的驻留客户是最多的，共 5894 人，其总游客有 52584 人；但是 2020 年 8 月的驻留率是最高的，为 77.15%。

数据显示，2020 年 7 月的游客平均停留时间最长，达到 23.9min，该报告期内总的平均停留时间长度为 23.5min。

数据显示，本报告期内停留时间在大于 120min 的游客最多，其次为 11~30min。

二、智慧旅游综合管理平台

(一) 智慧旅游综合管理平台概述

智慧旅游综合管理平台整合景区基础信息化系统于一体，具有极强的可扩展性，首先，可以对目前景区已建的软、硬件系统进行完美融合，对现有的硬件设备通过升级改造进行再使用，保护前期投资。其次，对于最新的物联网等技术的发展可以进行无缝融合。该平台由数据汇集中心和指挥调度中心组成[240-242]。其结构如图 8-2 所示。

(二) 智慧旅游综合管理平台功能

智慧旅游综合管理平台首页主要展示：景区 GIS 地图(二维、2.5D 和三维)、控制图层显示、危险预警、紧急求助、巡检呼叫、观光车、视频监控、公共广播和设备操作、电视墙管理、三维实景漫游、人脸识别、统计分析等功能系统(图 8-3)。

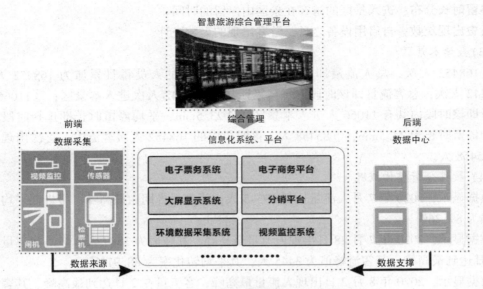

图 8-2　智慧旅游综合管理平台结构

图 8-3　智慧旅游综合管理平台界面

1. GIS 地图

景区 GIS 地图可使用二维地图、2.5D 地图或三维地图任一个作为图层,将视频监控、LED 大屏、公共广播、在线巡检、紧急求助点、观光车和各景区信息等数据进行图层叠加。可对图层进行缩放和平移,同时也可实时显示观光车和巡检人员位置,也对视频监控实时预览查看、广播喊话、LED 信息查看等功能,使得多系统数据交互并进行联动,无需多个系统来回切换,在一个平台图层上即可实现,真正达到应急指挥作用。通过控制图层显示功能,智慧旅游或者景区管理者可勾选需要显示的图层,如只勾选景区图层,GIS 地图将只会显示景点的图层,其他图层将会被隐藏,能很好满足管理者需求(图 8-4)。

图 8-4　GIS 地图

2. 客流监测及预警

通过智能摄像机、检票闸机、WiFi 系统及运营商等数据，来统计景区或景点客流情况（图 8-5）。当某一景点人数达到设置的预警阈值时，将会在综合管理平台首页显示当前景点的实时人数，并用颜色来显示当前的拥挤度（红色、黄色、绿色），同时综合管理平台右上角显示该景点的预警信息，相对应的安全指标降低。在指挥中心后台自动弹窗，地图缩小，右侧显示预警附近的视频监控（可多个切换）、公共广播（可多个切换）和附近的巡检人员，方便管理者应急指挥及多系统联动。

图 8-5　客流监测及预警

3. 巡检员呼叫（应急指挥）

当景区前方巡检的巡检员主动呼叫后台时，将会在指挥中心大屏自动弹窗，景区地图自动缩小，右侧显示巡检人员的实时音视频、附近的广播和附近的其他巡检人员（图 8-6）。

4. 紧急求助（应急指挥）

当景区游客通过报警柱紧急求助时，综合管理平台后台将会弹出游客求助端的实时音视频画面，后台值班人员可进行视频通话，以及向附近巡检员发送文字信息，来及时帮助游客（图 8-7）。

第四篇 智慧旅游实践

图 8-6 巡检员呼叫(应急指挥)

图 8-7 紧急求助(应急指挥)

5. 设备操作

(1)点击景点

景区管理者通过 GIS 图层点击景点图标,即可查看该景点详细信息,如当前实时人数、可容纳人数和景点负责人等信息(图 8-8)。

图 8-8 点击景点

(2) 点击摄像头

景区管理者通过 GIS 图层点击监控图标,即可查看该点位的视频监控画面,并可对画面进行控制及缩放(图 8-9)。

图 8-9　点击摄像头

(3) 点击广播

景区管理者通过 GIS 图层点击广播图标,可查看该广播的当前状态(图 8-10)。

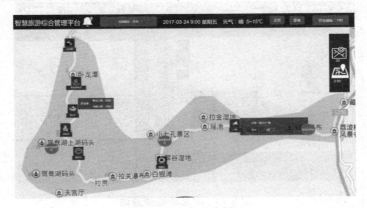

图 8-10　点击广播

(4) 点击 LED 屏

景区管理者通过 GIS 图层点击 LED 屏图标,可查看 LED 屏当前状态和显示内容(图 8-11)。

图 8-11　点击 LED 屏

(5) 点击观光车

景区管理者通过 GIS 图层点击在运动的观光车图标，即可查看观光车信息（司机、车速和车辆编号等）（图 8-12）。

图 8-12　点击观光车

景区管理者通过 GIS 图层点击在运动的观光车图标，即可与司机进行视频通话，并可关联附近的广播和巡检人员（图 8-13）。

图 8-13　观光车视频通话

景区管理者通过 GIS 图层点击运动的观光车图标，即可查看该观光车某一时间段的行驶轨迹（图 8-14）。

图 8-14　观光车行驶轨迹

(6) 点击巡检人员

景区管理者通过 GIS 图层点击运动的巡检人员图标,即可查看巡检人员信息(姓名、电话、巡检时间等)(图 8-15)。

图 8-15　巡检人员信息

景区管理者通过 GIS 图层点击运动的巡检人员图标,即可查看巡检人员巡检轨迹(图 8-16)。

图 8-16　巡检人员轨迹

景区管理者通过 GIS 图层点击运动的巡检人员图标,即可进行视频通话,并关联附近的广播和巡检人员(图 8-17)。

图 8-17　与巡检人员通话

景区管理者通过 GIS 图层点击运动的巡检人员图标，即可给巡检人员巡检终端发送图文信息，并关联附近的广播和巡检人员（图 8-18）。

图 8-18　巡检人员信息交流

6. 各系统快速访问

通过综合管理平台首页可快速访问其他各个系统，如图 8-19 所示。

图 8-19　系统快速访问

7. 实时大数据

天气显示：显示景区实时天气情况（温度、PM2.5 和空气湿度等）。

景区接待人数：显示实时出入景区人数，并用图表来显示舒适度和各个时间段接待人数。

景区销售情况：显示当日实时线上线下销售金额、销售数量，并通过饼状图来显示比例。

游客来源：地图上显示游客来源地。

售票窗口/自助机/闸机开启情况：票务设备的开启情况。

景区内设备开启情况：摄像头、广播、网络设备开启情况。

线上门票预售情况：未来 7 天门票预售情况。

水质情况：水况的监测。

停车场空余车位：实时显示当前停车场空余车位。

Wifi 实时接入人数：接入 WiFi 的游客人数。

其他涉旅大数据接入(图 8-20)。

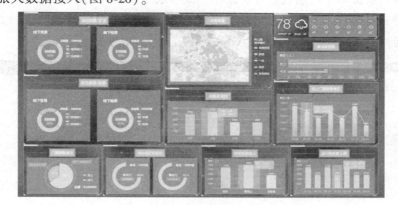

图 8-20　大数据平台

每个大数据系统均可二次点击查看详细大数据分析情况，同时也能导出报表。

8. 监控中心(智慧安防)

景区管理者可通过模糊搜索景区监控，也可通过地图直接框选来查看当前的实时监控画面，可进行画面分割等实现一些监控客户端基本功能(图 8-21)。

图 8-21　监控中心

9. 设备控制中心

设备控制中心包括广播控制、LED 屏控制、光纤管网控制、闸机设备控制、网络设备控制等(图 8-22)。

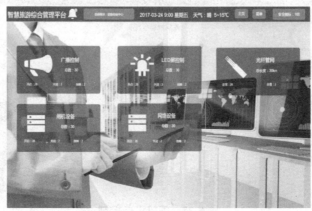

图 8-22　设备控制中心

(1) 广播控制

可通过地图点击单个广播进行开关控制，或者通过设备控制中心系统进行批量控制多个广播的开关，可直接人工广播也可播放背景音乐，同时可对广播播放进行设置（播放模式和播放时间）（图8-23）。

图 8-23　广播控制

(2) LED 大屏控制

可通过地图点击单个 LED 查看当前内容，通过设备控制中心系统选择 LED 进行内容的编辑与修改，设定显示时间、播放模式等（图8-24）。

图 8-24　LED 大屏控制

(3) 闸机设备

可查看闸机设备的告警情况、开启情况以及各闸机当日客流量，在设备列表中可以对闸机进行开关操作（落杆、反转）（图8-25）。

图 8-25　闸机设备控制

10. 信息发布中心

智慧旅游管理者可从素材库中选取图文或者音视频,选择多种发布渠道(官网、微信、微博、LED 屏、观光车、紧急求助点、巡检员等)进行发布(图 8-26)。

图 8-26　信息发布中心

11. 观光车调度(智慧出行)

观光车调度系统包含实时调度、司机管理、车辆管理、路线管理、排班管理和轨迹回放(图 8-27)。

图 8-27　观光车调度

(1) 实时调度

可查看运行车辆和未运行车辆状态(车速、联系人、车辆所在位置),同时能跟司机进行视频通话,也可以查看车辆运行轨迹(图 8-28)。

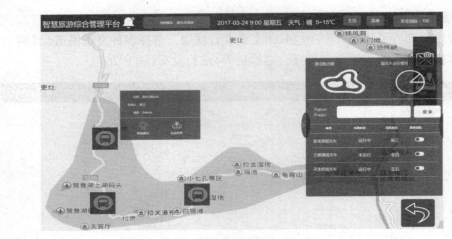

图 8-28 实时调度

(2) 司机管理

景区管理者可了解司机的男女占比、年龄分布、驾龄分布、司机详细信息及驾照有效期，同时驾照有效期快到期时后台会自动提醒(图8-29)。

图 8-29 司机管理

(3) 车辆管理

景区管理者可以在后台查看当前景区车辆运行占比、每个车队的车辆数、购买时长占比、每辆车的详细信息(名称、车牌、车型、座位数、购置时间、年检有效期等)(图8-30)。

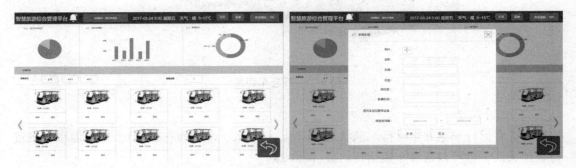

图 8-30 车辆管理

(4)路线管理

景区管理者可灵活对观光车行驶路线进行编辑(图 8-31)。

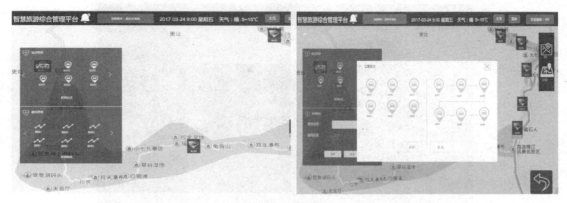

图 8-31　路线管理

(5)排班管理

景区管理者可灵活对驾驶员进行排班管理及排班修改(图 8-32)。

图 8-32　排班管理

(6)轨迹回放

景区管理者可在管理平台后台查询某一时间段观光车的运行轨迹(图 8-33)。

图 8-33　轨迹回放

12. 巡检管理

巡检管理包含巡检员管理、巡检路线管理、巡检排班管理和巡检记录等（图 8-34）。

图 8-34　巡检管理

(1) 巡检员管理

景区管理者可查看巡检员的男女比例分布、年龄分布、工作年限分布和巡检员的详细信息（年龄、姓名、工号、入职时间等）（图 8-35）。

图 8-35　巡检员管理

(2) 巡检路线管理

景区管理者可灵活设置巡检员的巡检路线（图 8-36）。

图 8-36　巡检路线管理

(3)巡检排班管理

景区管理者可灵活设置巡检员的排班表(图8-37)。

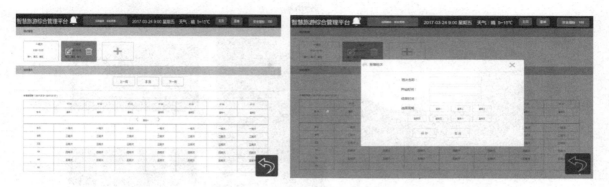

图8-37 巡检排班管理

(4)巡检记录

景区管理者可查询某一时间段巡检员的巡检记录,看是否有按预定的路线巡检(图8-38)。

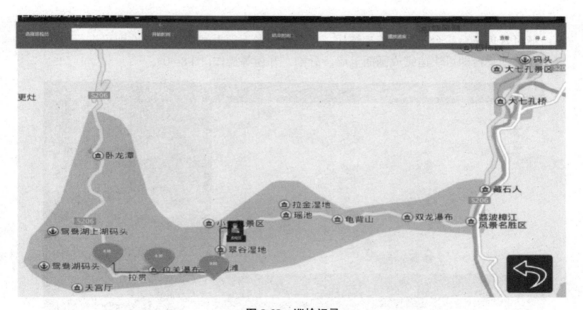

图8-38 巡检记录

13. 人脸识别

当游客在景区与同伴走散时,同伴可以提供走散人员生活照、证件照等,通过导入管理平台后台即可查询走散人员被哪几个监控摄像头抓拍到,并且出现在最后一个摄像头的具体时间,可帮助景区找到走散人员。人脸识别也可以用于反恐,如果被列入黑名单人员出现在具有人脸抓拍功能摄像头范围内,即可进行人脸抓拍比对。如果相似度达到指定阈值后台即可自动告警,提醒景区管理者派巡检人员去核查(图8-39)。

图 8-39　人脸识别

14. 电视墙管理

通过管理平台后台电视墙管理模块，景区管理者无须电视墙管理软件即可进行电视墙管理，在管理平台即可快速完成画面上墙、分割、开窗等操作（图 8-40）。

图 8-40　电视墙管理

15. 录像中心

管理者如需查看录像，既可通过综合管理平台快速查找监控点位、也可在地图上直接选择要回放的摄像头，无须再切换到监控客户端进行录像回放，方便管理者快速查看录像（图 8-41）。

图 8-41　录像中心

16. 大数据应用

大数据平台包含区域客流量动态监测、实时销售系统、当日售票情况、旅游资源分布统计、产品订单情况、票类销售分析、站点销售对比分析、销售分析、客源地分析、旅游线路分析、游客画像分析、游客逗留时间统计和游客预测分析等；展示形式：以多样化的图形分析报表展示（如柱状图、饼状图、波形图等）(图 8-42)。其特点在于：将景区运营数据的实时分析展现；为经营决策的制定提供数据支撑和依据；使景区营销行为定向化、智能化。

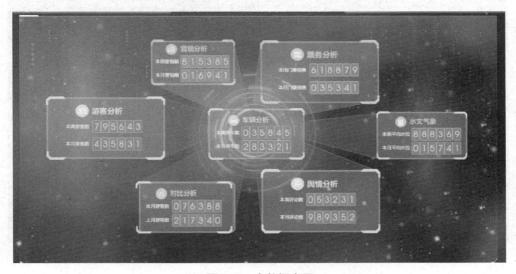

图 8-42　大数据应用

17. 游客分析

（1）游客数据统计

选定的时间段区间内数据：时间段区间内游客总人数，来源于线上、线下的游客人数、

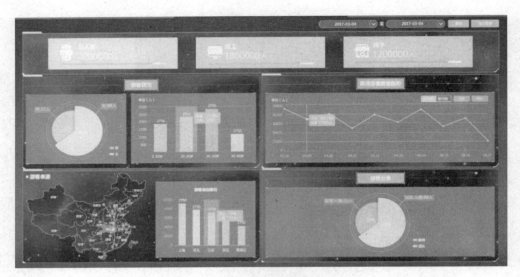

图 8-43　游客数据统计

各时段园内游客数量、按天/月接待游客数量趋势、景区各景点热度、团散比（图 8-43）。

(2) 票务分析

选定的时间段区间内数据：售票总额，来源于线上、线下的售票金额，各时段销售金额，按天/月销售金额趋势，按渠道统计销售数量/金额，票类销售情况，线上各地区购票金额（图 8-44）。

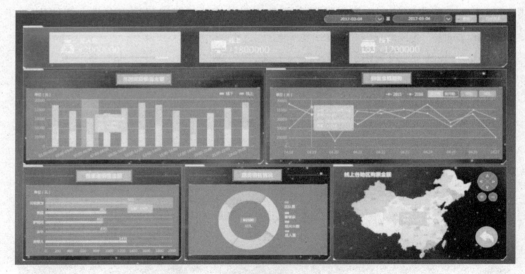

图 8-44　票务分析

(3) 营销分析

选定的时间段区间内数据：总销售额、各类商品销售额、产品销售数量/金额比例、各商品页面 pv/uv（图 8-45）。

第八章 智慧旅游案例 • 175

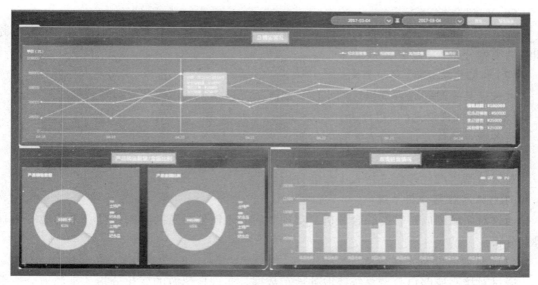

图 8-45 营销分析

(4) 车辆分析

选定的时间段区间内数据：总车辆数、总收入、地图展示车辆来源地、按天/月停车数量趋势、按天/月收入趋势、按天/月平均停车时长。

(5) 舆情分析

可通过选定某一时间段或者某个关键字、选择某一渠道(微信、微博、官网等)的评论数，以及具体的评论内容展示(图 8-46)。

图 8-46 舆情分析

(6) WiFi 分析

选定的时间段区间内数据：上网时长人数分布、高峰时段分布、性别比例、游客来源和终端类型分布。

(7) 水文气象分析（环境监测）

可选定某一时间段查询景区的水质、水温情况、各天气占比和气温等数据。

(8) 景区评价汇总（信用评价）

对各景点的优差评进行人工智能分析。

(9) 酒店评价汇总（智慧酒店）

对区域酒店的优差评进行人工智能分析。

(10) 旅店住宿分析系统

通过对区域酒店游客的综合分析，实现酒店的入住分析及游客的特征、来源地等各种势态分析。

(11) 自驾游分析系统

通过对接高速路口收费系统获取外地车数据，实现自驾游的变化分析、来源地分析等（图 8-47）。

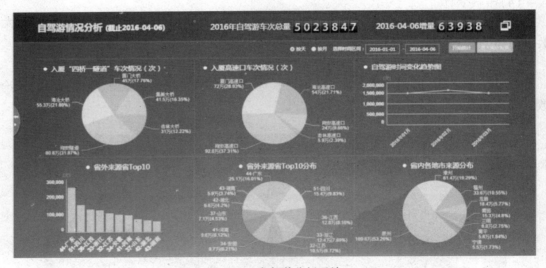

图 8-47　自驾游分析系统

18. 指挥调度中心

智慧旅游综合指挥调度平台作为综合性的集成控制管理平台，不仅能够实现各信息子系统综合接入、集中统一管控、应急状况智能处置、应急指挥调度等综合指挥，同时能够更好地发挥各个子系统的作用，指挥调度中心能为景区实现如下效果：大大节约景区的人力成本，景区出现的问题能够快速发现、快速反应、快速调度；实时管控游客（对设定的游客危险举动或行为进行报警提示），出现相关行为既向其喊话，或调派工作人员至相关区域，避免出现危及游客人身安全的事故出现。其特点在于一体化集成、可视化管控、数据化展示、智能化指挥（图 8-48）。

图 8-48　指挥调度中心

思考与练习题

1. 结合本章的案例，谈谈如何在景区中利用大数据开展游客行为分析？
2. 智慧旅游综合管理平台的结构和功能是什么？

参考文献

[1] 钱大群. 智慧地球赢在中国[R/OL]. https://www.ibm.com/cn-zh/services/insights/institute-business-value. 北京：IBM 商业价值研究院,2009.

[2] 张永民. 解读智慧地球与智慧城市[J]. 中国信息界,2010,10：23-29.

[3] IBM 商业价值研究院. 智慧的城市在中国[R]. 北京：IBM 商业价值研究院,2011.

[4] 李爱国,李战宝."智慧地球"的战略影响与安全问题[C]. 中国计算机学会计算机安全专业委员会. 信息与网络安全研究新进展：全国计算机安全学术交流会论文集. 北京：中国科学技术大学出版社,2010：85-88.

[5] 许晔,孟弘,程家瑜,等. IBM"智慧地球"战略与我国的对策[J]. 中国科技论坛,2010(4)：20-23.

[6] 李德仁,柳来星. 上下文感知的智慧城市空间信息服务组合[J]. 武汉大学学报（信息科学版）,2016,41(7)：853-860.

[7] 许晔,郭铁成. IBM"智慧地球"战略的实施及对我国的影响[J]. 中国科技论坛,2014(3)：148-153.

[8] 李德仁,龚健雅,邵振峰. 从数字地球到智慧地球[J]. 武汉大学学报（信息科学版）,2010,35(2)：127-132.

[9] 张换兆. 智慧地球,赢在中国？——对IBM"智慧地球"战略的思考[J]. 高科技与产业化,2011(2)：62-65.

[10] 林永青. IBM 的"智慧地球"[J]. 金融博览,2016(1)：46-47.

[11] 张之沧,间国年."智慧地球"概念解析[J]. 自然辩证法研究,2015,31,333(11)：119-124.

[12] 兰祝刚,陶国睿. 构建人类"智慧地球"物联网时代的信息化应用[J]. 通信企业管理,2010(6)：38-39.

[13] 周奕忻. 智慧城市理念与未来城市发展[J]. 智能城市,2018,4(10)：16-17.

[14] 林运才. 从数字城市到智慧城市的理论与实践[J]. 数字化用户,2017(13)：117.

[15] 张永民,杜忠潮. 我国智慧城市建设的现状及思考[J]. 中国信息界,2011(2)：28-32.

[16] 陈伟健. 从数字城市到智慧城市的技术发展机遇与挑战[J]. 智能建筑与智慧城市,2018,259(6)：27-28.

[17] 徐振强. 智慧城市理论与实践初探[J]. 城乡建设,2020(14)：23-27.

[18] 仇保兴. 智慧城市建设的背景、内容和途径[J]. 社会治理,2016(4)：21-25.

[19] 梁炜. 大数据时代的城乡规划与智慧城市[J]. 绿色环保建材,2018,131(1)：97.

[20] 赵建军,贾鑫晶. 智慧城市,人力资本与产业结构转型升级[J]. 价格理论与实践,2019,422(8)：163-166.

[21] 苏纪娟,孟祥玲. 智慧城市国内外发展现状[J]. 智能城市,2016(12)：7.

[22] 佚名. 从日本智慧城市建设技术与现状看未来[EB/OL].[2016-09-01]. https://www.sohu.com/a/113194185_378752.

[23] 佚名. 他山之石 新加坡的"智慧国计划"：从智慧城市迈向智慧国[EB/OL].[2017-06-21]. https://www.sohu.com/a/150795328_472878.

[24] 佚名. 亚洲各国拥抱智慧城市,中日韩新发展路径有何不同？[EB/OL].[2019-11-20]. https://www.thepaper.cn/newsDetail_forward_5010857.

[25] 邹松霖. 智慧城市数量中国全球居首 5G 催生新模式[J]. 人民周刊,2020(3)：58-59.

[26] 刘剑,许云林,杨鹏飞,等. 我国智慧城市发展现状与规划建设研究[J]. 农村经济与科技,2019,30

(4): 203, 205.

[27] 辜胜阻, 杨建武, 刘江日. 当前我国智慧城市建设中的问题与对策[J]. 中国软科学, 2013(1): 6-12.

[28] 单志广. 智慧社会为社会信息化指明方向[J]. 人民周刊, 2018(5): 59.

[29] 中国青年网. 人民日报整版探讨"如何建设智慧社会"[EB/OL]. [2018-12-02]. https://baijiahao.baidu.com/s?id=1618695710096815178&wfr=spider&for=pc.

[30] 李超民. 智慧社会建设: 中国愿景、基本架构与路径选择[J]. 宁夏社会科学, 2019, 2: 118-128.

[31] 丁波涛. 从信息社会到智慧社会: 智慧社会内涵的理论解读[J]. 电子政务, 2019, 199(7): 125-133.

[32] 王锋. 智慧社会环境下的政府组织转型[J]. 中国行政管理, 2019(7): 89-93.

[33] 艾瑞咨询. 中国在线旅游度假行业研究报告[R]. 北京: 上海艾瑞市场咨询有限公司, 2020.

[34] 宋瑞. 中国旅游发展笔谈—"十四五"时期我国旅游业发展展望[J]. 旅游学刊, 2020, 286(6): 5.

[35] 李君轶, 高慧君. 信息化视角下的全域旅游[J]. 旅游学刊, 2016, 31(9): 24-26.

[36] 刘叶飙, 吴儒练, 陈楠. 智慧旅游: 概念界定与实践发展[J]. 乐山师范学院学报, 2015, 30(11): 56-60.

[37] 董璐. 旅游信息服务视阈下的智慧旅游概念探讨[J]. 大观: 东京文学, 2017(6): 241.

[38] 张红梅, 梁昌勇, 徐健. "旅游+互联网"背景下的智慧旅游云服务体系创新[J]. 旅游学刊, 2016, 31(6): 12-15.

[39] 金振江. 智慧旅游[M]. 2版. 北京: 清华大学出版社, 2015.

[40] 张红梅, 梁昌勇, 徐健. "旅游+互联网"背景下的智慧旅游云服务体系创新[J]. 旅游学刊, 2016, 31(6): 12-15.

[41] 李伟, 魏翔. "互联网+"旅游[M]. 北京: 中国经济出版社, 2015.

[42] 李云鹏, 晁夕, 沈华玉. 智能旅游: 从旅游信息化到旅游智慧化[M]. 北京: 中国旅游出版社, 2013.

[43] 百度地图. 2019年国庆节假期出行预测报告[R]. 北京: 中国百度有限责任公司, 中国交通运输部科学研究院, 2019.

[44] 张凌云, 黎巎, 刘敏. 智慧旅游的基本概念与理论体系[J]. 旅游学刊, 2012, 27(5): 66-73.

[45] 王辉. 国内智慧旅游研究综述[J]. 中国经贸导刊, 2014(17): 38-41.

[46] 张凌云, 乔向杰, 黄晓波. 智慧旅游理论与实践[M]. 天津: 南开大学出版社, 2017.

[47] 张凌云. 中国智慧旅游建设的现状与趋势[M]. 北京: 社会科学文献出版社, 2013.

[48] 吴红辉. 智慧旅游实践[M]. 北京: 人民邮电出版社, 2018.

[49] 李丁, 贾志洋, 等. 智慧旅游管理与智能推荐技术[J]. 中国管理信息化, 2013.

[50] 安雪莲. 信息化时代背景下智慧旅游管理[J]. 旅游纵览(下半月), 2015(8): 24-25.

[51] 刘军林, 范云峰. 智慧旅游的构成、价值与发展趋势[J]. 重庆社会科学, 2011(10): 121-124.

[52] 姚志国, 鹿晓龙. 智慧旅游: 旅游信息化大趋势[M]. 北京: 旅游教育出版社, 2013.

[53] 潘妍, 李芮. 智慧旅游发展背景下的旅游服务营销创新[J]. 读天下(综合), 2017, 16: 285.

[54] 申帆. 智慧旅游背景下旅游市场的营销策略创新[J]. 中小企业管理与科技, 2016(1): 114.

[55] 吕晓萌. 论智慧旅游的营销策略分析[J]. 旅游纵览(下半月), 2019(6): 24.

[56] 姚国章, 陈菲, 周晓平, 等. 智慧旅游的评价体系研究[J]. 中国商论, 2013(7Z): 110-111.

[57] 盛立军. 信息化技术条件下的智慧旅游发展探讨[J]. 商业经济, 2014(22): 57-58.

[58] 佘昱. 杭州市智慧旅游现状与发展战略研究[D]. 桂林: 桂林理工大学, 2016.

[59] 沈金辉. 国内外智慧旅游建设现状及经验启示[J]. 旅游纵览(下半月), 2014(6): 49-50.

[60] 周波, 周玲强. 国外智慧旅游商业模式研究及对国内的启示[J]. 旅游学刊, 2016, 31(6): 8-9.

[61] 吉根宝, 王丽娟. 国内外智慧旅游研究进展[J]. 生态经济(中文版), 2015, 31(12): 107-110.

[62] 沈杨, 张红梅, 何越. 我国智慧旅游建设的现状与思考[J]. 甘肃农业, 2013(3): 20-23.

[63] 丁风芹. 我国智慧旅游及其发展对策研究[J]. 中国城市经济, 2012(1): 34, 36.

[64] 刘微. 我国智慧旅游及其发展对策研究[J]. 旅游纵览月刊, 2014(7): 47-48.

[65] 薛红. 物联网导论[M]. 北京: 机械工业出版社, 2014.

[66] 赵健, 肖云, 王瑞. 物联网概述[M]. 北京: 清华大学出版社, 2013.

[67] 周桢. 物联网概述[J]. 信息安全与通信保密, 2011, 9(10): 63-64.

[68] 徐洋. 旅游物联网营销策略[J]. 营销界, 2019(37): 68-69.

[69] 郭兆华. 物联网在智慧旅游中的应用与发展研究[J]. 智能城市, 2019(2): 9-10.

[70] 刘泽良. 物联网技术促进智慧旅游健康发展对策探索[J]. 科技广场, 2019(5): 86-90.

[71] 任辰. 基于物联网的旅游公共管理优化设计[D]. 上海: 华东政法大学, 2014.

[72] 刘建珍. 龙虎山智慧旅游现状分析[J]. 今日财富, 2019(4): 95-96.

[73] 陈涛, 徐晓林, 吴余龙. 智慧旅游: 物联网背景下的现代旅游业发展之道[M]. 北京: 电子工业出版社, 2012.

[74] 董光光, 欧家庆. 基于物联网技术的智慧厕所系统设计[J]. 广西科学院学报, 2017, 33(1): 71-74.

[75] 周其楼. 全球变化背景下物联网在旅游环境保护中的应用[J]. 旅游纵览月刊, 2013(12): 75-76.

[76] 刘红军. 物联网等信息技术下旅游系统创新研究[D]. 贵阳: 贵州财经大学, 2013.

[77] 新浪网. 5G+AR: 点燃龙虎山景区智慧旅游新爆点[EB/OL]. [2020-07-22]. http://jx.sina.com.cn/news/zhzx/2020-07-22/detail-iivhuipn4492816.shtml.

[78] 周永博, 杨莲莲, 沈敏. 虚拟旅游景观体验化设计与物联网技术嵌入式应用——从虚拟紫禁城到梦幻精灵城[J]. 旅游论坛, 2012(3): 27-31.

[79] 刘昱. 物联网背景下旅游业创新演化模式分析[J]. 管理学刊, 2012, 25(5): 75-79.

[80] 郭静静. 物联网技术在旅游景区中的应用[J]. 经营与管理, 2011(8): 70-71.

[81] 刘红. 物联网在现代旅游业发展中的应用初探[J]. 现代商业, 2013(7): 90-91.

[82] 刘志军. 刍议物联网技术在旅游业中的应用[J]. 普洱学院学报, 2013, 29(3): 49-52.

[83] 尤蓉蓉. 浅析物联网在智慧旅游中的应用[J]. 经济研究导刊, 2015(26): 122-123.

[84] 姚国章, 韩玲华. 物联网在智慧旅游中的应用研究[J]. 中国商贸, 2013(23): 123-124.

[85] 牛立成. 物联网模式下的旅游信息化模式探讨[J]. 中国商论, 2014(19): 137-138.

[86] 贾慧峰, 常昆. 浅谈物联网在我国旅游业的应用[J]. 三江高教, 2013(2): 27-30.

[87] 郭静静. 物联网技术在旅游景区中的应用[J]. 经营与管理, 2011(8): 70-71.

[88] 张为民. 云计算: 深刻改变未来[M]. 北京: 科学出版社, 2009.

[89] 王鹏. 走近云计算: Cloud Computing[M]. 北京: 人民邮电出版社, 2009.

[90] 罗军舟, 金嘉晖, 宋爱波, 等. 云计算: 体系架构与关键技术[J]. 通信学报, 2011, 32(7): 3-21.

[91] 吴吉义, 平玲娣, 潘雪增, 等. 云计算: 从概念到平台[J]. 电信交换, 2009(12): 1-11.

[92] 牛禄青. 阿里云: 创新云计算[J]. 新经济导刊, 2013(3): 66-68.

[93] 刘江. 阿里云: 布局全球云计算[J]. 中国品牌, 2015(7): 26-27.

[94] 夏晓君. 云计算引领智慧旅游[J]. 数字技术与应用, 2012(7): 233.

[95] 黄根华, 谈荣飞. 云计算在智慧旅游中的应用[J]. 通讯世界, 2017(13): 55-56.

[96] 姚国章, 赵婷. 利用云计算技术推进智慧旅游发展研究[J]. 电子政务, 2013(4): 79-86.

[97] 郑俊, 方旻蔚. 浅谈智慧旅游建设[J]. 计算机时代, 2013(5): 68-70.

[98] 高莉. 云计算在智慧旅游建设中的应用[J]. 中国商论, 2018(22): 5-6.

[99] 周苏, 张泳. 人工智能导论[M]. 北京: 机械工业出版社, 2020.

[100] 莫宏伟. 人工智能导论[M]. 北京: 人民邮电出版社, 2020.

[101] 柳红波. 人工智能技术在智慧旅游中的应用[J]. 自动化与仪器仪表, 2016(2): 147-148.

[102] 李国忠. 人工智能技术在智慧旅游中的应用[J]. 自动化与仪器仪表, 2017(12).

[103] 王军. 浅议人工智能技术在智慧旅游中的应用[J]. 中小企业管理与科技(上旬刊), 2020(09): 178-179, 182.

[104] 罗庆永, 马少钰, 李小林. 国内外智能旅游发展现状研究与启示[J]. 教育现代化, 2018, 5(22): 224-227, 246.

[105] 张怀江, 李强. 无线移动通信技术发展现状与趋势探析[J]. 中国新通信, 2013(23): 35-36.

[106] 王丹丹. 浅论5G移动通信技术及发展趋势[J]. 信息通信, 2018, 185(5): 109-110.

[107] 周祖荣. 现代移动通信技术[M]. 大连: 大连理工大学出版社, 2015.

[108] 黄海. 虚拟现实技术(新编高等院校计算机科学与技术规划教材)[M]. 北京: 北京邮电大学出版社, 2014.

[109] 张亚丽. 新媒体技术与应用[M]. 北京: 人民邮电出版社, 2020.

[110] 刘建珍. 龙虎山智慧旅游现状分析[J]. 今日财富, 2019(4): 95-96.

[111] 搜狐网. VR和AR可以给旅游业带来怎样的惊艳[EB/OL]? [2019-07-24]. https://www.sohu.com/a/327768653_266939.

[112] 林栎, 李剑, 覃桢桢, 等. 基于增强现实技术的智能终端导游系统[J]. 软件工程, 2017, 20(12): 35-38.

[113] 潘晓露. AR技术在旅游文化纪念品开发中的应用研究[J]. 商业故事, 2018(15): 120.

[114] 集英科技. AR+旅游: AR旅游纪念品[EB/OL]. [2018-11-28]. https://www.2d3d5d.net/news/311.

[115] 魏静, 佟静. 5G影响下VR/AR在旅游业的应用研究[J]. 经济研究导刊, 2019(35): 109-110.

[116] 余汝艺. 虚拟旅游及其发展研究[D]. 郑州: 河南大学, 2008.

[117] 林蓉. 新媒体技术应用下智慧旅游的升级与发展[J]. 旅游管理研究, 2019(14): 13-15.

[118] 王玉琼. 三维全景漫游技术及应用研究[D]. 昆明: 云南财经大学, 2014.

[119] 何苗, 张蕴. AR增强技术在展示历史遗迹中的设计与实现——以唐大明宫为例[J]. 现代信息科技, 2020(4): 83-87.

[120] 张瑛, 孔令栋. 中国世界文化遗产的保护与旅游开发——以敦煌莫高窟为例[J]. 思想战线, 2006, 32(2): 123-128.

[121] 李志飞, 张晨晨. 场景旅游: 一种新的旅游消费形态[J]. 中国旅游发展笔谈, 2020(3): 7-9.

[122] 刘化君. 大数据技术[M]. 北京: 电子工业出版社, 2019.

[123] 郭鑫. 旅游大数据与挖掘分析研究[J]. 电脑知识与技术, 2013(14): 3215-3216.

[124] 朱敏, 熊海峰. 互联网时代旅游的新玩法[M]. 北京: 知识产权出版社, 2016.

[125] 王玮. 大数据技术在智慧旅游中的运用探讨[J]. 湖北三峡职业技术学院学报, 2020(19): 48-50.

[126] 潘洋. 基于云计算的移动智慧旅游景区服务系统的研究与开发[J]. 天津理工大学学报, 2019(5): 45-47.

[127] 金龙. 大数据技术在智慧旅游中的应用分析[J]. 科技论坛, 2020(3): 13-14.

[128] 湛研. 智慧旅游目的地的大数据运用: 体验升级与服务升级[J]. 旅游学刊, 2019, 34(8): 6-8.

[129] 郑盛. 大数据技术在旅游行业的深度应用[J]. 江西通信科技, 2019, 3: 27-29.

[130] 曹洋洋. 大数据视角下旅游目的地信息化评价研究[D]. 沈阳: 沈阳师范大学, 2015.

[131] 范俊杰. 网络大数据的统计和分析利用[J]. 中国检验检疫, 2013(11): 15-16.

[132] 李云鹏. 旅游场景驱动的大数据应用[J]. 旅游学刊, 2017, 32(253): 7-9.

[133] 李志飞, 张晨晨. 场景旅游: 一种新的旅游消费形态[J]. 中国旅游发展笔谈, 2020(3): 7-9.

[134] 冯贤贤, 司鬼, 等. 基于智慧旅游场景的旅游产业链重构[J]. 四川旅游学院学报, 2015(1): 46-49.

[135] 吴为. 区块链实战[M]. 北京: 清华大学出版社, 2017.

[136] 程建兰. 重构全球文旅生态, 区块链成智慧旅游新基石[J]. 科学大观园, 2019, 582(22): 42-45.

[137] 杨振之, 郭凌波. 基于区块链技术的旅游业去中心化知识共享机制刍议[J]. 旅游学刊, 2019, 34(8): 1-3.

[138] 刘志飞. 区块链技术视阈下全域旅游创新模式建构[J]. 华北水利水电大学学报(社会科学版), 2020, 154(6): 29-34.

[139] 徐晓林, 李海波, 马敏. 区块链+旅游服务: 创新前景与潜在挑战[J]. 中国行政管理, 2019(4): 53-57, 78.

[140] 张宁宁, 李梦. 基于区块链的旅游服务管理研究[J]. 电子商务, 2020, 245(5): 3-4.

[141] 吴信才. 地理信息系统原理与方法[M]. 3版. 北京: 电子工业出版社, 2014.

[142] 李亚莉, 马晓君, 左军华. 3S技术在智慧旅游中的应用[J]. 合作经济与科技, 2018(7X): 48-49.

[143] 李博. 北斗全域智慧旅游综合位置服务系统设计[J]. 数字通信世界, 2018(10): 11-12.

[144] 杜钦. 智慧旅游与3S实践教学的模式探讨[J]. 绿色科技, 2019(5): 219-220.

[145] 杨宏, 王瑞萍, 李世熙. 3S(RS, GPS, GIS)空间技术在旅游开发和管理中的应用[J]. 测绘与空间地理信息, 2014(12): 4-5, 10.

[146] 杨路明, 陈昱, 刘明. 旅游电子商务理论及应用[M]. 北京: 化学工业出版社, 2015.

[147] 范智军, 徐勇雁. 旅游电子商务实务[M]. 上海: 上海交通大学出版社, 2013.

[148] 奚骏, 崔久玉. 旅游电子商务[M]. 北京: 北京理工大学出版社, 2011.

[149] 陆慧, 孙建竹, 王秋明. 旅游电子商务[M]. 北京: 清华大学出版社, 2015.

[150] 李璐涵. 在线旅游服务商业模式研究[D]. 北京: 中国科学技术大学, 2014.

[151] 李宏. 中国在线旅游研究报告[M]. 北京: 旅游教育出版社, 2014.

[152] 李伟, 魏翔. 互联网+旅游: "在线旅游"新观察[M]. 北京: 中国经济出版社, 2015.

[153] 曹光思. 面向智慧旅游的在线旅游服务优化升级[D]. 杭州: 浙江师范大学, 2013.

[154] 李剑兰, 陈晓卫. 我国旅游APP的现状与未来[J]. 统计与管理, 2016(11): 98-99.

[155] 谭乐霖, 王慧. 旅游类APP应用分析及创新策略[J]. 北方经贸, 2016(1): 153-154.

[156] 沈红. 智慧旅游背景下智能手机APP的旅游应用研究[D]. 福州: 福建师范大学, 2014.

[157] 匡文波. "新媒体"概念辨析[J]. 国际新闻界, 2008(6): 66-69.

[158] 蒋宏, 徐剑. 新媒体导论[M]. 上海: 上海交通大学出版社, 2006.

[159] 刘晓岗. 新媒体视角下的旅游整合营销研究——以陕西为例[D]. 兰州: 西北师范大学, 2016.

[160] 李君轶, 高慧君. 信息化视角下的全域旅游[J]. 旅游学刊, 2016, 31(9): 24-26.

[161] 阿尔达克, 李晓东. 全域旅游与旅游目的地建设[J]. 旅游纵览(下半月), 2016, 10(233): 60, 63.

[162] 刘姗姗. 全域旅游视角下的登封市旅游目的地建设研究[D]. 郑州: 河南大学, 2017.

[163] 赵江龙. 移动互联网营销策略研究——几种常见营销方法的比较[D]. 北京: 对外经济贸易大学, 2013.

[164] 王浩. 全域旅游时代旅游目的地营销的必要性及其管理过程[J]. 旅游纵览(下半月), 2018, 281(10): 61-62.

[165] 孟飞, 滕爱凤, 王秀霞. 全域旅游视角下优化旅游目的地营销的探讨[J]. 时代报告, 2019, 316(10): 122-123.

[166] 吴晶, 何叶. 全域旅游视野下旅游目的地营销策略[J]. 现代营销, 2018(6): 69.

[167] 马捷. 全域旅游时代基于"互联网+"的四川藏区旅游营销模式创新研究[J]. 特区经济, 2017(4): 106-109.

[168] 王超. 旅游目的地智慧旅游方案研究[D]. 昆明: 云南大学, 2015.

[169] 程立为. 旅游目的地营销系统网络构建研究[D]. 武汉: 武汉大学, 2015.

[170] 林若飞, 宋章海. 智慧旅游视野下旅游目的地营销的新思路[J]. 旅游世界: 旅游发展研究, 2013

（2）：76-80.

[171] 王淑玲，李云，刘骥．旅游目的地电子智慧旅游浅谈[J]．电子测试，2016，342（7）：145-146.

[172] 曾岚玉．基于智慧旅游的旅游目的地营销系统框架初建[D]．成都：成都理工大学，2016.

[173] 徐朝霞．对我国旅游目的地营销系统运营的思考[D]．成都：西南财经大学，2007.

[174] 武戈．旅游目的地平台与智慧营销的研讨[C]．广西壮族自治区工业和信息化委员会，桂林市人民政府．第四届中国桂林国际旅游博览会旅游信息化发展论坛，2013.

[175] 刘绍华，黄志军，章长城，等．旅游目的地营销系统的组构及演化[J]．井冈山学院学报（社会科学版），2008，29（3）：105-108.

[176] 陈晓迪．智慧旅游系统框架优化研究[D]．济南：山东大学，2015.

[177] 李慧．智慧旅游背景下的旅游目的地移动信息服务体系的构建——以三亚市为例[J]．商场现代化，2015（25）：191-193.

[178] 罗君名．大数据支撑的旅游目的地公共管理优化刍议[J]．科技创新与应用，2020，325（33）：28-30.

[179] 徐仕强，刘珊．智慧旅游视野下旅游目的地营销策略探究——以铜仁市为例[J]．铜仁学院学报，2015，17（6）：167-170.

[180] 金龙．智慧旅游目的地管理研究[J]．合作经济与科技，2018，585（10）：106-107.

[181] 杭州天视智能系统有限公司．智慧旅游综合方案[EB/OL]．[2021-03-14]．https://wenku.baidu.com/view/b184275dd8ef5ef7ba0d4a7302768e9950e76e14.html.

[182] 李洪鹏，高蕴华，等．数字景区转型智慧景区的探索[J]．智能建筑与城市信息，2011（7）：112-113.

[183] 党安荣，张丹明，陈杨．智慧景区的内涵与总体框架研究[J]．中国园林，2011（9）：15-21.

[184] 邓贤峰，李霞．"智慧景区"评价标准体系研究[J]．电子政务，2012（9）：100-106.

[185] 郭伟，贾云龙，邓丽芸．我国智慧景区发展研究[J]．中国集体经济，2012（25）：132-133.

[186] 金准，廖斌．我国智慧景区的变革与创新[J]．北京第二外国语学院学报，2015，37（1）：73-83.

[187] 陈建斌，郑丽，张凌云．智慧景区IT能力模型及其核心构成研究[J]．旅游科学，2014，28（1）：14-21.

[188] 孙茹，尚伟华．浅析智慧景区的建设[J]．投资与创业，2019（8）：227-228.

[189] 管菁，管清宝．旅游景区可持续发展之路——"智慧景区"规划设计[J]．智能建筑与智慧城市，2020（8）：13-16.

[190] 王波．基于智慧旅游的智能景区导览系统研究与设计[J]．喀什大学学报，2018，39（3）：66-70.

[191] DB32/T 3585—2019，智慧景区建设指南[S]．

[192] 李臻，朱进．智慧酒店——酒店产品升级换代的必然趋势[J]．镇江高专学报，2013，26（1）：31-34.

[193] 谢君．互联网+环境下的智慧酒店及其发展对策[J]．企业改革与管理，2020（9）：59-60.

[194] 吴宏业．智慧酒店产业商业模式创新及其演进研究[J]．天中学刊，2020，35（2）：45-49.

[195] 吴宏业．智慧酒店产业发展路径探析[J]．中国国情国力，2017（11）：57-58.

[196] 王莉，王秋玉．智慧酒店的经营策略研究——以YOTEL酒店为例[J]．西部皮革，2016，38（24）：155.

[197] 冷鹏飞，张晶敏．"互联网+"视阈下酒店业的发展创新研究[J]．智富时代，2018（7X）：49.

[198] 徐林强．互联网思维开启智慧酒店建设新路[J]．旅游学刊，2016，31（6）：7-8.

[199] 钟艳，高建飞．国内智慧酒店建设问题及对策探讨[J]．商业经济研究，2017，18（310）：176-180.

[200] 钟山．探讨"互联网+"背景下智慧酒店的建设[J]．绿色环保建材，2020，160（6）：216-220.

[201] 北京市旅游发展委员会．北京智慧饭店建设规范（试行）[Z]．2012-05-02.

[202] 李云鹏．智慧旅游规划与行业实践[M]．北京：旅游教育出版社，2014.

[203] 赵芸．浅谈智慧旅游背景下传统旅行社业的挑战和机遇[J]．商业经济研究，2016（9）：274.

[204] 徐飞雄，史青霞．论智慧旅游背景下旅行社经营发展的压力及对策[J]．旅游纵览月刊，2014（9）：50-51.

[205] 张静. 浅谈智慧旅游模式下旅行社的未来发展对策[J]. 现代商业, 2015(12): 84-86.

[206] 张永幸. 智慧旅游背景下旅行社发展策略探析[J]. 广东教育: 职教, 2015(5): 122-124.

[207] 陈昊. 面向智慧旅游市场的旅行社经营策略研究[J]. 旅游纵览(下半月), 2018, 267(3): 49-50.

[208] 庞世明, 王静. "互联网+"旅行社: 商业模式及演变趋势[J]. 旅游学刊, 2016, 31(6): 10-12.

[209] 林炜铃, 朱艳萍. 浅谈旅行社智慧供应链模式的应用创新[J]. 文化产业, 2019(18): 1-3.

[210] 北京市旅游发展委员会. 北京市智慧旅行社建设规范(试行)[Z]. 2019-03-13.

[211] 潘顺安. 中国乡村旅游驱动机制与开发模式研究(中青年经济学家文库)[M]. 北京: 经济科学出版社, 2009.

[212] 吕倩. "互联网+"视野下智慧乡村旅游发展模式研究[J]. 旅游纵览, 2016, 9(231): 169-171.

[213] 毕春梅. 成都乡村旅游的智慧化发展研究[D]. 成都: 西华大学, 2014.

[214] 马勇, 郭田田. 践行"两山理论": 生态旅游发展的核心价值与实施路径[J]. 旅游学刊, 2018, 264(8): 20-22.

[215] 张靖耘. 韩国乡村旅游发展模式经验借鉴及启示[J]. 生产力研究, 2018(1): 110-112.

[216] 史玉丁, 李建军. 乡村旅游多功能发展与农村可持续生计协同研究[J]. 旅游学刊, 2018, 33(2): 15-26.

[217] 李笑颖, 黄蔚艳. 乡村振兴与乡村旅游发展[J]. 中国商论, 2019, 783(8): 205-206.

[218] 詹艳. 新常态下乡村旅游与文化创意产业融合发展研究[J]. 现代商业, 2018(3): 41-42.

[219] 姚蔚蔚, 尹启华. 我国乡村旅游存在的问题及发展策略[J]. 农业经济, 2018(1): 59-61.

[220] 全域旅游网. 智慧乡村让乡村更智慧, 助力乡村振兴![EB/OL]. [2019-08-22]. https://www.quanyulv.com/country/rural/680.html.

[221] 杨舒, 方朝阳, 颜稀, 等. 江西省智慧乡村旅游建设研究[J]. 合作经济与科技, 2018, 585(10): 10-12.

[222] 孔繁嵩. 智慧旅游理念下的乡村旅游信息化发展分析[J]. 信息记录材料, 2019, 20(2): 194-195.

[223] 安金明. 旅游思·路[M]. 北京: 中国旅游出版社, 2014.

[224] 李占旗. 智慧旅游背景下智慧乡村旅游的发展路径[J]. 农业经济, 2018(6): 53-55.

[225] 李妍. "互联网+"时代智慧乡村旅游发展策略研究[J]. 现代经济信息, 2018(10): 394.

[226] 叶颖, 郑耀星. 智慧旅游环境下乡村旅游信息化发展新形势——以福建省为例[J]. 湖北农业科学, 558(9): 2400-2403.

[227] 张本阔. 浅析智慧旅游对秦皇岛乡村旅游发展的重要性[J]. 中国报业, 2013(18): 86-87.

[228] 谭金凤. 智慧化乡村旅游发展定位及发展模式构建[J]. 物流工程与管理, 2017(5): 159-161.

[229] 豆丁文库. 智慧乡村旅游整体解决方案[EB/OL]. [2019-06-25]. http://www.doc88.com/p-1035069393099.html.

[230] 徐艳秋, 许明. 试析潍坊市智慧乡村旅游建设策略[J]. 中国商论, 2020, 802(3): 219-220.

[231] 王晖, 徐阳, 朱雅丽, 等. 充分利用"互联网+"大力发展智慧乡村旅游——安徽省智慧乡村旅游发展路径[J]. 吉林农业, 2017(19): 48-49.

[232] 郑耀星, 曾祥辉. 福建省乡村智慧旅游发展创新策略研究[J]. 资源开发与市场, 2014, 30(9): 1138-1141.

[233] 于婕. 智慧旅游背景下我国乡村旅游发展现状及对策[J]. 乡村科技, 2020, 270(30): 16-17.

[234] 钱成军. 乡村智慧旅游的发展策略研究[J]. 智能城市应用, 2019, 2(4): 19-20.

[235] 林德荣, 陈莹盈. 智慧旅游乡村建设的困境与突破: 从智慧潮流走向可持续发展[J]. 旅游学刊, 2019, 34(8): 3-5.

[236] 郭秀峰. 营销4.0时代乡村旅游发展策略探究[J]. 晋城职业技术学院学报, 2017, 10(3): 34-

36,44.

[237] 唐建兵,袁力. 成都市智慧乡村旅游的研发探讨[J]. 当代旅游(学术版),2013(12):43-45.
[238] 北京市旅游发展委员会. 北京智慧乡村旅游建设规范(试行)[Z]. 2012-05-02.
[239] 云南博盈科技有限公司. 特色小镇数字化建设项目资料[R]. 博盈智慧文旅公司特色小镇数字化建设项目资料,2020.
[240] 云南博盈科技有限公司. 内部培训教材 v1.0[R]. 博盈智慧文旅公司内部培训教材 v1.0,2020.
[241] 云南博盈科技有限公司. 野象谷一部手机游云南智慧旅游项目资料[R]. 博盈智慧文旅:野象谷一部手机游云南智慧旅游项目资料,2018.
[242] 云南博盈科技有限公司. 湄公河水底世界智慧文旅项目资料[R]. 博盈智慧文旅公司湄公河水底世界智慧文旅项目资料,2018.